黄少龙 经典藏书

象棋中局战理

黄少龙

◎编著◎

经济管理出版社·棋书中心

图书在版编目（CIP）数据

象棋中局战理/黄少龙编著．—北京：经济管理出版社，2013.7
ISBN 978-7-5096-2582-8

Ⅰ.①象… Ⅱ.①黄… Ⅲ.①中国象棋-中局（棋类运动） Ⅳ.①G891.2

中国版本图书馆 CIP 数据核字（2013）第 188341 号

组稿编辑：	王 琼 张 达
责任编辑：	郝光明 郑学文
责任印制：	杨国强
责任校对：	超 凡

出版发行：经济管理出版社
（北京市海淀区北蜂窝 8 号中雅大厦 A 座 11 层 100038）
网　　址：www.E-mp.com.cn
电　　话：(010) 51915602
印　　刷：保定金石印刷有限公司
经　　销：新华书店
开　　本：720mm×1000mm/16
印　　张：14.5
字　　数：268 千字
版　　次：2013 年 9 月第 1 版　2013 年 9 月第 1 次印刷
印　　数：1—6000 册
书　　号：ISBN 978-7-5096-2582-8
定　　价：30.00 元

·版权所有　翻印必究·
凡购本社图书，如有印装错误，由本社读者服务部负责调换。
联系地址：北京阜外月坛北小街 2 号
电　话：(010) 68022974　邮编：100836

总　序

欣悉经济管理出版社准备连续出版《黄少龙经典藏书》，这是棋界的福音，必将受到广大棋迷的欢迎，尤其在当下棋谱数量少、质量有待提高的情况下，更是难能可贵！

黄少龙是南开大学教授，我国老一辈的象棋大师，集学者、棋手、象棋教练、棋谱作家、棋艺活动家于一身，特别在象棋理论方面有重大贡献，多次获得全国象棋图书一等奖。他的著述具有如下鲜明特点：

一、内容广博。包括开局战理、中局策略、残局定式、对局评注、棋手心理、象棋对策、电脑象棋、棋史探讨、象棋教育、弈理人生等有关象棋文化的诸多方面均有涉及。

二、理论性强。不就棋论棋，而是抓住对弈胜负的关键，分析棋路变化的前因后果。特别是创造性地提出开局、中局的定义，战略原则、战术方针，以及减少布局意图信息、实行布局统计等方法。

三、独树一帜。抛开传统的棋谱模式，用现代数学"对策论"来分析象棋，使弈棋时纷乱的思维得到科学整理，把人们带到一个崭新的科学世界，为电脑象棋发展奠定理论基础。

四、深入浅出。对于纷繁多样的布局战术系列，抓住其发展要领，以典型的实战对局为线索，揭示该布局历史演变的来龙去脉，使读者一目了然，掌握布局矛盾发展的规律。

五、寓教于棋。强调象棋对人的教育作用，开发智力，提高素质。掌握棋理，有助于认识世界，反省自我，用象棋的辩证思维、创造思维、对策思维来分析处理生活中的问题。象棋是我们终生的老师。

六、揭示棋魂。指出象棋起源与易经文化有密切关系，研究棋局可以模拟世界的变化，棋道与天道是相通的。象棋的理想追求是人道、棋道、天道三者互通。以棋理感悟人生是象棋的灵魂，可以助你获得事业上、生活上的成功。

总之，黄大师的著作条理分明，通俗易懂，充分引用当代象棋大师的局例，实用性强，又体现理论性、系统性，便于广大棋迷阅读欣赏。

2013.5.26

吕钦，多次获得全国个人冠军、亚洲赛冠军、世界赛冠军。历任广东象棋队教练、广东棋牌中心主任。曾当选八届全国人大代表、中共十五大代表。

前 言

人们在棋战之后总结，认为胜负的关键往往在中局部分。中局千变万化，其规律难以掌握。如何提高中局的棋力，是一个有待探讨的问题。

目前，开局突飞猛进地发展，已构成一个庞大的体系；实用残局分门别类，有确定的胜和规律；排局精彩深奥，引人入胜；对局评注阐述全盘战略战术，及时地展现在读者面前。中局研究近年亦有一定的发展，但相比之下仍感薄弱，且多属片断，缺乏系统化。

本书对中局战理作了系统的论述。提高中局功力主要是在审局、算度、决策方面下工夫。审局要分析子力对比、子路畅通、子力配置、薄弱环节、捉杀威胁，并抓住本质性的因素，做到知己知彼，百战不殆。算度要计算每盘棋的变化，看结果谁优谁劣。决策要攻守兼顾、先重于子、随机应变、因人制宜、七分把握、当机立断。所有这些，都离不开实战练习和实战对局的分析。本书还把决策战术分解为谋子、取势、攻杀三种基本形式给予介绍，使读者对中局原理及战略战术有一个完整的认识。

目 录

第一章　中局概论 1
　　第一节　中局的界定 1
　　第二节　中局在全局中的地位 5
　　第三节　中局的战略目标 7

第二章　审局 10
　　第一节　子力对比 10
　　第二节　子路畅通 12
　　第三节　子力配置 15
　　第四节　薄弱环节 21
　　第五节　捉杀威胁 26
　　第六节　抓住本质 31

第三章　战略决策 37
　　第一节　攻守兼顾 37
　　第二节　先重于子 39
　　第三节　随机应变 41
　　第四节　因人制宜 43
　　第五节　七分把握 45
　　第六节　当机立断 50

第四章　战术原则 52
　　第一节　兵贵神速 52
　　第二节　控制局面 53
　　第三节　灵活机动 54
　　第四节　寻求对攻 55

第五节　打击弱点 ································· 57
　　第六节　舍子取势 ································· 58

第五章　谋子战术手段 60
　　第一节　围困谋子 ································· 60
　　第二节　捉双谋子 ································· 65
　　第三节　牵制谋子 ································· 70
　　第四节　借势谋子 ································· 75
　　第五节　借杀谋子 ································· 81

第六章　取势战术手段 87
　　第一节　运子取势 ································· 87
　　第二节　占位取势 ································· 95
　　第三节　兑子取势 ································· 101
　　第四节　弃子取势 ································· 108
　　第五节　突破取势 ································· 118

第七章　攻杀战术手段 125
　　第一节　正面攻杀 ································· 125
　　第二节　侧翼攻杀 ································· 130
　　第三节　左右夹击 ································· 135
　　第四节　三子攻杀 ································· 140
　　第五节　弃车攻杀 ································· 145
　　第六节　破象攻杀 ································· 149
　　第七节　破士攻杀 ································· 154
　　第八节　牵制窝心马 ······························· 159

第八章　实战杀局 165
　　第一节　正面杀局 ································· 165
　　第二节　侧翼杀局 ································· 176
　　第三节　两翼杀局 ································· 190
　　第四节　三子杀局 ································· 206
　　第五节　用马杀局 ································· 212

第一章　中局概论

第一节　中局的界定

怎样划定中局？如果说，中局是一盘棋的中间阶段，未免太笼统了。中局的开始是开局的结束，中局的结束是残局的开始。所以中局的界限要由开局定型与残局定型来划定。

开局的任务是动员子力部署阵形。这个任务完成之时，也就是开局的结束，其主要特征表现为：

1. 出动四五个强子，亦可走动弱子。
2. 子力协调组成固定阵形，初步显露战术意图。
3. 双方子力初步接触，揭开战幕。

从步数上讲，六个强子开动起来，起码6步棋，主力兵种多走一两步，加上挺起一两个兵，共十多步棋左右。通常8～12个回合双方阵形初见眉目，于是过渡到中局阶段。

中局的任务是展开战斗，全面对抗，分出优劣。而中局结束进入残局时，局面特征是：

1. 单方所剩强子不超过两个，还会有一些弱子。
2. 可大体判断局面的胜、和趋势。

由此划定中局的结束。下面举一个全盘对局例子来说明。

张江胜黄世清一局，弈至第10回合时的形势。图1，红双车双马炮皆已出

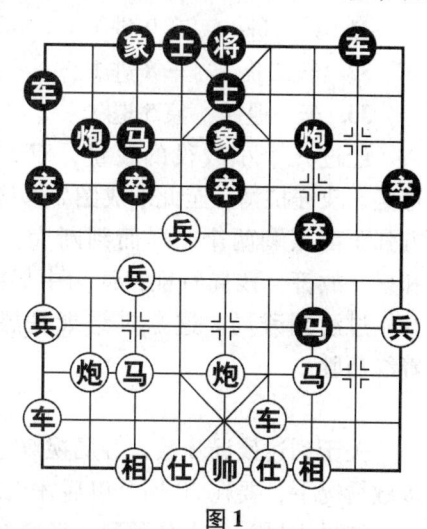

图1

动，构成中炮双横车七路马冲中兵阵形，中兵已过河急攻。黑方亦出动双车双马炮，构成屏风马右横车飞左象阵形，左马过河吃兵，伏马兑炮得子。此时可认为开局结束，进入中局。

11. 车四进二　车1平4　　　**12.** 车九平六　车8平6
13. 车四进六　士5退6　　　**14.** 马三进五　马7进5
15. 相三进五　卒5进1

黑第一个反击手段是平车捉过河红兵，未能奏效。第二个反击手段是兑车伏马踏炮得子，亦未得逞。现在使出第三个反击手段，准备冲中卒捉马。

16. 马五进四　炮7平9　　　**17.** 车六进二　炮9平8
18. 仕四进五　炮8进7　　　**19.** 炮八进四　卒9进1
20. 兵六进一　炮8平9　　　**21.** 车六平二　车4平6

黑运炮沉底，准备平8路车成抽将之势。但红车先占领此通路，故黑改平肋车捉马。

22. 兵六平七　车6进3　　　**23.** 前兵进一　车6退1
24. 炮八退一　炮2进1　　　**25.** 后兵进一　卒5进1
26. 车二进一　车6平5　　　**27.** 前兵平六　象5进3
28. 炮八平三　象3进5
29. 炮三平二　士6进5
30. 兵六进一　车5平8

兑马兵后双方实力相等。红兵入宫有潜力，黑及时运车牵制红车炮。

31. 兵一进一　卒9进1
32. 车二平一　车8进1
33. 车一退四　象5退7

经过几个小战役的较量，双方着法稳健，攻守抗衡。至此形成图2形势，双方强子都只剩两个，局面判断大体趋于和棋，故符合残局特征，认为中局结束，开始过渡到残局。这盘棋结果是黑出劣着红巧胜。

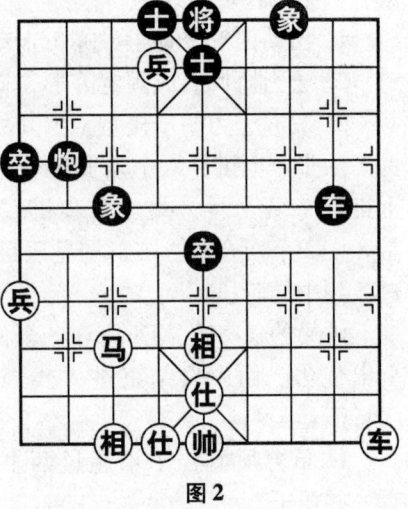

图2

关于到达残局步数，各局视双方子力消耗快慢而不同，相差幅度较大。在多数情况下，要在30回合以后才出现残局。

如果中局斗争十分激烈，形成对杀状态，就会在中局阶段结束战斗，而不出现残局，这在目前大赛中是常见的。

以上讨论了开局与中局、中局与残局之间的界限划定。至于中局阶段本身，又可分为前中局、真中局和后中局三小段，各有特色。

前中局是开局的继续，故这一阶段保留着开局阵形的痕迹，直至脱离原阵形状态，便进入真中局，此时已有一两个强子兑掉，剩下四五个强子参加战斗，是影响全盘优劣最关键的阶段。通常再兑掉一两个强子，剩下三四个强子，且局面初步分出优劣时，便是真中局结束，加入后中局。

下面举一个实例说明。图3是冯明光对李海蛟弈至第10回合时的形势。双方子力出动，构成五九炮横直车对屏风马进7卒阵形，开局结束，进入前中局。接图着法红先。

11. 马七进五　炮9进4
12. 马三进一　车8平9
13. 炮五退一　……

黑炮取兵以兑子破红连环马，准备再平车扫兵攻马。红退窝心炮佳着，可以再摆中炮或飞相保马。

13. ……　　　车9平7
14. 相七进五　卒7进1
15. 兵五进一　卒5进1
16. 马五进三　车7平4
17. 炮五进四　卒3进1

红发出窝心炮打卒消除隐患，黑挺卒邀兑炮，双方着法均属稳健。

18. 炮五平八　卒3进1
19. 车八平七　马3进2

图4，双方经过子力接触，兑掉一些强子，皆剩下四个强子。目前局面已看不出红方五九炮阵形，也看不出黑方屏风马阵形，则前中局结束，进入真中局。

20. 车七平八　马7进5
21. 车四平八　车4退2
22. 仕四进五　马5退3

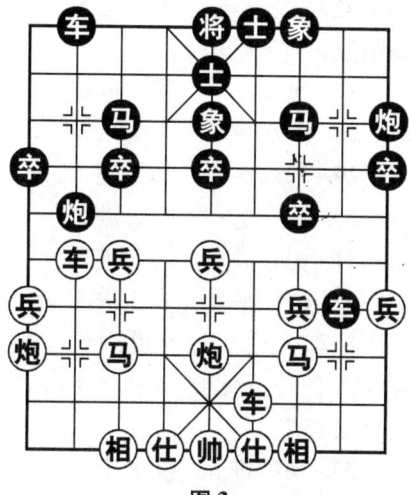

图3

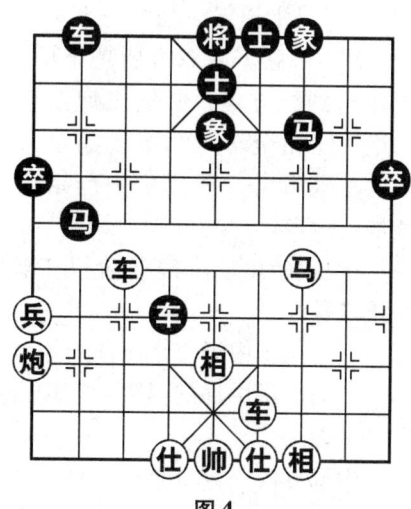

图4

23. 后车平七　车4平7

24. 车七进五　车2平4
25. 炮九平八　车4进3
26. 车七平六　马2退4

真中局阶段，红方多方威胁黑盘河马，黑方设法保护此马，双方斗争围绕这一点，结果以兑车缓和局势。图5，双方皆剩三个强子，红车马炮兵种齐全，黑车双马多一卒，双方大体均势。真中局结束，进入后中局。

27. 炮八进一　马4退6
28. 炮八平三　车7平2
29. 车八平五　马6进7
30. 车五退一　马3进5
31. 相五进七　马5进3

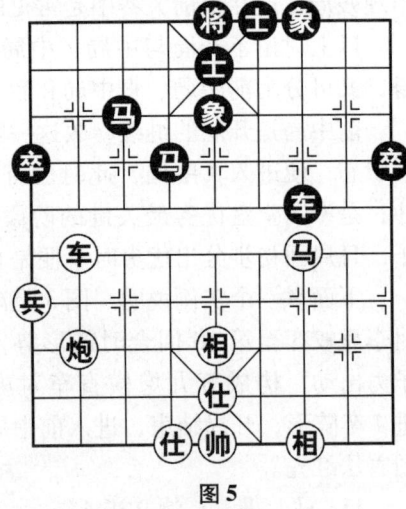

图5

32. 炮三退一　车2退1
34. 相七退五　马5退6

33. 炮三平九　马3进5

黑车守住卒林要道，双马连环或盘踞象头佳位，无懈可击，今黑退马企图兑马成和。

35. 马三进五　车2平5
36. 马五退七　车5进3
37. 马七退五　马6进5

图6，兑车后双方皆剩下两个强子。现在轮到红方走，必然飞炮击卒，演成马炮兵仕相全对双马卒士象全，理论上认为应属和势。所以后中局结束，进入残局。

这盘棋黑方在残局阶段走出败着，结果红胜。

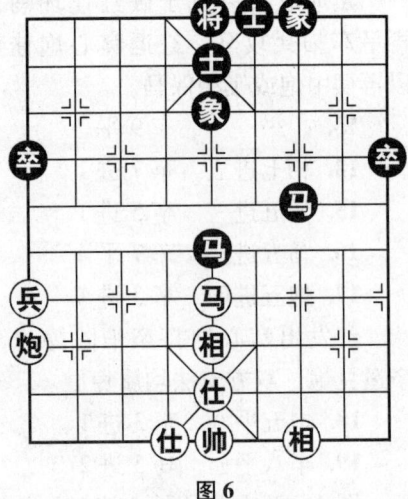

图6

上述关于中局三个阶段的划分，是理想的情形。实际上前中局较易划分，而真中局与后中局的界限就比较模糊了。另外，也可按照战役来划分，就更不容易掌握了。

中局界限与划分是一个理论性问题，它可以帮助我们更明确地进行象棋战术的研究。例如开局阵形初步确定之后，深入各变例的分析，就是前中局的初步研究，是棋手们必修的课题。

第二节　中局在全局中的地位

中局处于开局与残局之间，是一盘棋里相当长而又非常重要的阶段。当双方强子已经活跃，部署阵势基本就绪，矛盾冲突全面展开，棋路趋于复杂多变时，棋战就从开局过渡到中局阶段。而随着双方经历若干个战役的搏斗，实力严重损耗，棋子大为减少，棋路变化趋于单纯，于是由中局转入残局。

开局重要，还是中局重要，还是残局重要？开局为全盘打下基础，对以后局势的发展有重大影响；残局是一盘棋中谁胜谁负最后分晓的阶段，两者都是重要的。但比较地说，中局更加重要。

现以甘肃左永祥对上海胡荣华那盘棋为例。左执红棋，采用赛前研究准备好的一套开局方案，取得了有利局面。胡执黑棋，面临这种新战术，应付不当，陷入困境。当弈至第16回合，成图7形势时，轮到红方走。此时红方能不能一鼓作气，扩大优势，从而把棋赢下来呢？黑方在困难的环境里又有什么妙手可以解围脱险呢？这是对两位棋手中局功夫的严峻考验。

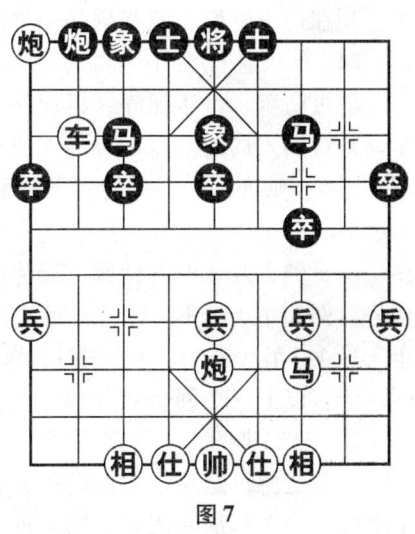

图7

17. 马三退五　……

在图7形势下，红方面临策略上的两种选择。第一种是抢先，即发挥自己局面上的有利条件，集中子力向黑右翼进行侧面攻势。例如兵五进一，士6进5，炮五平六，车3进3，相三进五（马7进6，炮六进六，象3进1，炮六平七，马3进4，车八进二，车3退5，车八退四得子），象3进1，马三进五，车3平5，车八平七。演变下去红方稳持先手，但还不能构成很大优势。第二种是谋子，即针对黑马炮被牵制的弱点，谋而夺之。现在红方回窝心马这步棋，意欲卸炮瞄马，属于后一种策略。这样走是要冒相当风险的，因为得子之后将会失先，被黑左马乘虚而入，迫使红帅暴露受攻，不安于位。这路棋的变化，只要红方应付得当，也能做到有惊无险，以多子占优。

17. ……　　　马7进6　　　18. 炮五平七　马6进7

19. 炮七进五　马7进8　　　20. 马五进四　马8退6

21. 帅五进一　车3进5　　　　22. 帅五进一　马6退8
23. 车八进二　……

黑炮已入死胡同，不必急于吃，可炮七平六避一手较好。以下有三种主要变化：（甲）卒7进1，马四退二，车3退1，炮六退五，卒7进1，车八进二，卒7进1，车八退五，卒7平6，帅五退一，车3平4，车八平二，红优。（乙）车3退2，帅五退一，车3平5，相七进五，车5平6，炮六退五，车6进3，帅五平六，红略优。（丙）车3平4，车八进二，卒7进1，马四退二，马8退6，帅五平四，卒7进1，仕四进五，车4退6，马二进三，红优。三种变化都是红优。可惜红方错过机会。

23. ……　　　　车3退6

是否可以考虑直冲卒7进1渡河发起强烈攻势呢？那样红方就会大伤脑筋了。现在退车吃炮，紧张局势稍趋缓和。

24. 车八退七　……

消极防御，偏于保守，再次失误。应车八退五防止黑卒渡河，黑方只靠单车马是难以入局的。以下可能演成车3进4，马四进二，马8进7，帅五平四，车3平5，帅四退一，保持多子局面，在对攻中红方能占优。

24. ……　　　　车3进4　　　　25. 马四进二　卒5进1

鉴于黑方并无取胜把握，局势持久下去红方有利，故可当机立断，争取均势。例如车3退1，马二进四，马8进7，帅五平六，车3退1，马四退六，车3平4，车八进二，卒5进1，帅六退一，马7退6，仕六进五，卒5进1追回一子。以上三个回合双方都走了软着，这在临场对弈的情况下是常有的事。

26. 马二进四　车3退1　　　　27. 帅五退一　……

非常遗憾，这步棋使前功尽弃，不但失去了曾经争取到的优势，反而落到了劣势。应车八退一固守，马8进7，帅五退一，仍属红方易走。

27. ……　　　　车3进3　　　　28. 帅五进一　车3平6

明捉马，暗捉车，必吃回一子，局面顿时改观。如马四进五，车6退1，帅五退一，车6平2，马五进七，将5进1，炮九退一，车2退6，黑得车胜定。所以这是黑方变劣势为优势的转折点。

29. 车八进五　车6退4　　　　30. 车八平五　士6进5
31. 帅五退一　将5平6　　　　32. 帅五平六　卒5进1
33. 兵五进一　车6平4　　　　34. 帅六平五　车4平2
35. 帅五平六　车2进4　　　　36. 帅六进一　马8进7

车马冷着成杀，黑方续着走马7退6照将，再车2退1便胜。红方认输。

这盘实战对局说明，即使开局取得优势，如果中局阶段走错的话，仍然会把赢得的优势失去，甚至导致失败。关于中局的重要性，可以从三个方面理解。

第一，中局是全盘棋的核心部分。因为在开局阶段，虽然双方矛盾开始暴露，战斗已经打响，但还没有发展到全面冲突，矛盾还没有激化。在残局阶段，虽然面临决定胜负的紧要关头，但局面已较为简化，棋路亦趋于单纯。中局则是一盘棋里变化最复杂、战斗最激烈、构思最精彩的部分。无论大刀阔斧对杀，还是细腻蚕食暗斗，都是引人入胜、令人神往的。

第二，中局的优劣常常构成全盘胜败的基础。如果开局走软，在多数情况下不致造成败势，而中局争夺战对全盘影响较大。尤其处在紧张搏杀阶段，惊险百出，你死我活，失之毫厘，差以千里，变化繁复，不易掌握。于是，开局所形成的主动或失利，进入中局这个较长的斗争过程里，常常经历多次的反复，优势与劣势随着法正确与错误而不断地转化。一旦某方以明显优势进入残局后，由于变化趋于单纯，获胜的可能性就比较大了。当然，这种可能性要变成现实，还需要在残局阶段的努力。总之，一盘棋对弈者棋艺水平的考验，虽然包括开局、中局、残局三方面的功夫，但中局功夫如何是衡量棋艺水平的重大因素。中局如此重要，实在是象棋爱好者甚至专业棋手的必修课题。

第三，前面所举实例仅仅是典型地说明了中局的重要性，但不能概括一切对局的情形。如果就每一具体对局进行具体分析的话，将会看到：一盘棋胜负的关键着法，可能在开局部分，可能在中局部分，也可能在残局部分。因此，这里并不是将中局的重要性绝对化，也不是以中局的重要性来否定研究开局、残局的必要性。在某些情况下，开局、残局的优劣决定了全盘的胜负。但是，当我们从统计学的观点对大量实战对局作一番调查研究时，就会看到，大多数对局的胜负关键确实是在中局部分。所以说中局比较地重要些，这样就较为全面了。

第三节　中局的战略目标

对于一盘棋来说，贯穿始终的总战略思想是立于不败之地去争取胜利，其中核心问题是争取胜利。为此，在开局、中局、残局三个阶段应有程度不同的战略要求。一般来说，开局是战斗的动员部署，其战略目标主要是取得先手，或叫得先。中局是战斗的展开与高潮，在得先的基础上，其战略目标主要是取得优势，或叫占优。到了残局，是战斗的尾声或结束，在占优的基础上，其战略目标是夺取最后的胜利，或叫取胜。

鉴于中局的特点，双方主要攻子已经活跃，短兵相接，攻守交错，兵入腹地，处处摆开了战场。因此，已不仅仅是争夺先手的问题了。已经获得先手的一方，要进一步扩大先手取得优势；处在后手的一方，则力图反先，而且不会满足于反先，还要进一步夺取优势，这也说明了中局阶段的战略目标是夺优。当然，在某些情况下，如果中局阶段已经形成杀势，那就不仅是夺优而是取胜的问题了。

怎样才能占优？优是双方力量对比的一个综合概念，它由两个因素组成：一个是先手（主动权），另一个是子力（实力）。先手主要指眼前的主动权，如果先手不扩大到一定程度，还不能构成优势。单纯的得子亦不等于优势。只有在不失先（或暂时失先，而以后能转为先手）的前提下，得子才会构成优势。至于得先又得子，那就是很大的优势了。另外，还可以用弃子手段换取优势，使局面演变下去能追回失子或直接取胜。所以掌握先手的一方为了取得优势，通常是从扩先与得子两方面入手。

图8是杨官璘执红棋对曹霖弈至第11回合时的形势，轮到红方走。此时黑方阵形比较工稳，似无可乘之隙。但红方以深刻的洞察力，在平淡对峙局面中发现了黑方孤车深入的弱点，找到中局取势的路子。

12. 炮五平四 ……

原来摆当头炮进攻，现在又舍得卸开，以适应新形势下战略转变的需要。这步棋看得比较远，估计到软禁黑车以后，限制其活动范围，切断它与其他子力的联系，使之难以实行反击计划，对红方来讲，起到"保存自己"的作用。

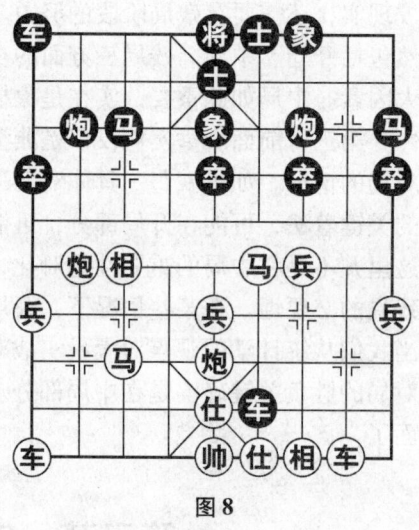

图 8

另外，黑车受困，难以调回，削弱了防守力量，红方可争取到进攻的时间，有利于战胜对方。

12. ……　　车1平4　　13. 车九平六　　车4进9

14. 帅五平六　　车6平7

逃车避免被炮八退三打死。如马3进2，炮八进三，炮7平2，马四进五，卒9进1（防车二进五捉马），车二进三，也是红方好走。

15. 相七退五　　卒7进1　　16. 车二进六　　……

第一战役禁黑车已经成功，但并不等于得势，还需要调动子力组织进攻。

第一章　中局概论

这步过河车就是准备打通卒林线，争取多兵优势。

16. ……	炮2进1	17. 车二进一	炮2平4
18. 帅六平五	炮7退1	19. 相三进一	卒9进1
20. 炮八退三	车7退2	21. 炮八进二	车7进2
22. 马七进六	卒5进1	23. 炮八进四	……

在困住黑车的情况下，红方跃出双马抢中卒，继而伸炮瞄象，使黑方忙于应付。现在，对黑车采取软禁战术的效果越来越明显了。

| 23. …… | 卒7进1 | 24. 相一进三 | 卒5进1 |

倘不送卒而炮4退1邀兑，炮八平六，士5进4，马四进三，马3退4，马六进四，红方先手很大。

| 25. 兵五进一 | 马3进4 | 26. 兵五进一 | 炮4进2 |
| 27. 马四进六 | 车7退2 | 28. 车二退一 | …… |

以上第二个战役，红方抓紧时机，发起强大攻势，在得先的基础上扩大了先手。现在进入第三个战役，运用车马炮兵的力量，调往左翼集中，挑起战略决战，以争取更大的优势。

28. ……	车7平2	29. 马六进八	车2平3
30. 车二平六	炮4进1	31. 帅五平六	马9进8
32. 炮八进二	士5进6	33. 炮八退一	马8进6
34. 炮四进一	车3退4	35. 炮八平四	……

黑马无路可逃。如士6退5，马八进七，车3退1，前炮平七，炮7平3，车六退二，马6退7，炮四平五，马7进5，车六进一得子。从第31回合起，红方出帅助攻，接着左炮一进一退，非常老练，终于生擒黑马，于是第三个战役以红方取得胜势而告终。以下着法从略。

红方在平淡无奇的局势中，巧妙地通过软禁、起攻、成势三部曲，不知不觉地扩大了先手，并进而得子。当然，在这过程中，黑方走了错着授人以隙。第15回合，黑方挺卒邀兑，想调车回防，乃属徒劳。应炮7平6，设法兑去红方仕角炮，则低头车就有出路了。由于黑方走软着而造成的弱点，被红方抓住不放，步步紧逼，终于实现了中局夺优的战略目标。

第二章 审 局

下棋的过程伴随着对于棋局的认识过程。人们根据自己对棋局形势的分析、判断，制订作战计划，走出每一步棋。在实战中考验所订计划是否正确，发现缺点便要修改，如有错误立即纠正，并随着战役的转变制订新的作战计划。所有这些，都要求人们对于棋局有一个正确的认识。人脑的主观思想应该符合棋局的客观实际。如果不合，就会在棋战中失利。所谓审局，就是指对棋局形势进行分析和判断，观察分析棋战双方实力对比如何？子路是否畅通？子力配置是否协调？哪里存在薄弱环节？有哪些捉杀威胁等，把各方面因素综合起来考虑，全面地、发展地认识棋局的本质。有了正确的审局，才会产生正确的战略战术。

第一节 子力对比

衡量双方优劣的一个重要因素是子力对比。各个兵种的棋子由于走法吃法不同，战斗力也就不同，它们之间的关系大体可用数值表达出来。一般来讲，棋子在不同的位置、局势下，其战斗力是变化的。这里抛开棋局的具体形势，来评定棋子兵种特征所固有的价值。

先考虑兵（卒）的战斗力最弱，以它为基准确定，固有价值为1分。

仕、相的主要任务是保护主帅的安全，补仕联相可在九宫筑起两道防线。仕、相都能阻塞对方车的通路，挡住对方炮的射程，顶着对方马的入侵，起到防御作用。另外，仕、相又可作为炮架兼起助攻作用。在不同局势下仕与相的作用有所区别，缺仕怕车，缺相怕炮，但一般来说两者的战斗力差不多，可认为大致相等，其固有价值比兵多0.5倍，评为1.5分。

马是中距离作战的兵种，一步跳出两条线，俗称八面威风，攻击力相当强。但在开局、中局阶段，双方棋子还比较多，马的活动容易受到对方的阻挠，有时威力不能得到充分的发挥，进入残局后才有广阔地域可以纵横驰骋，显示其多方向攻击的作用。根据经验评定，马的固有价值比兵多 2.5 倍，即 3.5 分。

炮有远距离作战的能力，且行动迅速，不过对于近距离地域，有时反而不能起控制作用。炮与马各有所长，实力接近，炮、马互兑属于等价交换，所以炮的固有价值也评为 3.5 分。

车比以上兵种棋子的威力都大，对纵横线最多能控制到 17 个点，机动性很强，是主力兵种。通常认为车兑马炮近于等价交换，故车的固有价值评为 7 分。

帅本身威力不大，只有助攻作用，但其价值却最大，应超过其他棋子的价值总和，因为其他所有棋子皆可兑换或牺牲以求胜或和，唯独主帅不能抛弃。根据上述评分，先计算其他棋子即双车双马双炮五兵双相双仕的固有价值之和。

$2\times[7+3.5+3.5+1.5+1.5]+5\times1=39$

建议评定帅的固有价值为 45 分。上述评定结果列表如下：

兵种	帅	车	炮	马	相	仕	兵
固有价值	45	7	3.5	3.5	1.5	1.5	1

所谓审局中的子力对比，是指双方棋子总固有价值的比较，例如图 9，杨官璘（红）对胡荣华（黑）弈至第 33 回合时的形势，轮到红方走。

此时红有双车马炮三兵仕相全，总固有价值为 75 分。黑方也有双车马炮三卒士象全，也是 75 分，所以双方子力相等。但是并非均势，因为双方棋子处境不同，黑炮位置欠佳，边象飞散，均属于不利因素，所以导致后来演变为略差局面。

34. 后车平二 ……

乍一看来，红方为什么不跳马三进二捉死黑炮呢？原来这是一种假象，若真这样走的话，炮 9 进 3，车四平一，卒 9 进 1，车一平二，卒 9 平 8，车二进一，车 4 退 2，黑通过先弃后取手段，

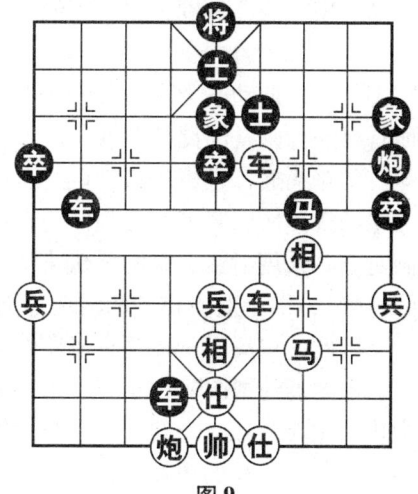

图 9

兑子解围反先。

34. ……　　　象9退7
35. 车二进二　炮9退2
36. 车二平一　炮9平6
37. 车四平五　……

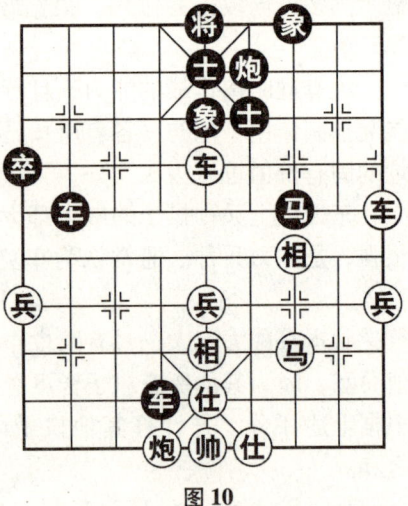

图10

图10，红方仍保留双车马炮三兵仕相全，总固有价值75分，黑方则变为双车马炮卒士象全，总固有价值降到73分。红比黑多2分，略呈优势。从棋子来看，红比黑多两个兵略优。如接图，黑退马吃车，则红平车吃回一车，也是多两兵。以下着法略。

第二节　子路通畅

每个棋子都有一定的威力，这种威力能否充分发挥，与周围环境有密切的关系，即要看子路是否通畅。例如马有八面威风，这是它固有的威力，但如果被别的棋子四面包围，它就不能动弹，无能为力了。从全盘棋来讲，子路畅通关系到发挥子力的机动性。为了进攻，必须迅速集中子力开赴战斗前线；为了防御，应该调动子力尽快联成坚固阵营。"兵贵神速"，说明机动性的重要，而首要条件则是子路的畅通。

子路畅通，是棋子行动取得自由权的因素之一，如果失去自由权，就会失去主动权。所以弈者一方面要使自己的棋路畅通无阻，另一方面又想方设法抑制对方，采用封锁、牵制、伏击等战术，控制棋盘上更多的地域，取得"空间优势"，缩小对方棋子的活动范围，从而掌握全盘战斗的主动权。

因此，审局时，要观察子路畅通程度对局面优劣的影响。尤其要注意观察车、炮的畅通情况。由于车、炮的机动能力强，子力的迅速集结与分散，转守为攻，化攻为守，左翼支援右防，右翼调到左侧，在很大程度上依靠车、炮的调动。另外，马的通畅也很重要。马路受阻时，因为行动较慢，常常成为对方捕捉的目标。当中心区域已经打通，马路宽阔任其驰骋时，又是发挥它"多方向攻击"作用的大好机会了。

在中局阶段，车的通路，纵线多数比较畅通，横线则障碍重重，常在河界活动,叫做"巡河车",对方不易阻挠。一旦自己或对方的卒林线打开之后,开阔了车的活动范围。炮在决战前,躲在自己阵地内,利用远射程的威力,暗瞄对方阵地的薄弱环节,支援己方子力的进攻。马路的通畅,要看是否受压,马前卒是否挺起,渡河后是否受阻击等。当三、七卒兑掉之后,马的好位置是河界象位,进可攻,退可守。

下面分析一个实例。图11是赵庆阁执红棋对胡荣华,弈至第18回合时的形势。红棋方面,双车基本通畅,双马连环有力,唯有三路炮受困。黑棋方面,过河马被双兵夹住,不太好受,右车虽能沿纵线进退,但无好的位置,左车则较为闭塞。总的来讲,红子路比较通畅,处于有利形势。现在黑车、马正捉住红炮,轮到红方走。本来应该炮三平二避一手,以下可能有三种变化:(甲)马7进6,炮二进三,象7进9,兵五进一,车9平8,车二进六,马6退8,兵五进一,红优;(乙)炮4平3,兵七进一,炮3进5,车

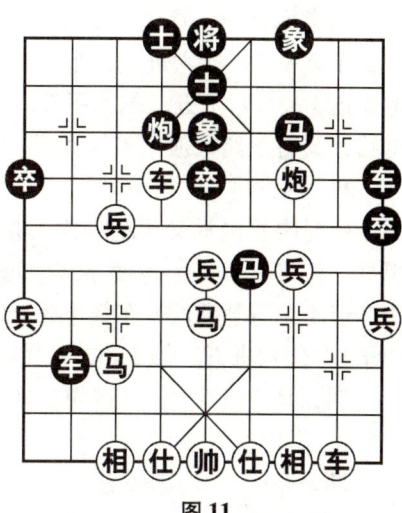

图11

六退四,马7进6,炮二进三,士5退6,车六平七,红优;(丙)马6进7,马五退三,车2平3,相三进五,车3退3,车六平九,红多兵略优。但红方却没有这样走,想通过兑车摆脱炮的困境;并调过来攻黑方空虚的右翼,希望获得主动权。但实际上兑车后,被黑方弃中卒反先,事与愿违。

19. 车六平八　车2退4　　**20.** 炮三平八　卒5进1
21. 炮八进三　象5退3　　**22.** 兵五进一　车9平2
23. 炮八平九　炮4平5

以上演变都是双方事先预料到的,问题在于审局时,对演变的结果估计不同。对黑方来说,现在的形势与图11相比,已经有了明显的变化:原来封闭的边车占据了纵横自如的要道,可进、可退、可左、可右;过河马已消除中兵的阻挠,获得跳入卧槽的进攻机会;原来闲置士角的炮现已摆到中线,严重威胁红方的马、帅;7路马亦已整装待命,随时投入战斗。问题还不仅仅在于这些个别棋子的活跃,子路畅通,而且它们配合起来的进攻力量尤其厉害,如纵虎下山,红方控制不住。

24. 相三进五　……

巩固中防,避免黑方有车2进3及马6进7等捉死马的手段。如不飞相而

仕四进五，马6进4，车二进二，马4进3，马五退六，车2平4，黑方将得子占优。

24. ……　　　马6进4　　　　25. 车二进一　车2进4
26. 车二平六　马4退5

现在可以看到，黑方子力畅通之后，子力调动就很灵活。这步棋退马很老练。如走炮打马，贪吃子的话，不见得合算。演变如下：炮5进4（马七进五，车2平5，仕六进五，车5退1得子），仕四进五，车2平3，车六进二，炮5退1，车六平五，炮5平2，兵五平六，红方虽少一子，但双兵封住黑车退路，又有三路兵渡河威胁黑马的攻势，损失得到足够的补偿，并不难走。

27. 兵三进一　……

此时眼看黑马又要跳卧槽，并不是渡兵强攻的时候。故改平车四路，预防黑马，稍好一点，但也属下风。演弈如下：车六平四，马5进4，车四平六，车2退1（马七进六，车2平3，兵三进一，炮5平4，兵三平四、车3退1得子），仕六进五，炮5平4，兵七平六，车2平3，车六进一，马7进6，马五进四，马4进6，仕五进四，炮4平5，马七退六，炮4平6，兵三进一，炮6退2，黑优。

27. ……　　　马5进6　　　　28. 马七进六　……

如不跳马，车六平四，车2平3，车四进二，车3退1，兵七平六，马7进5（兵六平五，马5进3，兵五平六，马3进2），兵三平二，车3平5，车四平五，炮5进4，仕六进五，马5进6，兵二平一，马6退4，炮九退一，马4进3，炮九平七，炮5平1，相五进七，炮1平9，相七进五，马3退5，形成黑方必胜残局。

28. ……　　　马7进5
29. 马六退四　车2平5
30. 仕六进五　车5退1
31. 马四进二　马5进6
32. 帅五平六　炮5平4
33. 帅六平五　马6进8

从第28回合起，黑方跳中马巧妙兑子，破相成势，红方见败局已定，至此认输。由于最后输在破相，所以回顾起来，第24回合红方如飞左相似乎会好一些。图12，但走下去还是黑方较好。试拟着法如下：

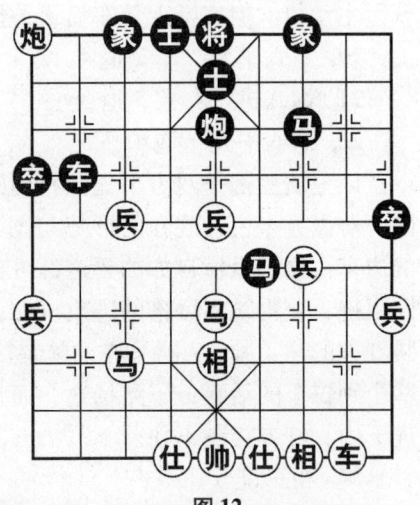

图12

第二章　审　局

24. ……	马6进4	25. 车二进一	车2进4
26. 车二平六	马4退5	27. 兵三进一	马5进6
28. 马七进六	马6退7	29. 车六平三	象7进9
30. 仕四进五	炮5进3	31. 车三进三	车2退7
32. 炮九退一	车2进1	33. 炮九进一	车2平4
34. 马六退七	车4进2	35. 马五退三	后马进5
36. 马七进五	车4进3	37. 兵七进一	马5进3

黑方控制局面。

这盘棋给我们的启示是：弈至图 11 形势时，黑方子路闲塞，并没有多大作为，红方完全可以掌握主动权。可是兑车后，黑方子路畅通，运用车马炮演出一场精彩的反击战。这时，红方子力并不差，还多三个兵，但车被迫留守，炮在边角无用，马受制难动，力量分散，处处挨打以致失败。这一实战告诉我们子路畅通的重要性，审局时切不可忽视。

第三节　子力配置

除了子路是否畅通之外，棋子的位置不同，其效能的发挥也不同。巡河车、骑河车、卒林车、肋车、象眼车等是车的好位置。当头炮、沉底炮、三七炮、马后炮等是炮的好阵地。卧槽马、钓鱼马、挂角马、象位马则是马的好据点。不过，单个棋子只能起局部作用，只有全部棋子组合起来，才能发挥全局性的战略作用。棋子的增加，不仅使实力在数量上增加，而且互相配合，各展所长，会产生一种综合的威力。一盘棋的棋子在弈者的统一意志指挥下，共同协作，构成一个有机的战斗系统。谁能够把全部棋子配合得好，战斗力就强，就能取得优势。反之，子力涣散，各自为政，自然落到下风。

棋子的组合结构，叫做子力配置。审局时，要注意棋子分布是否适当。棋子分散，缺乏联系，一盘散沙，不能形成力量。但有时为了多方面干扰对方，也可以分兵几路，进行游击式的袭击。另一方面，棋子稠密，如果为了集中优势子力用于进攻固守，是必要的。但在平稳局势下，又会造成自相拥塞、子路不通畅的弊病。审局时，比较子力配置的优劣，可从三个方面来分析：①进攻子力与防御子力的部署关系是否得当；②左翼子力与右翼子力的部署关系是否得当；③卒阵是否巩固有力。下面分别举例说明。

[局例1]

进攻时，主力部队开赴前线，打入对方腹地。为了争取更快胜利，需要集中优势子力。但如果多数攻子都跑到对方阵地去进攻，造成后防空虚；或者只动员部分子力进攻，其余子力皆未开展，造成防御上的薄弱环节，这时就要注意子力部署问题。只有形成一面倒攻势，才可放心进攻。否则，在对方反击之前，必须及时调整阵容。棋经云："务杀而不顾者多败。"应引起我们警惕。

图13是河南李忠雨执红棋对广东刘星，弈至第11回合时的形势，轮到红方走。如果采用稳步进攻的计划，可炮五进三打卒将军，然后再陆续走炮八平五、马八进七、车九平八等着法，把全部强子动员出来，再考虑下一步进取。这样，虽然攻势缓慢一点，但巩固、持续，没有后顾之忧。

当时临场的红方却考虑了一种急攻战略，计划发起冲锋。

12. 马五进六　马3进5

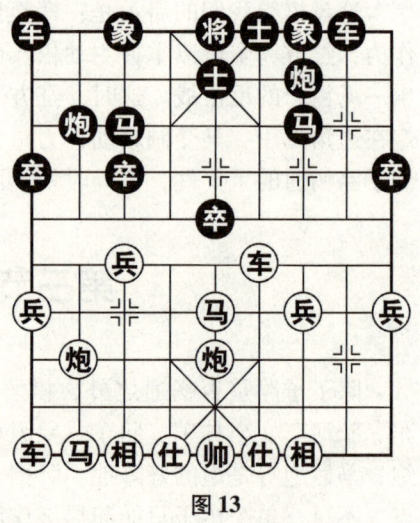

图13

如果黑方退马的话，正合红方求战心理，演变如下：马3退4，马六进八抢攻。以下有三种变化：（甲）炮2进5，车四进四，马4进5，炮五进五，将5平4，车九进二，红优。（乙）马7进8，车四平三，炮2平7，车九进一，不怕黑炮吃车，红优。（丙）车1平2，车四进四，炮7进5，马八进七，局面进入激战状态，这是红方所希望的。

现在黑方跳出中马，显然有一定危险。但这步棋利用红方急攻的心理，引诱他贪吃子，然后伺机反击，有一套弃子抢先计划。

13. 车四进二　象3进5　　14. 炮五进四　……

如炮八平六封住黑车出路，黑方可从左翼反击。马7进8（车四平五，马8进6，车五退一，炮7进8，仕四进五，炮7平9，仕五进四，马6进4，车五平六，炮2进6，红难应付），车四平三，马5退7，车三平七，马7进6，相三进一，黑有反先之势。

14. ……　　车1平4　　15. 马六进七　车4进2

可车4进7捉炮，比较有力。以下可能演变成炮八平七，马7进5（马七退五，炮7进8，仕四进五，车4进1，马八进九，车8进9，伏炮打仕抽车，红车难逃），车四平三，马5退3，车三进二，炮2进4，有再摆中炮的攻势，黑方反先。

16. 车四进一 ……

从开局到现在，红方只开动了右翼车、马、炮三个强子，全都越过河界，进入对方阵地作战。而左翼子力都没动，这就必然造成子力配置不协调。后防不巩固，三路底相受到黑炮潜在的威胁。现在是赶紧调整阵形的最后机会了。由于黑方双车马炮六个强子都已出动，正在准备反击，所以，红方这一步进车捉马是攻不顾守的劣着。应改走相七进五巩固底相，送回一马延缓黑方反击的速度，争取时间补救已形成的缺陷，尚可周旋。

16. ……　　马7进8　　17. 车四退四 ……

眼看底相要被炮轰，应采取措施挽救，不至于输得那么快。试演如下：相七进五，炮2进1，车四进一，炮2平5，车四平三，马8进6，车三退四，卒5进1（炮八进二，车8进8，炮八平五，车8平6），马八进七，车8进8，仕六进五，车4平3（炮八退一，马6进5，相三进五，炮5进4，帅五平六，车3平4，炮八平六，炮5平7，再闷杀），车九平六，车3平2，炮八进二，车8平6，黑方反先有攻势。

17. ……　　炮7进8　　18. 仕四进五　　马8退7
19. 车四进四　炮7平9　　20. 帅五平四　炮9平4

第18回合黑方退马亮车兼保士，是攻守兼备的佳着。至此，弃炮破士成势，红方已难挽救。

21. 车四平三　炮4平2　　22. 相七进九　车8进9
23. 帅四进一　车8退6　　24. 炮八平五　车8进5
25. 帅四进一　前炮退2　　26. 炮五进一　车4进5
27. 炮五退一　车8平5

红方认输。直至第23回合以前，左翼强子还未动过，而右翼子力发动的攻势软弱无力，这样的子力配置，用于攻与守都不行。比较好的子力部署，应该是攻守兼备，并根据具体形势特点，决定以攻为主还是以守为主。

［局例2］

棋战开始以前，左右翼各有车、马、炮、卒等子，是对称分布的。经过开局并进入中局阶段，棋子分布发生很大变化，但仍然要注意两翼子力的部署关系。为了侧面攻势的需要，常常集中强子于一翼。从防御的角度来看，子力过分偏于侧翼时，另一翼空虚容易受攻，通常采取背补士象，以弥补防守力量的不足。切忌强子调离，仕象打开，形成不设防状态，那就危险了。

安徽蒋志梁（红）对湖北柳大华（黑），红方以先手过宫炮布局，黑方还中炮应战。弈至第25回合图14形势时，红方集中双车、双炮、马的强大力量于左翼，但没有充分发挥这些子力的作用，对黑方无甚威胁。再看一下右翼，只有一匹马防守，门户洞开，成为致命的弱点，在子力配置上是很不恰当的。现在轮到黑方走棋。

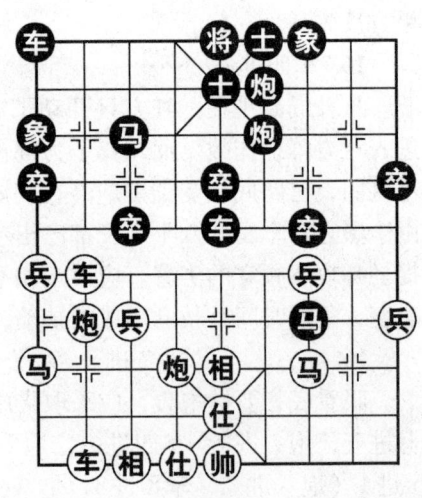

图14

25. ……　　　马7退5
26. 炮六进一　前炮平5
27. 炮六平五　车5平4

以炮保住中马，筑成封锁关口，切断红车右移的通路，为以后从左翼袭击创造了有利条件。这是一个有远见的计划，局势发展下去，红方越来越难走。所以在第26回合，红方似不如马九退七，设法把单提马运至右翼支援防务。虽然也是下风，但比现在的走法稍好些。以下黑方有两种着法：（甲）卒7进1，马七进六，马5进4，仕五进六，车5平7，相五进三，后炮平7，相七进五，黑略优。（乙）前炮平5，马七进六，车5平6，兵三进一，车6平7，马六进四，车1平4，后车进二，炮6平7，马三退四，车7平6，黑略优。

28. 炮八平九　车1平4　　　　**29.** 兵九进一　卒7进1

红方平边炮、挺边兵，欲从边线袭击，乃徒劳之着，这不是解决当前的主要矛盾的战术部署，反而耽误了两步棋，给黑方一触即发的攻势火上浇油。故第28回合红方不如后车进二，车1平4，兵三进一，前车平7，马三进四，炮6平8，后车平六，炮8进8，车六进七，士5退4，仕五进四，以闭塞之车兑去黑方一个有用之车，减轻压力，在劣势中还有对攻机会。

30. 相五进三　炮6平7　　　　**31.** 相三退五　……

如后车进二保马，前车平7，后车平四，车7进1，马三退四，马3进4，车八平六，卒1进1，也是黑优。

31. ……　　　前车平7　　　**32.** 马三进四　车7平6
33. 马四退三　车6平7　　　**34.** 马三进四　车7平6
35. 马四退三　车6平7　　　**36.** 马三进四　炮7平8

第二章　审　局

紧紧抓住红方两翼子力分布不匀、配置不当的弱点，发起攻势，说明黑方审局的正确。红方左翼虽有雄厚子力，但互相拥塞，眼看右翼告急，却无可奈何。

37．马四退二　……

另有两种应法：（甲）炮五平二，马3进4，马四进五，车7退1，前车进二，炮8进2，炮二平五，马5退7，黑方得子。（乙）马四进五，马3进5，炮五进三，马5进6（帅五平四，车7平6，仕五进四，车4进9，帅四进一，车4退1，帅四退一，车6进3，帅四平五，车6平5，帅五平四，车5平6胜），仕五进四，车7进5，帅五进一，车7平4，帅五平四，炮8平6，仕四退五，前车退6（前车进二，车4平5，车八平五，炮5平6），帅四退一，车4平5，黑优胜。

| 37．……　　车7进2 | 38．炮五进三　…… |

如车八平五，车7平8，炮五进三，车8进3，仕五退四，马3进5，车五进二，车8平9，仕六进五，炮8进8，相五退三，车4进8，车八进六，车9退1，黑胜定。

| 38．……　　马5进6 | 39．帅五平四　马6进8 |
| 40．帅四平五　马8退6 | 41．帅五平四　马3进5 |

第38回合挂角将军献马，红方不敢吃，否则黑车沉底将军后吃士亦能制胜。接着又弃车成势，十分精彩，令人拍手叫好。

42．炮九平三　炮8平6	43．炮三平四　马6退8
44．帅四平五　马5进4	45．炮四退二　车4进4
46．前车进五　士5退4	47．前车退二　炮6进1

下一步车4平7便成杀，红认输。直到结局，红双车仍然被堵在一边，说明两翼子力配置不当会造成多大的不良后果。黑方审局看准了这一点，乘虚而入，终于胜利。

［局例3］

上面主要讨论强子的部署，此外还有卒（兵）的分布问题。卒在中局阶段虽然不如残局时重要，但也不可忽视。渡河卒固然可以横冲直撞，不惜牺牲，给对方一种威胁，即令未过河卒而言，它的位置，跟其他棋子配合如何，也会关系到局势的好坏。在平稳局势下，卒的多少也是决定局面优劣的一个因素。

五路卒各有用处。中卒最重要，有保护主将的作用。中卒一丢，少了一层防线，主将容易受攻。所以中卒不宜轻举妄动，只有用当头炮进攻对方，希望打通中线时，才连冲中卒，减少对方主将的防御层次。或者对方中兵已失，有必要冲中卒渡河进攻时才这样做。三、七路兵对于活跃自己的马、遏制对方的马都起着十分重要的作用。一般是希望挺起来，所以，象在卒前阻碍挺卒是不正常的结构。边兵在中局不大受重视，但不能没有它，从活跃或遏制单提马、监视河界、维护边线都有一定的作用。审局时，要比较双方兵的多少，并分析兵阵的分布与结构是否有利。

图 15 是上海胡荣华执红棋对广东刘星，弈至第 22 回合时的形势，轮到红方走。此时双方强子实力相当。黑方虽多两个卒，但卒阵结构不佳。有 3 路象后卒影响马的出路。另外中卒挺起后地位不稳，容易受攻，而且卒林线打通，有被对方伸车控制的可能。红方审局时以敏锐的感觉抓住黑方卒阵的缺陷，乘机进攻。

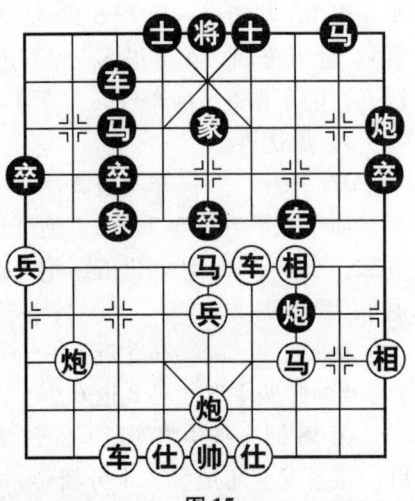

图 15

23. 炮八进三　车 3 平 2

红方伸炮牵制黑方中卒，是一步关键性的佳着，由此取得主动。黑方如卒 5 进 1 吃马，炮五进三，士 4 进 5，炮八平三，炮 7 退 2，相三退五，马 8 进 7，车四进二，马 7 进 5，炮五进一，炮 7 进 2，车七进四，红方各子配合有攻势。现在黑方平车捉炮，为时过早，似不如车 7 平 8 躲开马口，再根据局势发展情况，走车 3 平 2 捉炮或炮 7 平 8 塞相眼为好。

24. 车四进二　车 7 平 8　　25. 炮八平五　车 8 平 5
26. 马五退三　车 5 平 8　　27. 前马进五　……

通过这几个回合兑子，红方的目标并不只是为了多吃一个卒，而在消灭黑卒之后，打通了中心区域，使当头炮的威力得到进一步的发挥，并且中马占领了巩固而有利的战略位置，随时过河跳卧槽或挂角，攻击力很强。这个收获远远超出一个卒的价值。

27. ……　　车 2 平 6　　28. 车四平七　车 6 进 6

急进不顾后防，失策。这只车的位置可攻可守，不宜轻易离开。应车 8 进 2 准备炮打边相，从边线入侵，使红方有后顾之忧，以下相一退三，炮 9 平 7，车七平三，士 6 进 5，牵制红方一部分进攻力量，成互缠局面。由于这步棋走错，造成难以挽回的劣势。

29. 马五进六　车8进2

红马趁机过河塞象眼，准备决战。此时如车6平7吃马，炮五进六，车7平6，炮五退三，马8进7，后车进五，车8平3，车七退一，车6退4，车七平五（士6进5，车五平四，车5平6，马六进七杀），士4进5，车五退三，将5平4，炮五平六，马3进4，车五退三，红胜定。由此可见，这时黑方已比较难走。上个回合应进这步车，现在才走，已经晚了。次序差一步，关系如此之大。

30. 后车进五　炮9进5

飞炮取相，企图侧翼猛攻，也是孤注一掷，在对攻速度上是赶不上红方的。不过亦无其他好的办法。

31. 马六进七　将5进1　　32. 前车平一　车6平7
33. 车七进二　车7平4　　34. 马七退五　马8进7
35. 车七进一

至此，黑方认输。如走下去，只能车4退6垫将，车七平六，将5平4，马五退七，将4进1，车一平六杀。

这盘棋，黑方卒阵的弱点不很明显，但被红方抓住后，也难免陷入被动。

第四节　薄弱环节

观察局面的棋子价值、子路畅通、子力配置过程中，会发现双方都存在一些缺陷，有的无关紧要，有的却对局势起关键性的作用。这种关系重大的缺陷就是整个棋形结构的薄弱环节。棋形结构把各个棋子联结在一起，好比一条铁链，连环构成。如果其中存在一个薄弱环节受到外界猛烈打击的话，铁链就可能会断开。同样，棋形结构的弱点受到对方冲击，就可能使阵势溃散，甚至出现"兵败如山倒"的情况。所以，甲方针对乙方的薄弱环节来进攻同乙方加强对薄弱环节的防守，便构成棋战中的主要矛盾。审局的主要目标，就是发现薄弱环节。抓住对方的薄弱环节就能找到主攻方向，看到自己的薄弱环节，便会明确防御任务。

薄弱环节的表现形式很多。车马被炮牵制，车炮被车牵制，窝心马被中炮牵制；低头车来不及调回，过河马被围困，子力联系被切断；子力分布过密互相拥挤，子力缺乏联系，成一盘散沙；兵阵凌乱，士象架散缺；中线薄弱，侧翼空虚；露将受攻；等等，都属于棋形的缺陷。至于哪里是影响全局的薄弱环节，就要下一番工夫来分析了。实际局势是比较复杂的。有的防线守卫力量不强，但足够巩固，就不是薄弱环节。有的缺陷目前平安无事，但随着战局的发展却可能成为薄弱环节。这些都是审局时需要细心判断的。

[局例 1]

进攻中的薄弱环节，多数都是孤军深入、贸然抢攻、粗心大意、掉进陷阱所造成的。图 16 是李广流执红棋对钱洪发弈至第 9 回合时的形势，轮到黑方走棋。本来，红方肋车骑河的目的是制马，以便下一步炮八进三打，逼黑马 4 进 3，然后车四平七扫卒，马 3 退 2，车七平八兑子之后，红方双马通活，又有车控河界，稳持先手。但问题在于，如棋谚所云："车不立险地"。红车的位置不佳，有孤军深入之患。黑方审局时抓住这个薄弱环节，不失时机地实施反击。

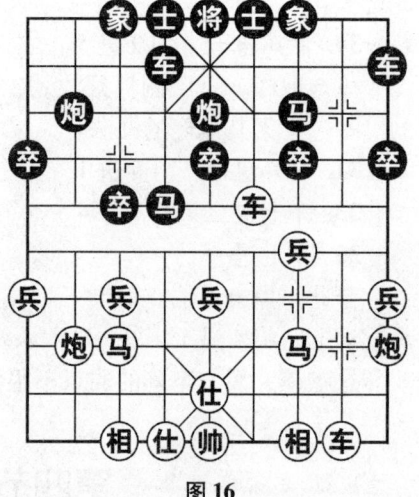

图 16

9. ……　　　卒 7 进 1
10. 车四平三　炮 5 平 3

红车如不吃卒，便只能退，眼看这样走黑卒要渡河又不甘心，所以硬着头皮吃卒。此时黑方非常老练，不急于马上飞边象赶车，那样的话红车三进一，再平车而逃出虎口，就打草惊蛇了。所以黑方先行卸开中炮，挖好困车陷阱。红车已成网中之鱼，无法解救。

11. 车三进一　炮 3 进 1　　　12. 车三进一　象 7 进 5
13. 车三平二　炮 2 平 8　　　14. 车二进七　车 9 平 8
15. 车二平一　……

以上几个回合，黑方巧妙弃马陷车，强迫兑子，又欺红车单薄，逼它躲入黑暗角落。虽然从实力来看，双方似乎接近，但黑方各子活跃，占据要道，取得了很大的局面优势，为下一阶段反攻奠定基础。

15. ……　　　车 4 平 2　　　16. 炮八平九　炮 3 进 3
17. 马七退九　车 2 进 7

趁红方双马呆滞之际，以炮打闷宫的威胁，企图逼红方联相，断开两翼马炮的联系，形成新的薄弱环节。所以红方第 17 回合如相七进五，以下车 2 进 6，炮九进四，车 8 进 6 红必失子。只能无奈弃马，希望换一点先手。

第二章 审 局

18. 炮九平五	车2平1	19. 炮五进四	士4进5
20. 炮一进四	车8进2	21. 炮五退一	车1平3
22. 相三进五	炮3进1	23. 马三退四	马4进5
24. 兵三进一	将5平4	25. 炮一退二	车8平4

红方认输。因为黑方接走车4进5，相七进九，车3平2，便成杀局。这盘棋仅仅走到第17回合时，红方便失子输定。只因图16时，骑河车位置不当，可见有的薄弱环节会迅速导致全局的失败。

[局例2]

在平稳局势下，薄弱环节不明显。有的是由于棋形结构比较协调，弱点不突出，有的则属于缺陷被掩盖起来，需要细心观察，靠深厚的审局功夫，才能从平淡中看出不平衡的因素，从裂缝里看出漏洞，以便制定战术，出奇制胜。有时为了突破薄弱环节而作出局部牺牲。就要有坚定果断的决心。

图17是江苏戴荣光执红棋对青海张录弈至第20回合时的形势，双方平稳。黑车切断了红方左马与右炮的联系，然后利用这个弱点，以炮瞄马，挺起3路卒进攻。此时红方不宜马七进六，因为黑卒3进1，相五进七，车8平2（仕五退六，车2平4），马六退五，车2进2，仕五退六，车2平3，有反先之势。但红方可以马七退六，卒3进1，相五进七，相当巩固，并不吃亏。不过，这样走究竟不是最积极的办法。红方审局时以敏锐的局面嗅觉，发现黑方子力配置上的薄弱环节，就是双炮马过于密集，炮靠马保，马靠象保，如能破其一象，就有隙可乘，而且黑车路闭塞，难以调回支

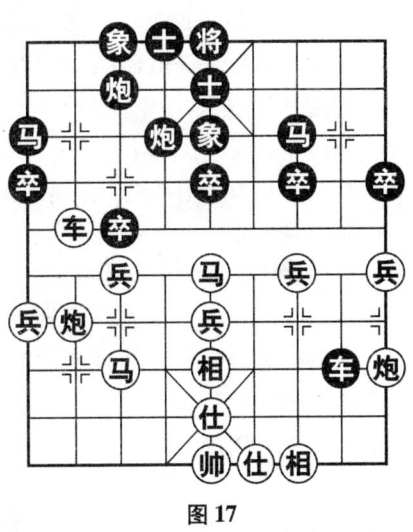

图17

援。准确地判断此时形势之后红方果断弃马取势。

21. 马五进七 ……

耐人寻味，准备马换一卒一象，牵制黑方右翼马炮，以后针对黑方阵形的缺陷，争取再吃一象，或能多吃几个卒，或能追回一子，黑方就会不知不觉地垮下来。所以，黑方不宜贪吃此马，可炮4平3。以下红方有两种攻法：（甲）后马进六，象5进3，兵七进一，车8退3，兵七进一，车8平2，马六进八，炮3进

2，马八进七，卒1进1，红方攻势缓和，略优。（乙）车八进二，后炮进3，马七进六（后炮平4，兵七进一，象5进3，马六进七，炮4平6，马七进六，车8退3，炮八平七，象3退5，相五进七，象5进3，相七退九，象3退5，炮一平七，红方大优），前炮平8，车八平七，炮8退2，车七平八，车8退3，炮八平七，马7退6，车八进一，炮8退1，车八平六，马1进3，车六退二，马3进4，车六退一，马6进7平稳。

21. ……　　卒1进1　　22. 车八平九　象5进3

还是不宜贪吃红马，关于这个问题的看法，来源于对黑方薄弱部位的观察。因为吃马后，被红车牵制住右翼马炮，很难施展，有"半身不遂"的感觉。所以黑方这步棋仍应炮4平3，后马进六（象5进3，炮八进五，马1进3，马六进七，后炮进2，兵七进一，车8退3，车九进二，炮3进2，车九平三，红优），后炮平1，马七进九，炮1进2，车九进一，车8退3，红略优。

23. 车九平七　炮4进4

这样走要失子速败，可改为炮4平6，炮八进四（象3进5，车七进三，炮6平2，车七退一追回一子，红优），炮6退1，马七进六，以后有跳马过河、挺边兵等攻势，黑方保持多子；但局面受制，实质是红优。

24. 车七进二　马1进2

如马7退6，炮八进五塞象眼捉双，黑方也要丢子。此时大局已定。

25. 车七进一　炮4平3　　26. 车七平六　车8退3
27. 炮八退三　车8平6　　28. 车六退五

困住黑炮，下一步炮八进四绊马腿即可再得子，于是黑方认输。

这局棋告诉我们，有些棋形结构看似无碍，实际包含着致命弱点，平淡局面中暗藏危机。如图17形势，以稳健著称的过宫炮架势，缺相后即暴露严重缺点，甚至一败涂地。

[局例3]

防御时存在的薄弱环节是对方进攻的主要目标。因此，要对自己阵形内的薄弱环节有充分的估计，足够的重视。在对方进攻以前，及时调整阵形，消除隐患，或在对方进攻之初，迅速调动子力，弥补缺陷。否则，被对方抓住猛击而陷入困境时，将措手不及。还有一种情况，我方弱点本来在西线，但对方采取"声东击西"战术，自以为东线足够巩固，忘了西线弱点，最后吃亏上当。这样的例子也是常见的。

图 18 是江西许贤良执红棋对河北李来群弈至第 20 回合时的形势，轮到红方走。让我们从审局的角度分析一下黑方的薄弱环节在哪里。表面看来，黑方右翼只有一个马防守，补士露将，其他子力调不过来，底线是比较空虚的，必然要受到红炮沉底的进攻。但进一步想，这个弱点并不可怕，因为右马有左炮保护，不会丢掉，面临红方沉底炮的攻势，可以及时转换士象，是守得住的。而且，黑车正在捉住红三路炮，左翼子力比较集中，是有反击能力的，前途不必悲观。那么，是否就没有问题呢？事实并非如

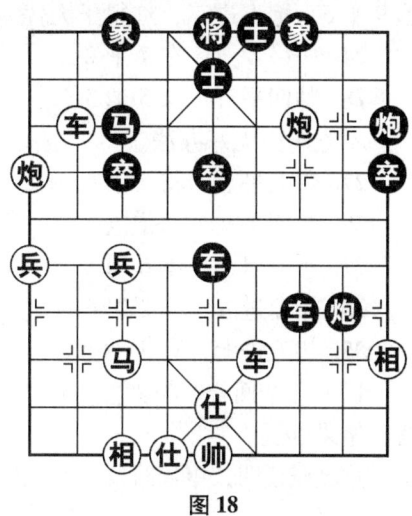

图 18

此。现在黑方中车无根，是一个很不明显的弱点，如不觉察，被红方利用，将会出现意料不到的后果。

21. 炮九进三　士 5 退 4　　22. 帅五平四　士 6 进 5

23. 车八进二　……

当红方出帅胁士时，黑方可炮 8 退 6 保士，阵势十分稳固，平安无事。当然黑方补左士，是随手的应着，还不是致败的根源。现在红车沉底胁象，要打闷宫叫杀，乍一看来，似乎毫无用处。难道黑方不会飞中象连起来吗？的确，在一般情况下，根据人们的常识，是要连中象的，但具体到目前的形势，却不能这样走。红方已经布下圈套，等待黑方上当，以便施展其暗藏的妙手，夺取优势。

23. ……　　　　象 7 进 5

败着，果然中套。只注意侧翼明显的弱点，联象巩固，没有料到中车无根的隐患竟成为主要弱点。此着应改为马 3 退 1 保象，并不输棋，以下有三种变化：（甲）炮三平二，车 5 平 8，炮二退四，车 8 进 1，帅四平五，车 7 平 2，炮九平七，马 1 退 3，车八平七，车 8 平 3，黑方好走。（乙）车四进六，车 7 退 4，车八退一，车 7 平 6，车四退一，士 5 进 6，车八平九，士 6 退 5，黑反先。（丙）车八退一，车 7 退 4，车八平九，车 5 平 3，帅四平五，车 7 平 6，车四平三，炮 9 平 7，互缠对峙局面。

24. 车八平七　……

妙手弃车吃象，突出奇兵，冲破了黑方防线，马上有退车杀马将军等棋，使黑方很难应付，又不敢吃车，因为如象 5 退 3，炮三平五（士 5 进 6，炮五退三，马 3 退 5，车四进五，车 7 退 6，车四平六胜定），士 5 进 4，炮五退三，

炮9平5，炮五进三，红得子大优。

24. …… 车7平2　　　　25. 炮三平七　炮8平6
26. 帅四平五　象5退3

不吃车亦无好办法。

27. 炮七平五　将5平6　　28. 炮五退三　炮9平6
29. 车四平三　前炮退1　　30. 车三进七　将6进1
31. 车三退一　将6退1　　32. 车三平五　前炮平3
33. 相七进五　车2退6　　34. 车五进一　将6进1
35. 相五进七　车2平1　　36. 马七进六

以上几个回合，虽然黑方应着基本正确，但也没有挽回败局，下面着法从略，结果红胜。

这盘棋说明，审局时要注意隐患，透过现象看本质，抓住真正的薄弱环节。

第五节　捉杀威胁

掌握棋局主动权的一方在控制局面的基础上，进一步捉子谋求实力优势，或攻杀对方主将获胜。审局时，需要注意对方的威胁，避免失子或陷入败势。其中，尤其应关照主帅的安全，因为一盘棋的胜败归根结底决定主帅的处境，一旦被击毙或困毙，即使己方有多少棋子也等于无用。只当主帅处在安全环境时，才有争取胜棋或和棋的前提条件。

这里重点讨论中局阶段主帅的安全问题，一般来说，局势还没有发展到被击毙状态。从进攻角度来讲，当己方发起强烈攻势，使对方忙于应付而无暇反击时，己方主帅处于安全状态。从防御的角度来讲，当对方子力进攻时，主帅安全有三种情况：一是守子足够有力，抵挡住对方强子的攻势，构成坚固防线，那么主帅是安全的；二是补士联相，层层设防，守卫能力相当强，主帅也是安全的，如士相残缺飞散，主帅就容易受到对方攻击；三是主帅不暴露就比较安全，如不安于位就会发生危险，这是下棋的常识。

[局例1]

在一盘棋的攻杀过程中，有时不一定能达到立即成杀的目标，但借杀势得子，也是一种收获，亦属于捉杀威胁的范围。

图19是实战弈成的中局，轮到红方走。此时卧槽马被捉，眼看难以逃生，

怎么办？但又看到中炮有打象的攻杀手段，不过黑有炮打马化解。于是红方产生一种想法，假定卧槽马不存在，那就正好用炮打象闷杀。由此想象出一系列弃马取势谋子战术。

1. 车八平四 ……

关键性妙手，故意弃马，与下着弃车等构成战术组合。

1. ……　　车 6 平 7
2. 车四进四　马 4 进 5

红车塞象眼，实现了预定叫闷杀的设想，黑方只能跳盘头马挡炮解杀。

3. 车四平三　炮 2 退 1
4. 炮五进四 ……

也可改车三退一，马 5 退 7，炮三进五，卒 5 进 1，这样黑中卒过河，红不舒服。

4. ……　　马 7 进 5

如炮 2 平 7，炮五进二，士 4 进 5，炮三进五，炮 7 平 9，车二进六，红多子大优。

5. 车三进一　马 5 进 7　　**6. 车三退二** ……

红得子，结果胜，下略。这盘棋黑主将虽在原位未动，但中象存在弱点，仍然会受到威胁，红方借杀势得子成功。

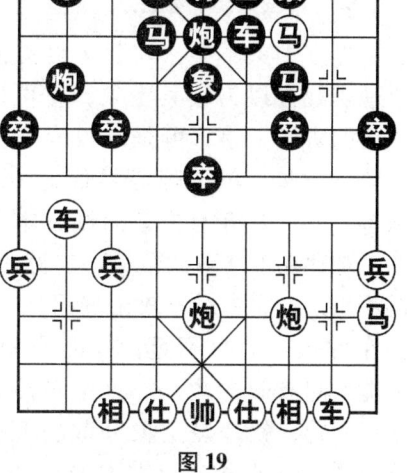

图 19

[局例 2]

在少数情况下，对局中的一方虽然士相飞散残缺，但由于从全局来看掌握了局面的主动权，而对方却进攻力量不足，这时主帅的安全仍有保障。图 20 是辽宁郭长顺执红棋对上海胡荣华弈至第 22 回合时的形势，轮到黑方走。此时黑象双飞边，红兵入九宫，真有"兵临城下"之感。试问黑将安全否？答案是：很安全。

22. ……　　车 4 平 3　　**23. 兵五进一　士 4 进 5**
24. 车七平三 ……

如兑车，以后黑方有足够时间把双象联好，而且多一个中卒，略优。红方为了破黑士象，为以后进攻创造有利条件，所以不打算兑车。

24. ……　　　车3进3
25. 车三平一　……

黑方士象不整，勾起了红方的贪胜心理。红方以为破其士象，就可以削弱黑将的防御工事，可是却没有想到以后局势的发展，黑方阵势固若金汤，运子从容不迫、攻守有方。而红方本身的后防，却存在着严重的缺陷，三路马受制，跳不出来，成为对方攻击的目标；同时，孤车深入，兵力不足，只能吃象扫卒，未能发起有效的攻势。这里牵涉到一个审局问题，就是黑士象分散的毛病与红马受攻的弱点相比，谁大谁小？为了研

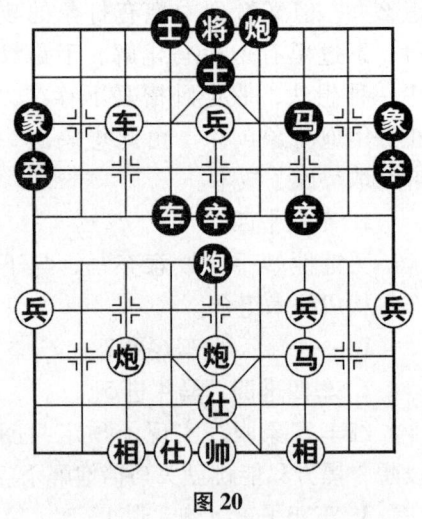

图20

究这一问题，下面列出红方不吃边象的另外三种着法：（甲）帅五平四，车3退1（炮五进一，炮5平6，车三平四，卒5进1），炮五进三，士5进6，仕五进四，车3平7，马三退一，车7进2，马一进二，车7进1，帅四进一，车7退3，车三平二，炮5平6，仕四退五，前炮平8，黑得子优。（乙）兵三进一，车3退1，炮五进一，炮6进7，炮五退一，车3平7，马三退四，将5平4，准备车7平4叫杀，红方只能又把马跳出来送吃。以上两种变化都不是正着，关键的问题是要判明红马受制的弱点比黑士象分散造成的危害更大，从而决心把车调回来支援防守，才能缓和黑方的攻势，所以稍好的应着是：（丙）车三平八，车3退1，炮五进一（炮6进7，车八进二，士5退4，炮五退一，车3平7，车八退四），车3进3，车八退五，象1退3，相三进五，车3退5，兵三进一，红方略优。

25. ……　　　车3退1　　　26.炮五进一　车3进3

也可炮6进7绊马腿，车一进二，士5退6，炮五退一，车3平7（马三退四，将5平4，车一平四，将4进1，马四进三，车7进1，帅五平四，车7进2，帅四平一，炮6平8，黑优），马三退一，车7进2，帅五平四，炮6退5，车一退三，车7平9，车一退二，将5平4，炮五进三，炮5进1，黑稍优。现在黑方不急于谋子，先破一相，扰乱红方阵线，取得较大先手，是老练的着法。

27. 车一平三　……

红方的意图是赶紧退车吃卒，再抓中卒，以便扭转被动局面。这种想法是对的，但问题是现在已经来不及这样做了。这步棋如改为帅五平四，车3退

第二章 审 局

2，炮五退一，车3退1，炮五进一，将5平4，以下变化与实战着法雷同。

27. ……　　车3退2　　28. 马三退四　……

如炮五退一，炮6进8，车三进二，士5进6，车三退四，车3平5，车三平五，士6进5，马三退四，炮5平3，闷杀得车。所以只能退马，问题是怎么退比较合适，从以后局势发展来看，退贴将马并不好，不如马三退一，还能多支撑几步棋。

28. ……　　车3退1　　29. 马四进三　……

如炮五退一，将5平4，马四进三，车3平4，帅五平四，车4平6，帅四平五，车6进1，马三退一，士5进6，马一进三，车6平7，黑得子优胜。

29. ……　　将5平4　　30. 车三进二　……

黑方的攻势步步催紧，使红方忙于应付，来不及实现其原定计划。如仍车三退二吃卒的话，有车3平4（帅五平四，士5进6，红难应付），相三进五，炮5进2，仕五进六，卒5进1捉死炮。所以现在红车沉底牵制黑炮，必要时可出帅。

30. ……　　炮5平2　　31. 仕五进六　……

黑方的战术十分灵活，利用红车低头的机会由中路控制突然转入侧面攻势。红方如帅五平四，卒5进1，炮五进五，车3平6，仕五进四，将4平5，炮五平一，车6进1，帅四平五，车6平7，炮一进一，车7进2，帅五进一，卒5进1，炮一平四，卒5进1（帅五平六，卒5平4，帅六进一，车7平4杀），帅五平四，车7退1，帅四退一，炮2进4，仕六进五，车7进1，帅四进一，卒5进1，帅四进一，车7退2杀。

31. ……　　炮2进4　　32. 仕六进五　卒5进1

33. 炮五退一　……

无论怎么走，也是败势已定。如炮五进五，炮6平5，车三退一，车3进3，仕五退六，车3退8，仕六进五，炮2退8，车三退三，炮2平5，车三平六，前炮平4，帅五平四，车3进8，帅四进一，车3平7，黑方优势。

33. ……　　车3进3　　34. 仕五退六　卒5平6

35. 炮五平四　……

红方已无棋好走，随便动车、马，都要被抽将失子，眼看黑卒将要长驱直入，无法阻拦。

35. ……　　炮6平5　　36. 相三进五　车3退1

37. 仕六进五　士5退6

打车兼叫杀，黑方胜定。

从这盘棋来看，红方子力结构的弱点如不及时克服，就会造成劣势。黑方双象飞散，肯定不是一种好架势，但相比之下，却比红方形势好一些，黑将始终安全，不受威胁。

[局例3]

一般来说，将帅在原位比较安全些，但这不是绝对的。将帅在九宫中心位置很不好，因为堵住了自己双士的通路，妨碍双士的调整，使它们不能发挥掩护将帅的作用，将帅的危险程度就大为增加了。

图21是蒋志梁执红棋对郑荣生弈至第28回合时的形势。双方子力大体相等，但红方车马炮都已活跃，并投入进攻的战场。黑方车马的位置不好，特别是黑将不安于位，受到卧槽马的威胁，所以准备升车赶马，然后使将归原位。此时轮到红方走，必须抓紧时机进攻，否则会丧失攻击的机会。

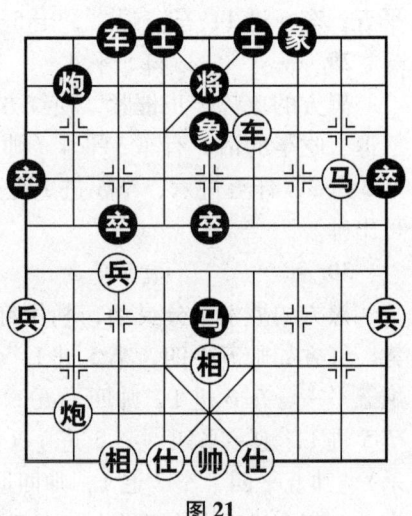

图21

29. 车四退四　马5进3

马入死胡同，肯定是要吃亏的。但又不宜急于升车捉马，因为如果车3进3，则马二退三，卒5进1，炮八进三，车3平5，炮八平五，马5进3，车四平七，黑马还是受困。所以，这步棋应改为马5退4避一着，以下炮八进四，车3进3（马二退三，卒3进1，马三进四，将5退1，马四退六，车3平4，炮八平五，士4进5，马六退五，车4进3，车四平三，炮2进5吃回一马），马二退四，卒3进1，炮八平五，象5进3，马四进三，将5平4，车四平六，炮2进3，虽属红优，但黑方尚有许多对攻机会，这是正确的应着。

30. 车四平七　马3进1

如弃马换先，走车3进3捉马的话，以下马二退三（马3进1，兵七进一，象5进3，马三进五，红优），卒3进1，车七退一，卒3进1，马三进五（车3平5，车七进一，车5进1，车七进五，将5退1，车七进八），车3进1，车七平八，车3平5，炮八进七，将5退1，炮八进一，象5退3，车八进四，红优胜。

31. 炮八平五　炮2进3

可车3进3，炮五进四，车3平5，马二退三（卒3进1，车七进一，将5

退1,车七平八,炮2平5,车八退三,红得子),将5退1,兵七进一,士6进5,兵七进一,以放红兵过河,换得黑将就位,使黑将安全一点。

32. 车七平三　将5平4　　　　33. 车三平六　将4平5
34. 车六进三　……

红方并不打算捕捉黑马,而是要取得局面优势,这是明智的策略。这几步车运用得很好,控制了卒林线要道,准备下一步平八捉炮叫杀。黑方露将受攻的弱点充分体现出来。这时,如果为防止红车捉炮而车3平2的话,则马二进三,炮2退3,车六平八,马1退3,炮五平二,红胜定。

34. ……　　卒3进1　　　　35. 炮五进四　象5进7
36. 车六平八　马1退2

弃炮亦无济于事,退马再入卧槽或挂角都不能构成杀局。如炮2平3,马二进三,炮3退3,车八平五(将5平6,马三退四,炮3进1,车五进一,士6进5,炮五平四,士5进6,马四进二杀),象7进5,车五平六,象5退7,马三退四,将5退1,车六进二,再车六平五绝杀。

37. 车八进二　将5进1　　　　38. 车八退三　马2进4
39. 帅五进一　卒3平4　　　　40. 帅五平四　车3进1
41. 马二退四　将5退1　　　　42. 炮五退二　车3进5
43. 车八进三

黑方认输。如继续走将5退1,马四进五(车3平5,马五进三杀),士4进5,车八进一,红胜。这盘棋黑方输在黑将暴露受攻,尽管只差一步棋未能恢复原位,但却是黑方致命的弱点。

第六节　抓住本质

以上讨论了审局时要注意的几个因素。我们不能孤立地看待其中一两个因素,而应该进行综合分析。这里,需要有正确的思想方法,就是全局的观点、发展的观点,以及揭开现象抓住本质的观点。

审局要从局部开始。因为棋局是由许多局部构成的,而一盘棋里各个区域,双方斗争的状况不同,有些区域正在争夺实力、争夺地盘,矛盾很激烈,有些区域双方接触不多,较为缓和。人们下棋时,常常把注意力首先放在矛盾激化的区域,这是很自然的,但不能只停留在这上面,还要从全盘棋来审局。譬如对方用马咬已方车,从局部看,应该逃车,但从全局来看,可能还有更好的棋要走,甚至可以弃车取势等。因此,必须依据双方全局,仔细、切实地想明白。没有全局在胸,是不会真的投下一着好棋子的。在弈战中,由于具备全局观点而获得胜利和缺乏全局观点而招致失败的例子,比比皆是。

以全局观点审局,包括分析前线与后方、左翼与右翼的子力部署是否协调,观察各区域战场之间是否配合,衡量比较各种棋路之间的优劣等。总之,研究双方全部棋子的互相联系、互相斗争及其可能发生的变化,然后作出走哪一路棋的正确判断。

另外,一盘棋的局势是不断发展变化的,主要矛盾会随着局势的变化而变化。我们固然要抓住当前的主要矛盾,还要研究它的演变。这样,站得高,看得远,有预见地支配棋路,才能始终掌握棋战的主动权。如果只顾眼前利益,缺乏长期打算,就是战略上的近视。近视者对于局势的发展常常采取应付主义,只能陷入被动。在战争中,"战略指导者当其处于一个战略阶段时,应该计算到往后多数阶段,至少也应计算到下一个阶段"。弈棋时,对于棋局中先后、得失、优劣、真假、虚实的判断,不能只从眼前局面来观察,而要计算到以后局面的演变,才能得出比较正确的结论。有些棋,从眼前看,可以占到先手,或吃掉一子,再从局势发展来看,如果演变下去能够保持住先手或多子的优势,那就是可行的,如果演变下去,不但保持不住已有成果,还要造成失子或失势,落到下风,那就是不可行的了。有些棋,判断对方某翼空虚,甚至露帅有危险,但由于自己进攻力量调不上去,走起来,对方的空虚与危险无关紧要,叫做有惊无险。事实上,棋战中许多局面的矛盾焦点、性质原来不那么明显,随着棋局的发展,才越来越暴露得比较清楚了。所以,审局时看得长远些,就更有利些。古代兵法关于"多算胜,少算不胜"的格言是有道理的。

[局例1]

图22是陈孝坤执红棋对陈新全弈至第25回合时的形势,轮到黑方走。兑车不兑车?肯定不宜兑车。按一般人的想法,随手走车2退2吃炮,以下后车平五,车2进4,炮五进四成双方均势,这样走对黑方并无害处,也是无可非议的。但临场的黑方不愿意把局面引向平稳,宁弃一子也要挑起波澜,走成抢攻的状态,为此竟走出一步出人意料的棋:

25. ……　　　　车2进2

为什么放过嘴里的红炮不吃呢?这正是黑方在审局上看得长远、走得高明的地方。黑方充分估计到弃子之后,可以平炮打相取得侧翼攻势,并利用红方为了挽救左炮所造成的别扭阵形,从容进攻,伺机夺优。

26. 后车平五　炮2平3　　**27.** 炮八退二　炮3进6

28. 仕六进五　炮6进6

这步棋很重要，因为单车炮是不能造成杀势的，现在炮塞相眼，准备下一步甩边炮要抽将时，逼红方支仕，然后左炮移右，构成三子归边的有利形势，对红方有严重威胁。此着如炮3平1，仕五进四，车2进1，帅五进一，炮6进7，也有一定的攻势。

29. 车六退二　……

赶紧退车防守，准备随时跟住黑方沉底炮。很明显，如车五平四，炮3平1，车四退二，车2进1，车六退四，炮1平4，仕五退六，车2退3，红方缺相，黑方多卒占优。

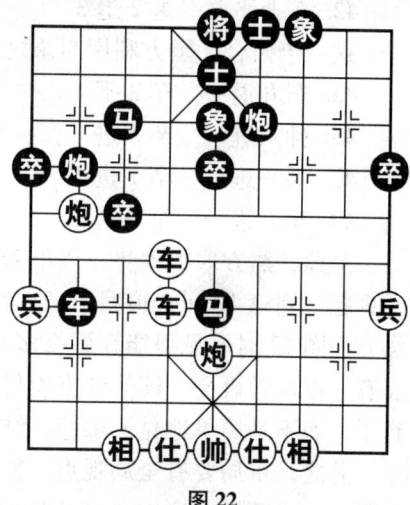

图22

| 29. ……　　炮3平1 | 30. 仕五进四　车2进1 |
| 31. 帅五进一　车2退1 | 32. 帅五退一　马3进4 |

妙着献马，加强进攻力量。至此红方不敢吃马，因车吃马离开士角位置，黑方即炮6平3叫杀，难以应付。

33. 车五平三　马4进6

目的是兑去红中炮，如误走炮6平3，车六平九，炮1退1，炮五平八打死车，黑负。

34. 车六平九　车2进1	35. 帅五进一　车2退1
36. 帅五退一　马6进5	37. 车九平五　炮6平3
38. 车五平九　炮1退1	39. 仕四退五　……

劣着。应车三平六，车2进1，车六退三，炮3进1，车六进二，炮3平6，帅五进一，车2退3（车九平八，车2进1，车六平八，炮6平1和），车九退一，车2平7，车九进一，车7进3，各有千秋，黑方虽然少子，但形势较好，估计能立于不败之地。

| 39. ……　　炮3进1 | 40. 帅五平六　…… |

避开黑炮3平1打车，再进车抽将的威胁。如炮八平六，炮3平1（车九平六，车2进1，仕五退六，车2退2，仕六进五，后炮平2叫杀，黑优胜），车九平七，车2进1，仕五退六，车2退3，仕六进五，前炮退（车七平六，车2进3抽车），车七平九，前炮平3，亦黑优。

| 40. ……　　炮3平1 | 41. 车九平七　前炮平2 |

42. 车七平九　炮2退3

这三个回合，黑方利用叫杀之机，妙着得子，在兵种、局面上都占优。

43. 车九退一　车2平1　　44. 车三平八　车1进1
45. 帅六进一　卒5进1　　46. 车八平五　卒3进1
47. 兵一进一　卒1进1　　48. 相三进五　卒5进1
49. 车五进一　卒3进1　　50. 车五平七　车1退3

至此，黑方取得胜势，以下着法略，结果胜。这盘棋黑方从第25回合弃子算起，到第42回合追回一子，经历了17个回合，其中红方走了软着。虽然黑方在图22时不见得能算那么多步棋，但由于看得长远些，预见到局势的发展有一点取胜机会，即使红方应付得最好，自己也能立于不败之地，故下决心弃子，而不是简单地兑子求稳，结果取得成功。

总之，审局要有全局观点、发展观点与抓本质的观点，就是防止片面性、局限性、表面性。这三者又是互相联系、互相渗透的。为了掌握棋战的全局，必然要看透棋路的演变，分辨优势的真伪。而观察局势的演变，只能抓住对全局有决定意义、体现问题本质的棋路去分析研究。为了洞察棋局的本质，也离不开全面地、发展地分析形势。因此，审局时要综合地贯彻这三个观点。

由于局面不断变化，人们对局面的认识也必然随之变化。所以审局是伴随棋战的全过程，直至棋局的终止。

[局例2]

分析了一盘棋的主要矛盾，还要分析矛盾的主要方面，也就是辨别局势的主动权，优势在哪一方。真正做到这一点有时并不容易，因为局势常常是复杂、曲折的，有许多迷惑人的假象。例如有时乍看起来是优势，其实是劣势；有的"优势"只能是暂时的，并不能持久；有些眼前的"劣势"是可以克服的，甚至可以转化为优势；有的棋走出来似笨实佳；有些棋看来平淡无奇却能制对方于死命；有些棋貌似凶狠，其实是假先手；有些棋似乎从东翼进攻，其实由西线突破（声东击西）；有些攻棋则属于虚张声势的佯攻；等等。因此，审局不能停留在表面上，必须从本质上认清棋局的主动权在哪一方。这个问题之所以重要，是由于事物矛盾的主要方面决定着矛盾的性质，主要优势的一方支配着全盘的棋路。假如形势已经非常危险了，但自己视而不见，只看到表面上的安稳，甚至误认为先手在握而盲目乐观，则必然碰壁。又假如形势发展对自己有利，却被对方来势汹汹的佯攻所吓倒，畏缩不前，错过战机，也常常有反胜为败，或者应胜不胜的情况。这些都是需要注意防止的。

图 23 是广东刘星执红棋对吉林陈宝权弈至第 17 回合时的形势，轮到红方走。能不能平兵吃马？考虑到上个回合，当黑马被捉时置之不理，而伸 8 路炮瞄中兵，看来黑方自有一套弃马计划。当红兵七平六吃马后，黑方即炮 8 平 5，打兵将军抽车，红必然炮五进五反将军。这样黑方虽丢一车，但换得空头炮的优势。看来黑方对局势变化的前景是有信心的，如果红方应付不当，便有取胜机会。例如设想其中一路变化，接下去的着法是象 7 进 5，车二进八，车 3 进 8，炮九平四，车 3 平 6，车八平四，炮 5 退 1，车

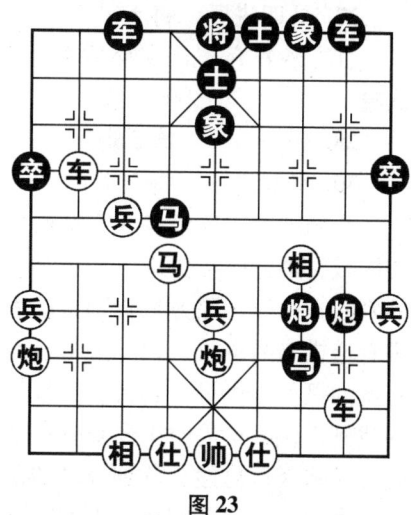

图 23

四退二，车 6 退 1，车四退二，炮 7 平 5 弃双车入局。当然，这一设想是否行得通，要由实践来检验。临场着法如下：

18. 兵七平六 ……

这步棋说明双方审局的看法不同。红方认为，黑方果真用炮打中兵的话，演变下去，自有奇兵埋伏，优势不在对方而在自己，所以敢吃这只马。究竟谁是谁非呢？还是让实战着法来评判吧。

18. …… 炮 8 平 5

按原计划行事。如果此时察觉到弃车行不通的话，就应为马 7 退 5 吃兵，也是对攻局势，并不吃亏。由于这步棋走错，黑方陷入被动。

19. 炮五进五　象 7 进 5　　20. 车二进八　车 3 进 8
21. 炮九平四　车 3 平 6　　22. 车八进三　士 5 退 4

走象 5 退 3 好些，但红仍有办法取胜。演弈如下：车八平七，士 5 退 4，车七平六，将 5 平 4，车二平四，将 4 进 1，车四退一，将 4 退 1，马六进四（炮 7 平 8，马四进五，将 4 平 5，马五进七，将 5 平 4，炮四平六，抽车胜），车 6 进 1，帅五进一，炮 5 退 6，马四退三，车 6 平 4，车四进一，红优胜。

23. 马六进四 ……

这一步弃炮跃马，如异军突起，结果奠定胜局，这可能是黑方原来没有估计到的。至此，红有车二平四叫杀的威胁，黑方如用象 5 退 7 挡车的话，红车八退七保炮，并以马咬住黑双炮，必以多子占优。

23. ……　　车 6 退 1　　24. 车八平六　将 5 平 4
25. 车二平四　将 4 进 1　　26. 车四退一　将 4 退 1

27. 马四进五　将4平5　　　28. 车四退六　……

红方妙着弃车，先弃后取，再吃回一车，胜定。以下再走几步，黑方便认输。

28. ……　　炮5退1　　　29. 车四进一　炮7平1
30. 马五进三　将5平4　　　31. 车四平六

全局结束。这盘棋双方都预见到黑方弃车后，主要矛盾转移到红方阵地中心区域，黑方以空头炮、钓鱼马、象眼车构成多种杀势。但双方对于谁优谁劣的判断不一样，黑方只看到自己表面上的强大攻势，以为红方难以抵挡，红方则看透棋局的本质，估计到自己有能力在对攻中瓦解对方的攻势。因此，黑方获得的只是假优势，真劣势，最后胜利属于红方。这就给我们提供了一个很好的战例，说明审局时不要被一些表面现象所迷惑，要善于抓住棋局的本质，否则容易陷入盲目性，落到被动的地位。

由于局面不断变化，人们对局面的认识也必然随之变化。所以审局是伴随棋战的全过程，直至棋局的终止。

第三章 战略决策

在审局的基础上制定战略时,要正确处理好以下几个关系,即进攻与防御的关系,子力与先手的关系,人的主观认识与棋局客观情况变化的关系,我方与对手的关系,棋路的比较关系,选择时机的早晚关系等,下面分别说明。

第一节 攻守兼顾

在战争中,进攻是消灭敌人的主要手段,但防御也不能废。进攻,是为了直接消灭敌人,同时也是为了保存自己,因为如不消灭敌人,则自己将被消灭。防御,是为了保存自己,但同时也是辅助进攻或准备转入进攻的一种手段。

人们对棋局进行正确分析以后,需要制定正确的战略。例如处于优势时,应及时组织进攻,争取胜利;处于劣势时,则抓紧防守,伺机反攻。但局势常常是错综复杂的,双方在对抗过程中,不是一面倒,多数属于对峙或对攻状态,即优势的一方不单有如何进攻的问题,同时也处于对方攻击或准备反攻的环境之中,因而也有如何防御的问题。因此,以攻为主,攻不忘守,警惕对方的反扑,不能麻痹大意。处于劣势的一方,进行防御也是为了等待反攻的机会,因此,守不忘攻,采取积极的防御。总之,在战略思想上要正确处理攻与守的关系,不要一味进攻,以致后方空虚,而为对方所算,或者一味防守、退让而错失反攻良机。

战略原则明确以后,战术上调配子力,要抓住主要矛盾。进攻时,攻杀子力与牵制子力、进攻子力与留守子力的配合;防御时,坚守子力与牵制子力、防御子力与反攻子力的配合;对峙时,集结子力与机动子力的配合;等等,都要部署处理好。

图24是刘星对蔡玉光弈至第7回合时的形势,轮到黑方走。在这之前,黑方故意弃马取势,准备展开一番厮杀,他是有一整套作战方案的。

7. ……　　　炮8进7
8. 马三退二　炮5进4
9. 仕六进五　车8进9
10. 炮六退二　……

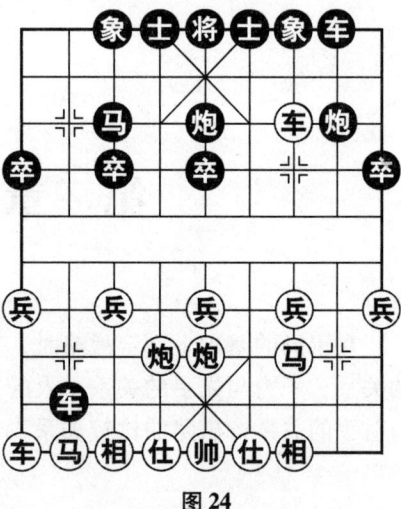

图24

黑方弃马后，加紧展开强烈攻势。经过这几个回合交锋，局面紧张起来。第7回合黑炮沉底，准备下一步车2平7捉相，构成双车炮归边的攻势。第8回合，红只好以马换炮，致使中兵失去保护，接着黑炮打中兵控制了中线再用车吃马，进攻次序井井有条。第9回合红方如补右仕，将演变成：仕四进五，车8进9，车三平四，车8平7，车四退七，车7退3，炮六进一，炮5退2，黑方虽失一子，但得势多卒，并不吃亏。

弈至第10回合时，红方六路炮起着防止黑方走车2平5"大胆穿心"叫杀的作用，同时又暗伏弃车反击的妙着，正是守不忘攻，寓攻于守。对于黑方来说，前一阶段步步紧逼，走得紧凑，但不要忘记下棋的谚语："临杀莫急。"在发动最后总攻之前，应该看一看自己方面有什么漏洞、危险，考虑一下防御问题，否则会吃大亏。

10. ……　　　车8平7

求胜心切，随手吃相，以为红方无救，实属看假，招致失败。应飞象巩固中路，等一着，仍能保持优势。试将两种着法，演变如下：（甲）象3进5，车九进一，车2平1，马八进七，炮5平9，马七退九，炮9进3，仕五进四，炮9平7，仕四进五，炮7平4，仕五退四，炮4平6，黑优；（乙）象3进5，车三退三，卒5进1，车三平四，炮5退1，车九进二，车8平7，车四退三，车7退3，车九平六，车7平3，车六进三，炮5平8，车四平二，炮8平3，黑方较优。

11. 车九进一　车2平1　　12. 马八进七　车1平2
13. 马七进五　象3进5　　14. 马五进六　马3退5

这几个回合，红方在万分危急之机，弃车跃马，异军突起，妙手回春。这匹马一出，犹如纵虎下山，锐不可挡，整个局面瞬间大变。可见红方在对方兵临城下、自己受困之时，采取积极防御、伺机反扑的战术，取得了成功。

15. 车三平五　车7退3　　16. 车五退一　车2退6
17. 炮六进四　车7进1　　18. 炮六平五　车7平5

第三章 战略决策

19. 相七进五　车2平4　　　　**20.** 车五平七

至此红胜。

第15回合，红方再献一车，十分精彩，黑方如象7进5吃车，马六进五再跳卧槽绝杀。这盘棋黑方前一段攻势凌厉，走得较好，但后来只顾攻不顾守，一步之差，把优势断送了，值得引为教训。而红方在下风的情况下，沉着应战，抓住战机突围，取得胜利。

第二节　先重于子

为了取得优势，需要夺子或扩先。但二者有时不能兼得，甚至常常是矛盾的，即为了吃一个子，损失了步数，造成失先；或者为了夺取先手，而采取弃子的走法。那么，"子"重要还是"先"重要呢？不能一概而论，要对具体局势作具体的分析。以得子而言，有一种情形，得子后，失先是暂时的，可以逐渐消除对方的攻势，演变下去，实力雄厚的作用显示出来，于是转化为先手与优势。另一种情形，得子后，失先过多，造成劣势，甚至有致败的危险，或者为了挽回危局不得不送回得子，那就是得不偿失了。对得先来说，若不失子而得先，当然是满意的，若以弃子来抢先，则亦有两种情形：一是抢得先手是表面的、暂时的，叫做假先手，经过一番较量后，这种先手为对方所化解，终以子力弱而趋下风，这是不值得的。还有一种情形，弃子换来真先手，可以进一步扩大，形成优势，或者迫使对方送回一子造成均势，或虽少一强子但以多兵达到均势，那么，这样弃子抢先是可行的。总之，不论得子或得先，都要以是否能形成优势或者至少形成均势来衡量。

子与先都不可忽视，但在许多情况下，先手更加重要。因为得子（对方故意弃子除外）首先要得先，掌握主动，采取攻势，才会夺得对方之子。在这个意义上说，得先是得子的基础。在战争中，军队失掉了主动权，被逼处于被动地位，这个军队就不自由，就有被消灭或被打败的危险。可见主动权的重要。对弈者为了掌握棋盘上的主动权，是千方百计的甚至不惜采取弃子手段来达到目的。

图25是蔡伟林执红棋对汪士龙弈至第10回合时的形势，轮到红方走。此时黑车正在捉炮，如果躲炮，也是完全可以的，但红方有意主动弃子。

11. 车九平四　……

佳着。先封锁将门，然后跳马卧槽叫杀，次序不能颠倒，否则被黑方车3平6守住肋道便落空了。

11. ……　　车2进7

眼看红马即将跳入卧槽叫杀以追回一子，所以此时贪吃炮肯定吃亏。那么，如卒7进1兑马，或车2进5准备兑车守肋又如何呢？分别演弈如下：（甲）卒7进1，炮八进六（卒3进1，马四进三，炮4平7，炮八平五，黑难应付），炮5平6，马四进三，炮4平7，炮五进四，将5平6，炮八平五，士4进5，车六平五，车2进2，车四平二，车2平5，炮五平四，炮6进7，车五平六，炮6退2，车二进八，炮7进4，炮四平三，红优胜；（乙）车2进5，相七进九（车3平

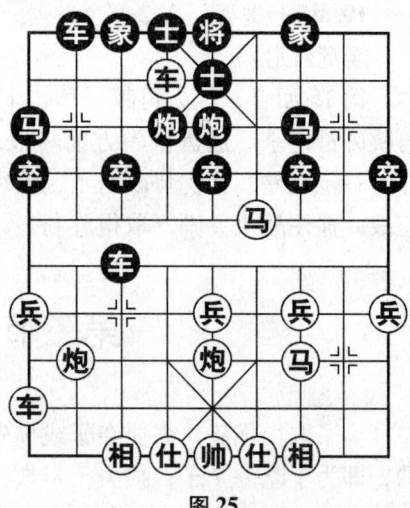

图25

6，炮八平七，将5平6，炮五平四，炮5平6，马四进三，炮4平7，炮七进七，将6进1，兵三进一，车6进1，车四平二，炮6进5，车二进七，将6进1，车二退一，红优胜），车3进2，马四进二（炮5平6，车四进五，车3平2，炮五平四），车3平5，仕四进五，炮5平6，马二进三，将5平6，车六退一，将6进1，车四进六，士5进6，相三进五，车2进2，相九退七，士4退5，车六平七，车2退7，兵三进一，红优。以上两种变化，黑方都居下风。

12. 马四进二　　炮5平6　　13. 马二进三　　将5平6

14. 车六退一　　……

先弃一子，取得先手，再追回一子，更显出优势。至此暗伏车吃炮的杀着，黑如象7进5挡，则又有车六进二破士的攻势。

14. ……　　将6进1　　15. 车六进一　　车3平8

对于以上变化，黑方大概已预料到，但着眼点是为了得子而牺牲先手。现在按预定计划，调车左翼准备困死红马。

16. 车四进五　　车8退4　　17. 兵三进一　　车8平7

18. 马三进四　　……

再次弃子抢先，利用黑方为了吃马耽误的时间和将不安于位、车路闭塞得弱点，又策马进攻，掀起新的战斗高潮，走得有勇气。

18. ……　　车2退5　　19. 马四进五　　车2平5

如将6退1，炮五平四，将6平5，炮四平七，车2退2，车四进一，马7退9，马五进七，车2进2，炮七平五，象7进5，炮五进五，士5进6，车六进一，红胜。

20. 炮五平四　将6退1

避免红车四进一，将6进1，马五退四，绝杀。

21. 车四进一　将6平5　　22. 车四平五　象7进5

23. 炮四平七　……

兑子后，双方实力接近，似乎局面要缓和。但一波未平，一波又起，这一步平炮瞄象，顿时黑方难以应付，从而奠定胜局。至此，黑方如象5进3，马五退七，将5平6，马七进九，马7进5，车六退二，红大优。

23. ……　　　将5平6　　　24. 炮七进七　将6进1

25. 马五进七

下一步准备马七进六，将6进1，炮七退二，象5退7，车六退一，象7进5，车六平五杀，故黑方认输。这盘棋黑方第11回合吃炮后，失先太多了，以致无法挽回劣势，由此可见先手之重要。

第三节　随机应变

一盘棋的局势不断地变化，下棋的战略战术亦应随之而变，才能使人的主观认识符合于棋局的客观情况。由于棋局在多数情况下不是直线发展，常常有曲折反复，要求对弈者及时根据新的情况，制定出新的战略战术。例如，原来己方处于优势，积极进攻，大部分子力调往前线，深入敌后腹地。但由于失算走错，被对方反攻过来，而己方后防空虚，此时就必须及时转移退却。这一点常常不易做到，因为刚刚陶醉于凯歌声中，梦想胜利，怎料到一下子变成劣势，免不了后悔，甚至想拼一拼，把胜势夺回来，以致冒险致败。其实，既然走错，后悔也无用，不如及早收兵，转为防御，等待再攻时机，或在劣势下谋和。另一种情形，在防御过程中，对方不慎授我以隙，就要乘虚而入，迅速调动兵力，由防御转为反攻，在战略上敢于反攻，不必固执于守。做到这一点比较地容易些，但关于对方出"隙"的判断要准确，选择反攻时机要恰当，组织子力投入反攻要迅速，才能获得成功。在战术方面，也有随机应变的问题。例如进攻时，如正面攻杀不成，可改为侧翼偷袭；如强攻不行，就另换一种稳攻策略，谋取多兵优势。防御时，如坚守防线不行，就干脆突围对攻，等等。总之，从棋局的实际情况出发，采取灵活机动的战略战术，才会取得好的战果。

图26是陈孝坤执红棋对蒋志梁弈至第13回合时的形势，轮到黑方走。此时黑左炮右马同时被捉，如果回左马打车再退右马，则红中兵挺进有攻势。在

这种情况下，黑方断然决定弃炮跃马展开反击。

　　13. ……　　　马8进6
　　14. 车三进二　马6进4
　　15. 仕四进五　马4进3
　　16. 帅五平四　前马进1
　　17. 马六进七　卒5进1
　　18. 车三平四　……

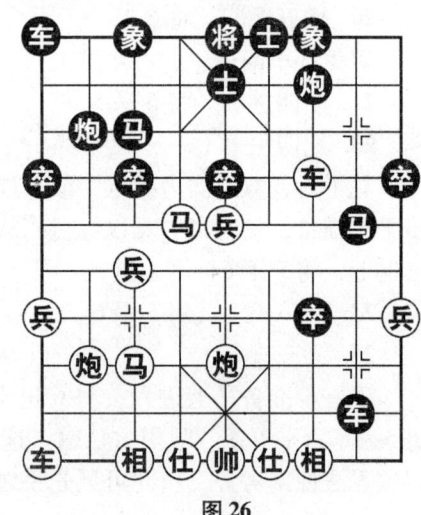

图26

　　以上几个回合，黑马急驰，直奔卧槽，像旋风似的卷去了红车，攻势迅猛，但不持久，因为中线薄弱必然受攻。果然，现在又轮到红方由防御转入进攻了，黑方应该马上由进攻转为防御。

　　18. ……　　　象3进5

　　巩固中防是对的，但在战术上考虑欠细。由于左翼空虚，不如先送一卒，待红车吃后飞起左象，以便必要时可退车支援底士。试演如下：卒7平6，车四退五，象7进5（后马进五，马1退2，炮五进三，车8退8，马五进四，车1进1，车四平八，车8进2，准备再车8平6捉马兑子，黑稍易走），炮八退一，车8退4，后马进五，车1进1，马五进六，车8进2，车四平八，车8平6，炮五平四，车1平4，炮八进六，车4进3，车八退三，车6进4，黑方虽然处于下风，尚能支撑。

　　19. 后马进五　车8退4　　20. 马五进六　车8退2
　　21. 炮五进五　车8平5　　22. 马七进五　炮2退1

　　红马吃士是败着。黑方立即抓住机会，根据棋势发展的新情况，妙手退炮打车，果断地由防御突然转入反攻，走得及时！第22回合，红方应马六进五吃车。以后双方实力接近，还可争取对攻。

　　23. 车四进一　将5进1　　24. 车四平九　车5平6
　　25. 炮八平四　卒7进1

　　被迫采取这种吃车方式后，红方发现，主动权已经落到黑方手里了。5个回合以前的攻守关系现在来了180°的转弯，红方再次由攻势变为守势。

　　26. 车九平八　炮2进1　　27. 炮四退一　车6平7
　　28. 车八退一　将5退1　　29. 车八进一　将5进1
　　30. 炮四进二　炮2平6

　　黑方车、马、炮互相呼应，步步紧逼，使红方没有喘息之机。

31. 炮四平五	象7进5	32. 车八退一	将5退1
33. 马六进五	卒7平6	34. 马五退四	将5平6
35. 仕五进四	车7进7	36. 帅四进一	车7退5
37. 车八退八	车7平6	38. 帅四平五	……

如车八平九吃马，车6进2捉炮，逃炮则平车吃兵将军抽车，所以先躲一步将。

38. ……	卒5进1	39. 炮五退一	卒5进1
40. 车八平九	卒5进1		

得子胜定。这盘棋双方攻守关系变换三次。从布局进入中局时，红方直冲中兵，谋求中线突破，黑以屏风马坚守。至图26形势，黑弃炮跃马，直奔卧槽，转成攻势。红只能补仕出帅，连忙应付。到第18回合，红趁黑马吃车失先之际，借中炮威力再度发起进攻，黑被迫退车防御。在这个过程中，红错过胜机，走了劣着，被黑抓住，及时转变战略组织反攻，红方又一次落到被动防守地位，但已回天乏术。对于这几次反复，红方虽能随棋势而转变战略，但战术上犯了错误。而黑方则不但能实现战略的转变，而且战术上也较为正确，尤其最后一次反攻，战术运用灵活巧妙，因而成功。

第四节　因人制宜

棋是由人来指挥的。不同的对手，有不同的风格、不同的优缺点、不同的特长。同样，对弈者本身也有自己的风格、优缺点和特长，只有知己知彼，才能百战不殆。总的要求是充分发挥自己的特长，尽量利用对手的短处，善于以我之长攻对手之短，避免以我之短应对手之长。例如对手擅长攻杀，但有漏洞，我则避其锋芒，采取反弹力强之阵势伺机反攻。如对手棋路稳健细腻，则我把局面搞乱，造成复杂对攻形势，使其在头绪纷乱中出错。如对手怕攻棋，存在畏惧心理，我便以排山倒海之势，全力猛攻搏杀。如对手喜欢冒险，勉强求攻，则我设圈套打埋伏等之。如对手走马炮残棋差，则我在中局兑其双车，逼他走不耐烦的无车棋。如对手走子慢，则我以快棋使其心理上受到时间的压力。所有这些，要做到恰当、有效是不容易的，需要在比赛之前，将对手过去的实战记录作一番系统的调查研究，找出其规律，然后结合临场具体情况，灵活地选用具体的策略。

例如杨官璘执红棋对钱洪发一局。红方采取了稳健的战略，可能是基于以下几点考虑的：①红方在此次比赛的前7轮战绩是5胜2和，雄踞首位，没有必要冒险,可以步步为营,积小胜为大胜。②分析黑方,此前的战绩是3胜3和1负,并且在此前的两轮连续下成和棋,估计心情有点急躁,希望对攻。考虑到黑方擅长中局扭杀,一有对杀机会就不放过,所以杨方要避其锋芒,以逸待劳。③红方擅长无车残棋,只要多兵,就有较大的取胜把握,因此希望中局兑车,避开决战,进入残局再进行较量。

这盘棋,红方以稳健的中炮巡河炮开局,黑方以屏风马象位车应战。弈至第13回合,红方即主动兑去车马二子并多一个中兵,虽然没什么先手,阵势却相当巩固。第18回合,黑跃马过河急于反攻,当红出帅时,又把马撤回来,徒劳往返。弈至第20回合时,图27,轮到红方走棋。

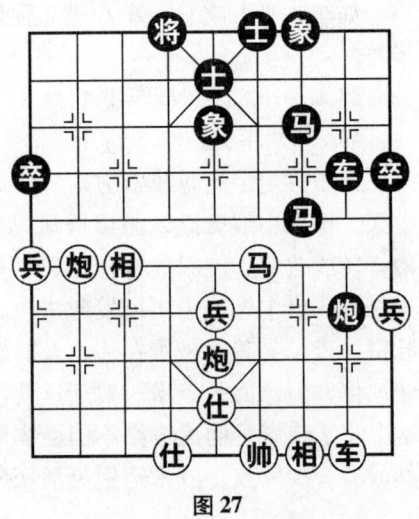

图27

21. 车二进二　　将4平5
22. 炮五平八　　后马进5
23. 马四进六　　马5进3
24. 前炮进一　　……

至此,红方车、马、炮都占据了有利位置,互相配合协调,并对黑方有一定牵制作用。加上多一个中兵的潜力,伺机进取。

24. ……　　车8平4　　25. 后炮平六　　车4平8

如车4平2,又怕马六进五(车2进1,马五进七,将5平4,马七退六抽车),象7进5,炮八平三,象5进7,车二进一,破黑一象,占点小便宜。

26. 炮六平五　　车8平4　　27. 炮五平六　　车4平8
28. 炮六平五　　车8平4　　29. 炮五平六　　车4平8
30. 炮六平七　　马3退4

红方攻势不大,但总有点劲头,使黑方忙于应付,想搏杀没有机会,想求和没有路子,一时又输不了,只是略居下风,处处被动,弈来比较难受。退马这步棋,如车8平2,马六进五,车2进1,马五进三,将5平4,炮七进三,以下有两种变例:(甲)车2退2,马三退四,炮8退4,车二平六,炮8平4,车六进四,红优。(乙)炮8退4,炮七进一,车2平6,帅四平五,车6退3,车二平六(将4平5,炮七进二,士5进4,车六平八),炮8平4,炮七进二,车6进5,相七退五,马7进8,炮七退七,车6退5,马三退二,红略优。

31. 炮八平三　　象5进7　　32. 帅四平五　　车8平4

· 44 ·

第三章　战略决策

33. 马六退四　炮8退3　　　34. 车二进三　象7退5
35. 炮七平一　车4平6　　　36. 马四进六　车6平7
37. 相三进五　车7进1

兑车失策，正合红方意图。应卒9进1，如红车吃卒，则炮8进6脱身，如红炮打卒，则炮8平9吃回一兵。

兑车后，红方正好发挥特长，黑方十分不利。为了说明这个问题，下面列出残局实战着法，供读者欣赏。

38. 车二平三　象5进7　　　39. 炮一进四　马4进3
40. 马六进四　士5进6　　　41. 兵一进一　象7进9
42. 兵五进一　士6进5　　　43. 兵五进一　马3进1
44. 兵一进一　马1退3　　　45. 兵五平六　马3退4
46. 马四退五　炮8平2　　　47. 炮一平九　炮2进6
48. 相五退七　马4进2　　　49. 兵六平七　马2进3
50. 炮九平八　炮2退4　　　51. 马五进六　马3退5
52. 马六进七　将5平4　　　53. 炮八平六　炮2平5
54. 帅五平四　马5进7　　　55. 炮六退二　炮5退3
56. 兵七进二　炮5进2　　　57. 兵七平六　炮5平4
58. 相七进五　马7进5　　　59. 兵一进一　马5进7
60. 帅四平五　马7退6　　　61. 相五退七　象9退7
62. 兵一平二　象7退5　　　63. 兵二进一　马6进8
64. 兵二平三　马8进7　　　65. 帅五平四　马7退6
66. 炮六退三　马6退5　　　67. 兵六平五

至此，如炮4平3，炮六进四叫杀，必破士胜定，故黑认输。这一段残棋，红方表现了精湛的功夫，以不可抗拒的力量逐步扩大优势，直到胜利。

第五节　七分把握

一个局面常常存在若干种演变的可能性，弈者可根据对各种演变结果的估计来选择棋路。这里有两个问题：第一是弈者对棋路演变结果的估计是否正确，这属于审局的范围，前面已经讲过了。第二是弈者根据估计来选择棋路，决定自己的战略战术。

棋局千变万化，有多种棋路选择，但归结起来可分为稳健与冒险两种策略。选择稳健棋路，和棋可能性较大，选择冒险棋路则取胜机会较多，但也有失败的可能。通常认为,有七分把握的冒险棋路就是可行的。

在估计局面发展时,多数不可能计算到最终结局,得出必胜、必和或必败的结论,而只能估计胜、和、败各有多大的可能性,用百分比表示,即几率。譬如说,现在弈者执红棋,面临的局面有甲、乙、丙三种变例。按甲变例走下去,估计胜的几率为20%,和的几率为40%,败的几率为40%,按乙变例走下去,估计胜的几率为20%,和的几率为70%,败的几率为10%。按丙变例走下去,胜的几率为50%,和的几率为10%,败的几率为40%,见棋路几率表。那么,选择哪一路棋好呢?

棋路几率表

变例	几率(%)		
	胜	和	败
甲	20	40	40
乙	20	70	10
丙	50	10	40

先从每个变例本身来看。甲变例中,败大于胜的可能性,与和的可能性相等,相当于一种消极防御的棋路,由于攻杀力差,胜的机会少,守得好才能和棋,守不住就输,因此可认为属于劣着变例。乙变例中,和的可能性远大于胜与败的可能性,说明这是一种稳攻的棋路,有一定先手但还不是优势,所以胜比败的机会多些,局面平稳,变化单纯,双方都不容易出错,按正路走,很可能达到和棋。丙变例是搏杀的棋路,和的可能性很小,在对攻过程中,由于掌握了主动权,胜比败的可能性大。但由于局面复杂多变,一着之差亦会招致失败,所以败的几率本身不算小。

再从各变例之间的比较来看。甲乙比较,胜的几率相等,而败的几率甲大于乙,故宁可选择乙。甲丙比较,败的几率相等,而胜的几率甲小于丙,也是宁可选择丙。因此,决定抛弃甲棋路,剩下乙、丙的选择问题。乙、丙比较,胜败几率之差值都一样(对乙来说,这个差值20−10=10,对丙来说,差值50−40=10),也就是说,弈者红方都具有一定的先手。在乙变例中是平稳局势的先手,所以难胜易和。丙变例则是对杀局面的先手,有胜负,难和。

选择棋路时,要考虑两个因素:①根据这盘棋的战略要求来决定。本来,就孤立的一盘棋来说,基本战略思想首先求胜,其次才是不败,这是毫无疑义的。但如果作为大循环比赛中的一盘棋来说,它又是整个比赛中的一个局部,应服从整个比赛的总计划,而根据这个总计划,对于不同场次的棋,有时要求必胜，有时要求不败，在策略上是不同的。如果这盘棋要争取必胜，就选择丙变例，如果要保证不败，不求必胜，则选择乙变例。②根据双方技术上的长短处决定。如认为自己比对手擅长攻杀，可选择丙变例。如自己喜走平稳细致棋，亦可选择乙变例。两种选择的途径不同，但都为了求胜，目的是一致的。当然，就理想的高标准来说，应该选择两变例最好，因为它存在着最大的取胜机会，那样走体现最积极的战略思想。问题在于弈者的水平、特点限制。如果自己短于攻杀，勉强走丙变例冒险，结果把和棋走成输棋，是不必要的。另外，擅长攻杀的弈者选择乙变例，把很可能赢的棋变成和棋，那就不应该了。因此，要对具体情况作具体分析，不能一概而论。

关于棋路演变的几率概念，对弈者作出决策是很有用的，但这个几率本身又如何确定呢？让我们想象做一个"理想实验"，假设有200个棋力相等的棋手，分成100对，每对下一盘棋，从待研究的局面开始，同时进行100盘棋的比赛，而且互相不通气，结果有50盘红胜，40盘黑胜，10盘和棋。那就大体地说，对于红方处在待研究局面时，胜的几率是50%，和的几率是10%，败的几率是40%。如果让这200人重做实验，结果几率值可能不完全一样，但当增加实验人数或实验次数时，统计平均起来，可以得到比较确定的几率数值。这样的"理想实验"，虽然实际上难以做到，但它给我们提供了一种科学概念与方法来研究棋路选择问题。进一步的研究，有待于把现代数学运用到象棋领域中来解决。目前，一般棋手只能靠大脑的思维能力定性地判断胜、和、败的几率谁大谁小，还没有达到数量分析的程度。

值得指出，棋路几率问题的提出与人的因素有密切关系。本来，任何一条棋路的发展，有必然的客观规律，演变结果应该是确定的，或胜、或和、或败，三者必居其一，这就是结局的唯一性定理。这里并不存在既不胜、又不和、又不败的结局，也不存在胜一部分、和一部分、败一部分的结局。那么，又为什么有一个胜、和、败的几率问题呢？原来，棋局的客观规律着法，是指双方采取最优策略的演变而言。实际上，弈者的水平有限，人对棋局的客观规律还没有完全掌握，所以双方都会犯错误，从而出现几率问题。仍以上面所举的棋路变例来说，乙变例在客观上讲是和棋，因为局势平稳，如果双方都走正着，发展下去是红方上风，和。同时，由于红方有一点先手攻势，黑方如应付不好，陷入困境，红方就有取胜的可能，即存在胜的几率。同样，红方如走劣着，失了先，再犯错误落到劣势，亦有失败的可能，即存在败的几率。由于红方处于先手地位，所以胜比败的几率大些。丙变例的客观规律应属红胜，但由于局势复杂多变，临场弈者掌握不好，双方都容易出错，红方也存在较大的失败几率。有时双方先后出错，互相抵消，结果成和，所以也有和的几率。

总之，把客观规律与人的主观能力区别开来，既要分析棋局本身的发展趋势，又要把人的因素考虑进去，制定下棋的战略战术。

图 28 是上海胡荣华执红棋对浙江蔡伟林弈完第 11 回合时的形势，轮到红方走。此时红马被捉，一般考虑有退马、兑炮、保马三种变化，分析如下：

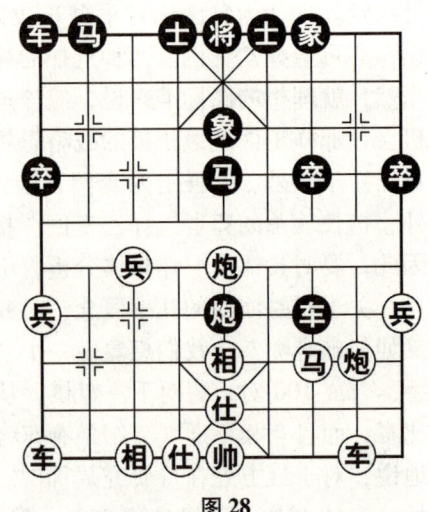

图 28

（甲）退马：马三退四，士 4 进 5，车九平八，马 2 进 3，车八进三，马 5 进 6，红方很难走，胜的可能性极少，和的可能性不大，败的可能性较大。

（乙）兑炮：马三进五，车 7 平 5，炮五平三，卒 7 进 1，炮三退四，车 5 平 8，车九进一，马 5 进 6，仕五退四，马 6 进 4，车九平四，车 1 进 1，车二进一，车 1 平 3，炮二平三，车 8 进 2，车四平二，车 3 进 4，对红方来说，胜的可能性较小，败比和的可能性略大些，走得好而黑方软一点可和，走得不好会输。

（丙）保马：车二平三，士 4 进 5，车九平八，马 5 进 6，马三进五，车 7 平 5，炮五平六，马 2 进 3，炮六退二，红方平稳，但已失先，胜的可能性较小，和的可能性最大，败的可能性也不太大。

以上三种变化比较，甲变是劣着，乙变是软着。丙变可以走，但发展下去少兵失势，只能消极求和，红方作为先手棋演成这种局面是很不满意的。那么，有没有更好的走法呢？临场的红方经过一番考虑，决定另外选择一条弃马的棋路进行搏杀。

12. 车九平八　　车 7 进 1　　13. 车八进三　　车 7 退 1
14. 炮二进一　　炮 5 平 3　　15. 炮二进六　　……

第 14 回合进炮捉炮是为了迫使黑炮离开中路，以便右车能自由升起。故此着不贪吃回一炮，而是沉底炮进攻，这是符合原定战略意图的。

15. ……　　车 7 平 5　　16. 车二进四　　马 2 进 4

拐脚马位置不佳，必受攻击，从而更加陷入被动。应马 2 进 3，继而出车逼兑，削弱红方的战斗力，其攻势就会逐步缓和下来。现将其中两路变化试演如下：（甲）马 2 进 3，车二平四，车 1 平 2，车四进五，将 5 进 1，帅五平四，象 7 进 9，炮五平二（车 2 进 6，车四退一，将 5 退 1，前炮平一，死局），车 5 退 1，车八平七，车 5 平 8，车七平四，车 8 退 4，黑稍优。（乙）马 2 进 3，兵七进一，车1平2，车八进六，马3退2，兵七进一，炮3平4，兵七平六，炮4退1，炮五进三，马5进7，炮五平三，马7进5，车二进四，马5退4，车二平三，马4退6，黑较优。以上两路变化的结果，都是红方有势，但攻不入，黑方保持多子，比较有利些。由于在临场情况下，黑方未能及时洞察上述复杂演变，错过了机会。

17. 车八进五　车5平4　　　18. 车二进四　车4退1
19. 炮五退一　炮3平4　　　20. 车二平四　车1平2
21. 车八平七　……

以上回合，红趁势伸左车捉马，黑马不敢跳开，怕红平车捉士，只好用车炮死保，处于消极防御地位。接着黑出车邀兑时，红方没有立即车四平六"四车相见"追回一子，走向平稳，而是坚持原来战略，宁少一子，处处以主动权逼黑方。在这种情况下，红方认为先手比子力更重要。

21. ……　　　车4退3

防车七退一捉象叫杀。如车2进2先保象，帅五平四，士4进5，炮二平四，车2平3，车七平九，马4进2，车四平五，将5平4，炮四退二，马2退3，车九平八，车3进1，炮四退一，车3退1，炮四平一，卒7进1，炮一进三，象7进9，炮五平二，胜定。

22. 车七退二　炮4退3

不如车4进3，车七进一，车2进2，车四平六，炮4退5，车七平八（炮4进1，车八退一，炮4进1，炮二退三，得子），士4进5，车八平五，马5进7，虽亦红优，但黑不致速败。

23. 炮二退三　卒7进1　　　24. 炮二进一　……

打死黑车，红方大优，以下再走几步黑方便认输。

24. ……　　　车2进2　　　25. 炮五平三　象7进9
26. 炮二平六　车2平4　　　27. 炮三平六　炮4进6
28. 车七平五

现在回过头来讨论，图28局面时红方决定弃子抢先是否合适？单从棋势的客观规律发展看，如果黑方应付得好，在第16回合不走拐脚马而改跳正马，是可以在对攻中争取稍微有利的地位的。这样讲，似乎红方弃子是不妥当的了。问题并非如此简单，正如前面分析过的，如果红方不弃子，改为逃马、兑炮或保车，都将比较被动，而且局面不太复杂，这种被动局面要继续下去，取胜机会很小。如果弃子，则有两种前途：一是黑方走出最正确的防御方案，结果红方稍微难走；二是黑方在强大攻势面前，惊慌失措，走劣致败，这就是本局的实战结果。换句话说，弃子之后，虽然存在败的几率，但胜的几率比不弃子大得多。二者衡量一下，红方根据临场情况、对手特点等，决定弃子，是可行的，事实也说明了这一点。

第六节　当机立断

棋盘里千变万化，奥妙无穷，到目前为止，人们还没有完全掌握它的客观规律。对于中局的规律也是如此。所以在中局阶段，双方经常犯程度不同的错误，小者为软着，大者为劣着以致败着。当一方受人以隙时，他方就要抓住时机，乘隙而攻。时机选择不早不晚，恰如其分，这里是大有学问的。譬如在战争中，进攻某一运动之敌，打早了，暴露了自己，给敌人以预防条件；打迟了，敌已集中驻扎，变为啃硬骨头，这就是时机问题。在一盘棋的全过程里，也许对方会犯几次错误，但对全局有决定意义的关键性错误则不多，而且每一次机会都是暂时的、难得的，稍纵即逝。如果我方没有觉察，或虽有所觉察但认识不清，优柔寡断，就会错过战机。俗话说，机不可失，时不再来，一旦对方发现其错误并加以纠正时，我乘隙之机就一去不复返了。所以，要当机立断，不要优柔寡断。实际上有时未能做到这一点，原因在于对形势的发展看不准，对复杂的局面看不透，从而举棋不定，下不了决心。为此，需要提高分析形势和计算度数的能力。

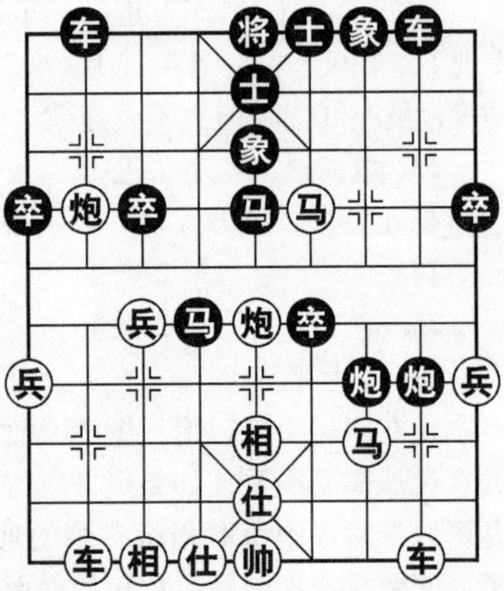

图 29 是杨官璘执红棋对王国栋弈至第 17 回合时的形势，轮到红方走。在这之前，黑过河卒本来在 7 路，用炮守住卧槽位置的。但黑方对红马威胁的严重性估计不足，又急于想赶跑红方中炮以活通自己马路，便平卒捉炮，于是给红方提供了一个很好的机会。此时，红方如急于马四进三将军，以下将 5 平 4，车八进五，卒 3 进 1，炮五进一，车 8 进 4，这样进攻过早，打草惊蛇，落得竹篮打水一场空。所以，红方沉着老练地走：

图 29

18. 炮五进一　　车 8 进 1

表面看来，黑方士、象工整，阵势似甚巩固，而且左炮封车，驱卒渡河，有反扑之势，但这只是一种假象罢了。事实上这步车守卧槽是靠不住的，仍应卒 6 平 7 用炮守卫，并留出马 4 进 6 咬炮的路子，并不会输棋。

对于红方来说，现在正是一个妙手入局的好机会，实现这个攻杀战术需要连弃双车，牺牲很大。如果计算错误，后悔莫及，所以必须仔细推敲，计算准确，但又不能犹豫不决，错过胜机。经过一番慎重考虑后，红方大胆弃车，破釜沉舟，以气壮山河之势入局。

19. 车二进三 ……

对于黑方来说，这是突然袭击，意料不到的。一旦红方敢于走出这步棋后，黑方就越来越感到局势的严重性了。能不能吃车呢？初看，吃车后，红马入卧槽将军，黑出将，一时还未能构成连将杀。但仔细再想，其中红方的确暗藏妙手，杀机四伏，精辟异常。试演如下：车8进5吃车，炮八平五打马，妙极！（马4退5，车八进九，士5退4，马四进三，将5进1，车八退一杀）车2进9，前炮平六，下一步马挂士角或跳卧槽后重炮杀，黑虽有千军万马亦无法挽救。所以，黑方不敢吃车。

19. ……	车8平6	20. 炮五进二	将5平4
21. 车八进五	卒3进1	22. 车二平三	车6进2
23. 炮八平四	车2进4	24. 炮五平二	卒3进1

红方得子后，趁势破象，兑车简化局面，以车双炮侧翼攻势稳持主动权，节节进逼，使黑方没有任何反击机会。

25. 炮二进二	车2平6	26. 车三进六	将4进1
27. 炮二退一	将4退1	28. 车三退三	马5退6
29. 炮四平一	马4进6	30. 炮一进三	后马退8
31. 马三进五	车6平8	32. 炮二平四	车8平9
33. 车三平九	士5进4	34. 炮四退五	卒6进1
35. 马五进七	车9退4	36. 车九进三	将4进1
37. 车九平四			

牵制黑车马，干脆利落，红胜定。全盘棋就赢在第19回合果断弃车的一着。

第四章 战术原则

中局战法，行兵布阵，要符合中局战术的原则，或称韬略。中局战法与开局战法不同。此时开局部署的阵形已经打乱，双方短兵相接，战斗展开并走向高潮，棋手应对局势发展做到心中有数。

兵贵神速。要加快进攻的速度，发挥子力的机动性。同时要控制局面，掌握主动权，因势利导。当形势发生转折时，不必惊慌失措，而须随机应变，灵活机动。当形势比较平淡时，为了积极进取，就要寻找对攻的切入点，把局势引向复杂，以分出优劣。在这过程中，要时刻分析形势，观察对方阵形的弱点，组织优势子力去打击，突破其防线。在中局战法里，经常遇到子与势的选择问题。在较多情形下，舍子争先，争夺好形势是主要的选择。

第一节 兵贵神速

棋战是子力之争，形势之争，也是速度之争。有时双方都有攻杀之势，但速度不同，甚至只有一步之差，却胜负分明。

为了加快速度，子力要活跃，具有更大的机动性。根据阵形的虚实，能迅速调动子力，或进攻，或防守，做到呼之即来，来之能战，战之能胜。在实战中，主力车低头呆滞，来不及撤回防守，鞭长莫及，眼看败局而不能挽救者，是常见的事。

小兵行动缓慢，一步一步爬行，过河助战更需要抓紧挺兵，冲入九宫便有杀势。这里重点介绍小兵快速的攻击。

图30是李艾东对胡荣华弈至第28回合的形势，轮到红方走。

此时红马被压，骑河炮被牵，但有过河兵在右翼畅通无阻，冲锋陷阵，勇不可挡。

29. 兵三进一　炮4平2　　30. 兵三进一　炮6进3
31. 兵三进一　马2进3　　32. 车八平六　车1平2

黑暂得子，但黑马必死。

33. 兵三平四　　车2退2
34. 兵七进一　　车3退2
35. 车五退一　　炮6退3
36. 马七进五　　车3平2
37. 马五进三　　前车进5
38. 相五退七　　……

落相避兑巧着，顺便伏炮四平五瞄象的攻着。

38. ……　　　前车退4
39. 车六进四　　前车平4
40. 车五平六　　车2平4
41. 车六平八　　车4平2
42. 车八平五　　车2平4
44. 马三进五　　车4进1

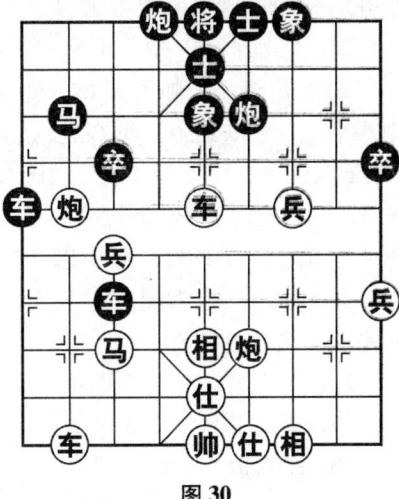

图30

43. 炮四平五　　炮2进1
45. 马五进四　　炮2平6

如士5进6，车五平八，炮2平5，车八进五，车4退3，兵四进一，将5平6，车八平六，炮5退1，车六平五，红多子，胜定。

46. 车五进三　　将5平4　　　**47.** 车五进一

黑认输。因士6进5，马四退六，炮6平9，马六进五，象7进5，马五退三，炮9进5，马三退一，成红必胜残局。

第二节　控制局面

中局战法要夺取优势，包括空间优势，即我方子力占据要点，控制要线，压制威胁对方子力。例如封锁敌车的通道，禁锢敌马的出路，抑制对方子力开展等。

控制局面，除了获得空间优势之外，还应掌握先手，即棋战的主动权，这就可迫使对方忙于应付，我方行棋就得心应手，把先手棋扩大为优势，再夺取胜利。

控制局面，常用车、炮等远距离作战的兵种。而接近攻杀时，又需要马、兵等子力去冲锋陷阵。

图31是吕钦对蒋凤山弈至第24回合的形势，轮到红方走。

此时黑马奔卧槽，但无实质性威胁。红子力集结左翼，可借兑炮之机，破士并运车到右翼捉困黑方子力。

25. 车七平八　炮2退9

如马8进7，帅五平六，炮2平6，炮八平九，士5进6，车八进八，将5进1，车八退一，将5退1，马六进八，车6平3，马八进九，车3进4，马九进七，车3退6，车八平七，炮6退6，炮六进七，象5退3，炮六退二，象3进5，炮六平八，再沉炮杀。

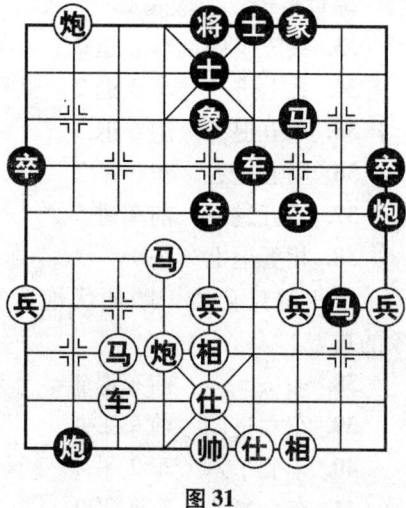

图31

26. 车八进八　士5退4
27. 车八平六　将5进1
28. 车六退一　将5退1
29. 车六平二　炮9平8
30. 车二退一　车6退1

红车牵制黑车、马、炮，三子动弹不得。

31. ……　　　士6进5　　31. 炮六退一　……
32. 马六退八　卒9进1
33. 马七进六　将5平6　　34. 炮六平八　……

黑子力全部瘫痪，自动认输。如继续走闲着，也难逃厄运。如将6平5，兵九进一，将5平4，帅五平六，将4平5，炮八平九，将5平4，炮九进五，车6进1，炮九进一，象5进3，炮九平七，马7进5，车二退二，马5退3，车二退二，红多子胜定。

第三节　灵活机动

中局形势瞬息万变，战法亦须灵活机动，随机应变，才能使棋手的主观认识符合棋局的客观实际。由于双方都会出现失误，所以棋局形势就会反复，这就要求棋手及时针对新的情况，制订新的作战计划。

在攻与守的选择上，也要随时调整。例如我方进攻时，多数主力奔赴前线，深入敌后腹地，但由于不注意后防空虚，被对方反攻过来，就必须及时转移退守。在进攻方向上，如正面攻杀不行，就改为侧翼袭击；如强攻不下，就改为稳攻谋兵策略，等等，都应灵活善变。

图32是许银川对吕钦弈至第16回合的形势，轮到红方走。

此时黑双炮抢马，按常规红退左马，则局势平淡，且左车被封，黑易走。

临场红发现黑边线薄弱，有机可乘，便抛弃退马计划，改为平炮从边线偷袭。

17. 炮七平九　　卒3进1

如前炮进2，兵九进一，前炮平1，车四平九，卒1进1，前车平八，炮2进3，炮九进八，士5退4，车九进五，马2退3，车九进二，红先手。

18. 车四平七　　车1平2
19. 炮九进五　　象3进5
20. 兵九进一　　后炮平1
21. 炮六平九　　……

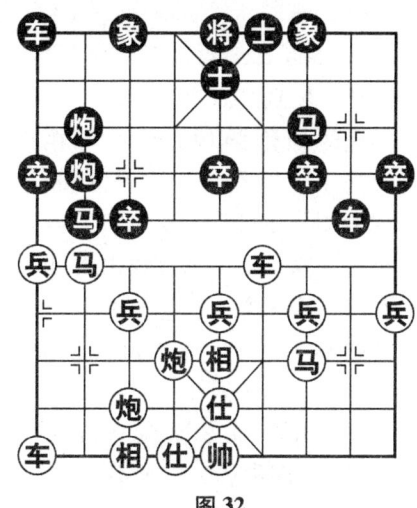

图32

红从边线偷袭的计划取得成效，使黑忙于应付。如炮1进2，炮九平六，炮2进2，车九进五，炮2进3，车七平八，炮2平3，车九退四，炮3退1，车八退二捉死黑炮。

21. ……　　　　炮2进2　　22. 车七平八　　马2退3
23. 车八进五　　马3退2　　24. 车九平八　　马2进4
25. 车八进五　　卒7进1

如兑车再兑炮，红多双兵，且兵种结构占优。

26. 后炮平六　　卒7进1　　27. 兵三进一　　炮1进2
28. 车八进三　　马4进3　　29. 车八退二　　马3退4

如马3进5，兵五进一，马5退7，车八进三，士5退4，炮九平三得子。

30. 炮九进三　　士5进6　　31. 车八进三　　将5进1
32. 车八退一

伏炮九退一捉死马，黑方认输。

第四节　寻求对攻

象棋的基本战略思想，是在立于不败的基础上争取胜利。胜利只有通过进攻才会得到，进攻是打击敌方的主要手段。

在平淡局势中，如双方都采取稳健策略，往往容易走向和势。我方为了积极争取胜利，就要从细微处寻求攻击的切入点，并引起对攻。另一种情形，我方受攻处于危险境地，单纯防御已无意义，就要搞乱局势，寻求对攻机会，期望扭转乾坤。

图33是徐超对黄海林弈至第11回合的形势，轮到红方走。

此时黑炮瞄相，红本可相三进一，仍持先手。但临场红方升车捉炮，故意弃相对攻，因黑炮轰相后，红马咬车，又有出帅叫杀，增强了攻击力度。

12. 车四进二　炮7进3

如卒7进1，仕四进五，象7进5，车四进五，炮2退1，炮六进六，车1进2，车五平四，车8退5，帅五平四绝杀。

13. 仕四进五　车8退3

14. 炮六进三　炮7平9

15. 炮六平五　……

黑沉炮要抽将，红当头炮牵窝心马，对攻形势十分紧张。

15. ……　　　炮2平6

如车8进7，车四退三，车8平7，相七进五，兑车后红优。

16. 车五平二　马5进7　　17. 车二退二　车8进3

如卒7进1，车四退四，卒7平8，车四平五，马7退5，车五平二，红多子得势。

18. 马三进二　车1进2　　19. 马二进三　将5进1

防红马三进五，士4进5，马五进七叫将抽车。

20. 马八进七　车1平4　　21. 炮五退一　车4进1

如将5平6，马三退五，车4平2，马七进六，马7进8，马六进五，象3进5，车四进四，将6进1，前马进七，将6退1，马五进三，马8退7，马七进六，将6进1，马三退五杀。

22. 车四进四　车4平7　　23. 马七进六　将5平4

24. 车四平七　车7平4

如士4进5，则车七进一，将4进1，马六进七，马7进5，车七平八，马5退3，马七退五叫将抽车。

25. 车七进一　将4进1　　26. 车七退一　将4退1

27. 车七进一　将4进1

防红车七平六叫将抽车。

28. 马六进七　将4平5

29. 帅五平四　象3进1　　30. 兵七进一　象1进3

31. 炮五平八

伏炮八进二打死车，黑方认输。

第五节　打击弱点

任何人走棋都不可能完全正确，因此在对弈过程中，阵形会呈现某种弱点，有的比较明显，有的则不太明显。高明的棋手善于发现敌方的弱点，并及时调运子力给予打击。

为了发现敌方不明显的弱点，必须准确地判断形势，分清无关紧要的弱点与致命的弱点，抓住主要矛盾，立即集结优势子力，打击对方致命的弱点，战机不可错过。为了突破敌方防线，必要时还要弃子攻杀。

图 34 是许银川对刘殿中弈至第 29 回合的形势，轮到红方走。

此时黑马在边线有危险，是主要弱点，而且老将升顶，需要肋车守护，不利于黑车对边马的支援。红抓住战机，平炮逼马。

30. 炮七平八　车 4 平 3

防红兵九进一捉死马。

31. 仕五进六　车 3 平 4

防车五平六杀。

32. 仕六进五　车 4 平 2

如将 4 退 1，炮八退四，马 1 进 3，炮八平六，车 4 退 3，车五平七打死黑车。

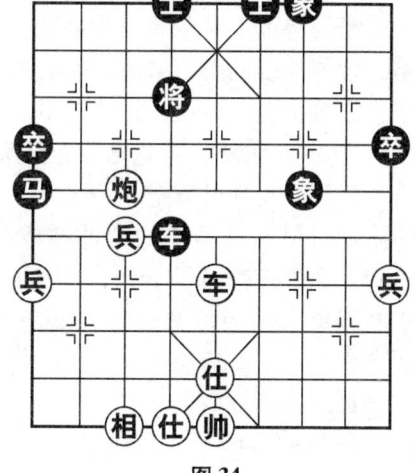

图 34

33. 仕五进四　车 2 平 4　　**34.** 仕四退五　车 4 平 2

35. 仕五进四　车 2 平 4　　**36.** 仕四退五　车 4 平 2

37. 仕五进四　车 2 进 1

黑车捉仕捉炮，属于长打，违反规则，必须变着。

38. 车五进三　车 2 平 4　　**39.** 兵九进一　车 4 进 1

40. 车五平九　车 4 退 1　　**41.** 兵九进一　车 4 平 5

42. 仕四退五　将 4 平 5　　**43.** 车九平一　车 5 进 2

44. 帅五平四　车 5 退 2　　**45.** 车一平四　车 5 平 9

46. 车四进三　车 9 平 3　　**47.** 相七进五　车 3 平 5

48. 车四平六　将5退1
49. 车六退四　车5进1
50. 车六平四　象7进9
51. 兵九进一　车5退5
52. 兵九平八　车5平3
53. 车四进三　将5退1
54. 车四退二

形成红必胜残局。黑方认输。

第六节　舍子取势

棋局优势由子力优势与空间优势组合而成。中局战略目标是夺优，就要借子得势，但两者常常不能兼得。例如为了吃一个子，我方子力落到较差位置，造成失势；而为了取势，有时采用弃子的办法，造成失子。那么"子"重要还是"势"重要呢？不能一概而论，要对具体局势做具体分析。

子与势都不可忽视，但在许多情况下，得势更加重要。因为有了空间优势，便能控制局面，掌握棋战的主动权，而有主动权才能去进攻，在进攻中得子。在这个意义上说，得势是得子的基础，必要时舍子取势。

图35是王跃飞对赵国荣弈至第17回合的形势，轮到黑方走。

此时黑有跳马吃炮与冲卒吃兵两种选择。通常下法是前者，以便追回失子。但临场黑方认为取势比吃子更重要，出人意料地冲卒吃兵。

17. ……　　卒7进1
18. 炮二进一　车1平4
19. 马六进七　卒7进1
20. 马三退一　炮6进5
21. 车九平八　车4进5
22. 相七进五　马7进6

黑卒过河逼马，伸车捉炮，跳马咬炮，步步抢先。

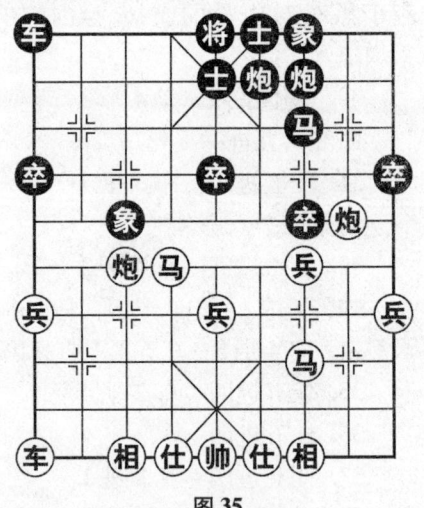

图35

23. 炮二平三　象7进5
25. 炮七退三　……

防马5退3兑炮，多吃一相。

24. 仕六进五　马6进5

25. ……　　马5退6
26. 炮七平九　马6进8

27. 炮三平四　　炮6平3

黑眼看红边炮准备取卒沉底偷袭，便移炮牵住红马，让出跳马奔卧槽的位置。

28. 炮九进五　　马8进6　　　　29. 车八进九　　……

如炮九进三，炮3退3，车八进九，士5退4，车八退五，炮3退3，黑扳平子力。

29. ……　　　　士5退4
30. 马七退九　　马6进7
31. 炮四退五　　车4平6　　　　32. 帅五平六　　车6平4
33. 帅六平五　　车4平6　　　　34. 帅五平六　　车6进3
35. 车八平六　　将5进1

黑追回一子，形势亦好，因红左翼车马炮未能构成攻势，右马则受困难以施展。

36. 炮九平一　　炮7平9　　　　37. 马九进八　　车6退5
38. 炮一退二　　炮3平9　　　　39. 车六退三　　车6进1
40. 兵九进一　　将5平6　　　　41. 马八进六　　后炮平4
42. 车六进二　　士6进5　　　　43. 车六退四　　马7退6
44. 车六进四　　车6进1　　　　45. 炮一进四　　将6进1
46. 兵九进一　　炮9退2　　　　47. 兵九进一　　炮9退1
48. 兵九进一　　象3退1　　　　49. 相三进一　　马6退4
50. 相一退三　　马4进3　　　　51. 帅六进一　　……

如帅六平五，炮9进1，车六退六，炮9平5，再车吃底士杀。

51. ……　　　　炮9平8

红见大势已去，自动认输。如车六退六，炮8进5，仕五进四，马3进2，帅六平五，车6进2，车六平八，车6进1，帅五退一，马2退4，车八平六，1炮8进1，相五进三，车6进1，帅五进一，车6退1，帅五进一，马4进6，车六进六，车6平4杀。

第五章 谋子战术手段

中局战略目标是夺取棋局的整体优势，包括物质优势与空间优势，而物质优势指具有较多的子力。子力是棋战的有生力量，在不交换、不损耗的情况下，保持一定子力数量，是长期起作用的因素。在平稳局势下，子力多少对棋局的优劣起着决定性的作用。大量的实战对局统计表明，多数局例胜负之分，是由于某方在中局得子，另一方未能扭转局势，多子方一直维持到残局便获胜了。

制订作战计划，谋取对方子力，称为谋子，其战术手段有多种方式。

第一节 围困谋子

我方调动较多子力集结，对敌子构成围困之势，控制其各种通路，使之不能逃脱，然后捉之吃之，称为围困谋子。

由于车、炮的机动性强，所以围困对方车、炮要费工夫，靠多子配合才行，而困马就相对简单些，绊其马腿就行了。

第1局 活擒困炮

图 36 是喻之青对杨剑弈至第 37 回合的形势，轮到黑方走。此时红炮已被黑马牵制，要提防黑冲卒捉拿，黑借此有利形势运子活擒。

37.……　　炮2退5　　　38.帅四进一　……

防黑炮2平7，马五进三，卒7进1捉死炮。

38.……　　卒7平6

可炮2平6，马七进六，炮6退2，马六退七，士5进6，仕五进四，马3进5，帅四退一，马5退6，仕六进五，马6退8抽吃红炮，这样攻击似快些。

39.马五进六　炮2进5　　40.帅四退一　……

红炮仍受困不能动。如炮三进三，卒6进1杀。

40. ……	卒6平7
41. 马七进五	炮2退7
42. 马六进八	炮2平4
43. 仕五进六	士5进6
44. 马八进六	将5平6

伏炮4平6，马五退四，卒7进1捉死炮。

45. 帅四进一	……

如仕六进五，炮4平6，仕五进四，士6退5抽吃红马。

45. ……	马3进5
46. 帅四退一	马5进4
47. 仕六进五	马4退6

红方认输。如仕五进四，卒7进1，必捉死红炮。

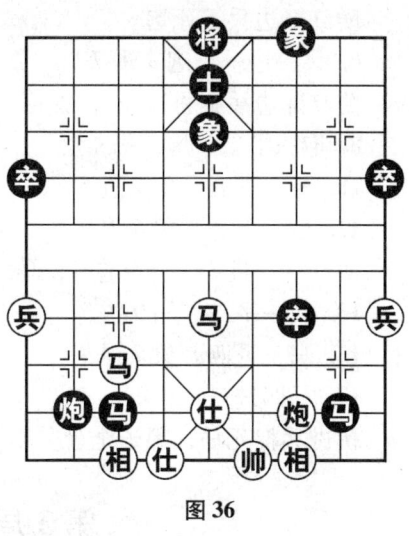

图36

第2局 逼死困马

图37是吕钦对蔡玉光弈至的中局，轮到红方走。如炮七平三兑炮，马8进7，炮五退一，马7进6，再兑子则成和势。不料红方既不兑炮，也不避炮，却走出弃炮妙手。

1. 兵七平六　炮9平4

如炮7平3，兵六进一，炮3退1，兵六进一，象7进9，马二进三，马8进6，兵六平七，将5平4，炮五平六，仍属红优。

2. 兵六进一　炮4退1

如贪吃兵炮7平4，则马二进三，将5平4，炮五平六杀。

3. 炮五平一　炮4平9

红弃炮有胆识，再冲兵叫杀。至此如象7进9，炮七平三，士5退4，兵一进一，红亦吃回一子并占优。

4. ……　　马8进9

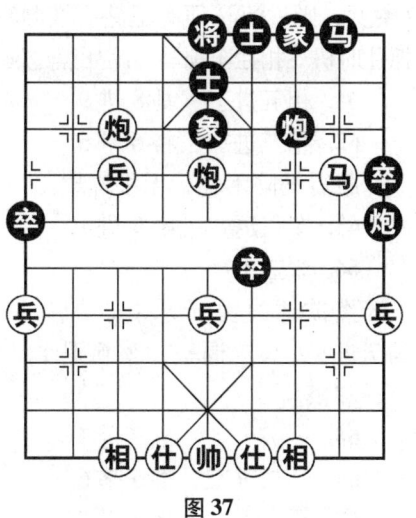

图37

4. 兵六进一　……

5. 炮七平三　炮9进1

防红挺边兵捉死炮。

6. 兵一进一　炮9平7　　　　7. 兵一进一　炮7退1

防红冲边兵威胁边马。

8. 炮三平二　炮7平4　　　　9. 仕六进五　象5进7
10. 相七进五　象7进5　　　11. 炮二进一　炮4平6
12. 炮二平一　象5退7

防红兵一进一，马9进7，马二进三，炮6退2，炮一进一杀。

13. 兵一平二　马9进7　　　14. 马二进三　炮6退2
15. 马三退四　象7退9　　　16. 兵二进一　马7退8
17. 马四进三

伏进兵捉死马，黑子全盘受制，遂认输。

第3局　飞相隔车

图38是许银川对徐天红弈至第60回合的形势，轮到红方走。此时黑双马连环生根，只要再车6平8赶走红马，并卒9进1兑兵，则过河马便有退路。红洞察一切，抓住时机飞相拦车顶马，困死黑过河马。

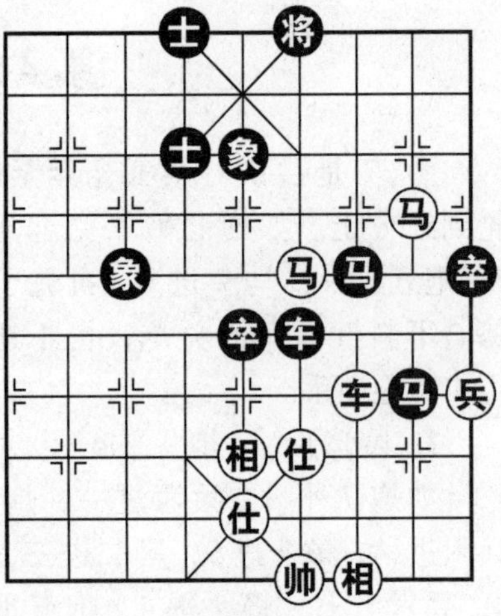

61. 相五进三　马8进9
62. 相三进一　将6平5

眼看马陷困境，无法解救。

63. 车三退二　卒9进1
64. 车三平一　……

黑欲通过兑子求和，如兵一进一，马7进9，马二退一，车6退1，车三平一，和棋。

图38

64. ……　　　　卒9进1　　　65. 车一平二　车6进1
66. 马二进三　将5平6　　　67. 车二进八　将6进1
68. 马三退二　将6平5

防车二退一，将6退1，马四进三，将6平5，车二进一杀。

69. 车二退一　将5进1　　　70. 车二进一　将5退1
71. 车二退一　将5退1　　　72. 车二进一　将5进1
73. 车二平六　马7退6　　　74. 马四进三　车6退3

75. 马二退四　卒9进1　　76. 相三退一　卒5平6
77. 帅四平五　象5退7　　78. 车六退二

黑缺士怕车马，见大势已去，认输。

第4局　飞相困马

图39是廖二平对任健弈至第25回合的形势，轮到红方走。此时黑马咬车，但孤马深入敌阵是有危险的，红抓住时机，飞相困马，再运车炮围歼之。

26. 相五进七　车6进3

进车骑河对支援黑马无济于事。可马3进2，车六平八，马2退3，炮七进二，炮9进5，车八平六，马4进3，车六退二，卒7进1，车六平七，卒7进1，黑仍失子，但冲卒对红边马有威胁，有对攻的机会。

27. 炮七进二　马4进3
28. 车六退二　……

及时围困捉马，否则黑马3进4拦车咬炮，困马得救。

28. ……　　　炮9进5　　29. 车六平七　卒7进1
30. 相七退五　马3进5　　31. 炮七平八　……

平炮佳着，准备沉底，利用车马炮三子归边造势，黑车不能拦炮。

31. ……　　　卒7进1　　32. 炮八进七　士5进4
33. 马九进八　车6平4

平车保士，防马八退六，将5平4，马六进七，将4进1，车七进五，将4进1，车七退一，将4退1，车七平六杀。

34. 车七进六　将5进1　　35. 车七退一　将5退1
36. 车七平六

伏马八进六杀。黑无法解救，认输。

第5局　兑马困炮

图40是孙庆利对赵鑫鑫弈至第19回合的形势，轮到黑方走。此时红炮被

困，靠盘河马保护，故黑设法兑掉红马，拔去红炮的根，就会困死红炮。

19. ……　　卒 5 进 1
20. 兵五进一　……

如炮五进二，炮 5 进 4，兵五进一，马 3 进 4，兵五进一，炮 3 平 5，马四进六，车 6 平 7。红虽然不失子，但黑有空头炮优势。

20. ……　　马 3 进 4
21. 车七平六　……

如兵五进一，炮 3 平 5，仕六进五，前炮进 1，马四退三，车 6 平 7，黑得子。

21. ……　　马 4 进 6
22. 炮五进五　炮 5 平 3
23. 马七进八　车 8 平 7
24. 兵五进一　车 6 平 4

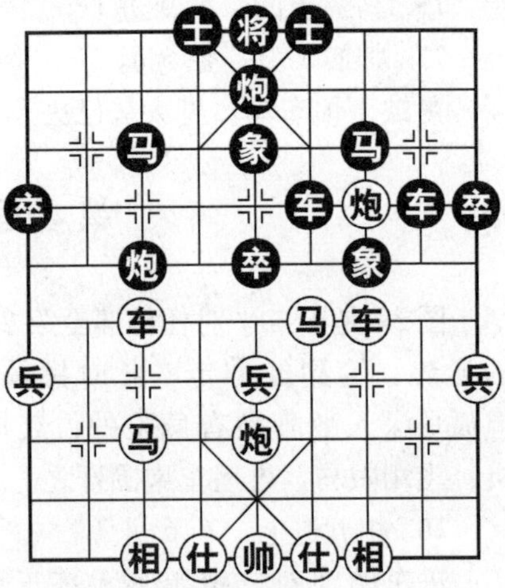

红失子。只能车六进二，车 7 平 4，车三平四，象 7 退 5，车四进三，马 7 进 8，车四平五，后炮平 5，黑得子胜定。

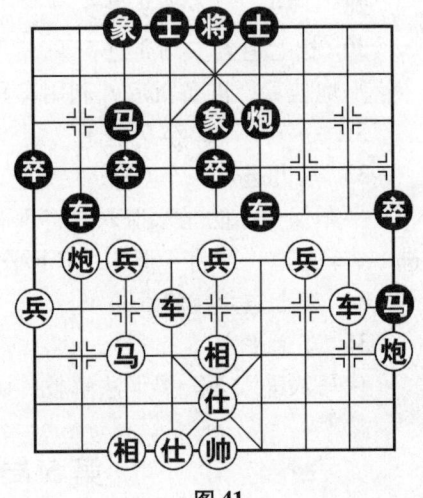

图 40

第 6 局　困马得子

图 41 是庄玉庭对胡庆阳弈至第 18 回合的形势，轮到红方走。此时红车逼黑马，但不宜急于车二平一吃，因黑炮 6 平 9 打串吃回一炮。应该运用双车炮配合，智取黑马。

19. 车二进四　马 9 进 7

红车拦炮兼捉马。如（甲）马 9 退 8，兵三进一，车 6 平 7，车二平四得子；（乙）卒 9 进 1，车六平二，士 4 进 5，炮一进二，车 6 平 9，后车平一得子。

20. 车六平三　士 4 进 5

如马 7 进 9，车三退二，车 6 进 2，车三平一，士 4 进 5，车一平二，以下与实战着法雷同。

图 41

21. 车三退一　　车6进2　　22. 车三平二　　车6平3
23. 后车进一　　炮6进4　　24. 前车退二　　……

兑子简化局面。也可炮八退四,卒3进1,兵七进一,车2平3,相七进九,红保持多子优。

24. ……　　　　车2进1　　25. 后车平四　　车2平3
26. 车四平七　　车3进1

红得子优,结果胜。

第二节　捉双谋子

我方一子或两子同时捉住对方两子,称为捉双。当对方逃脱其中一子时,我方吃掉另一子。

用车捉住对方双马、或双炮、或马炮,用马咬住对方双车、或车炮、或双炮,用炮瞄住对方双车、或车马、或双马,都属于捉双。还有闪击的情形。例如闪开的炮捉住对方一子,而露出的车又捉住对方两子,也是捉双。还有,抽将吃子也属于捉双。

第1局　马踩双车

图42是黄海林对阎文清一次快棋赛弈至第18回合的形势,轮到黑方走。此时双方子力相等,但黑暗伏得子妙手。

18. ……　　　　车7平6
19. 车四进五　　马2进4

黑先弃车砍马,再进马踩双车,此类妙着如果在慢棋赛中,是容易察觉的,但快棋时限紧张,红方就忽略了。

20. 车四进三　　马4进3
21. 炮七平三　　……

如帅五平四,炮9退2,炮七平三,象5进7,黑能解救。

21. ……　　　　马5进3
22. 炮三进五　　士6进5

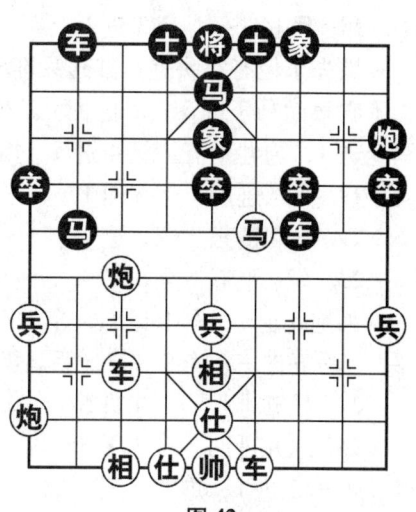

图42

23. 炮九平七　　后马进4

24. 仕五进六　车2进5

准备移车左翼支援防务。如车2进8,炮七平三,黑扑个空。

25. 炮三平一　车2平8　　　　**26.** 仕六进五　炮9平6

27. 炮七平八　马3退2　　　　**28.** 车四平三　将5平6

黑方守势固若金汤,红缺乏续攻手段。结果黑多子胜。

第2局　马咬双炮

图43是陈渔对宗永生弈至第14回合的形势,轮到红方走。如车二进八吃车,炮5退1,帅五进一,马7退8,黑空头炮有些反击手段。当时红方发现黑中炮立于马口之险地,便抓住这一弱点逼车捉黑右炮,而造成捉双之势。

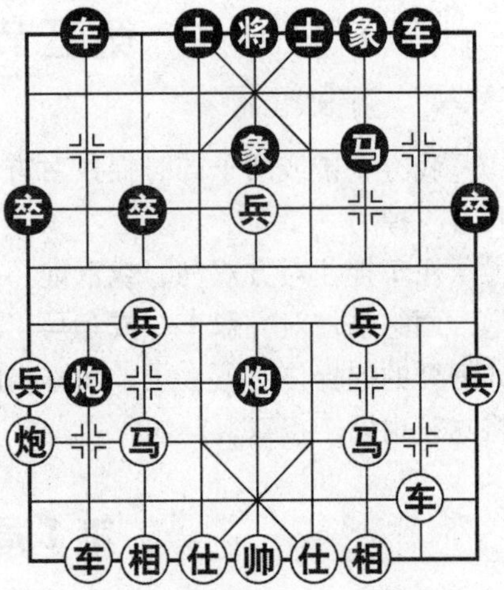

15. 车二平八　炮2进3

16. 车八进八　……

红妙手平车逼兑子,造成马咬双炮的局面,必得一子。

16. ……　　　　炮5退1

17. 车八退九　车8进6

18. 兵七进一　卒3进1

图43

黑失子但有空头炮,红送兵准备升巡河车捉炮,以减轻黑抽将之威胁。黑如不吃兵而马7进5,兵七平六,车8平5,仕六进五,车5平3,马七进五,马5进4,炮九平五,马4进5,相七进五,红多子优。

19. 车八进四　炮5退1　　　　**20.** 马三进四　车8平3

21. 马四进三　卒3进1　　　　**22.** 车八进一　炮5进1

23. 车八平五　卒3平4

如炮5退2,马七退五,车3平1,炮九平五,炮5进4,相三进五,车1平9,马五进三,车9平7,后马进五,红多子优。

24. 兵五进一　士4进5　　　　**25.** 兵五平四　马7退9

26. 炮九进四　车3平5

如车3进1,炮九平五,炮5退2,车五进一,车3退5,马三进二,将5平4,车五平一捉死马。

27. 相三进五　车5平1　　　　**28.** 车五退一　车1退3

29. 马七进六　车1平7　　　30. 兵四进一　马9进7
31. 车五进三　将5平4　　　32. 车五平七　……

红伏车七进二，将4进1，马六进七，将4进1，车七退二，将4退1，车七进一，将4进1，车七平六杀。至此黑认输。如将4平5，相五退三，马7进5，车七退一，马5退6，车七进三杀。

第3局　抽将得炮

图44是杨兴彪对胡荣华弈至第32回合的形势，轮到黑方走。针对红底相无根弱点，运双炮攻击过程中进车逼马得势。

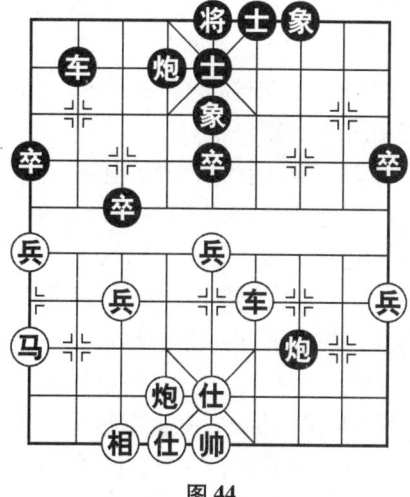

图44

32. ……　　　卒3进1
33. 兵七进一　炮4平3

黑弃卒平炮瞄相，发起攻击。

34. 炮六平七　……

如帅五平四，车2进6，车四退一，车2平6，仕五进四，炮3进8，仕六进五，炮7平1得子。

34. ……　　　炮7平3
35. 帅五平四　车2进6

黑借炮轰相之势，伸车困逼边马。

36. 炮七平九　前炮进1

伏前炮平2叫杀，兼塞相眼捉马，故此时红不能车四退一邀兑车。

37. 车四平九　前炮平2　　38. 相七进五　……

如仕五进六，炮3进8，仕六进五，炮3平1，捉死红马。

38. ……　　　炮2平1　　39. 帅四进一　炮2平1
40. 兵九进一　士5进6

不急于吃马，支士欲移炮左肋叫将，借势谋炮。

41. 仕五进四　车2平1　　42. 仕六进五　车2平1
43. 相五退七　炮3平6　　44. 兵九进一　车1退1

黑车吃炮，多子占优。如车九退一，士6退5杀。

第4局　底线抽车

图45是宋国强对迟新德弈至第21回合的形势，轮到红方走。红抓住黑右翼底线空虚，发起攻势。

22. 车九平八　象7进5

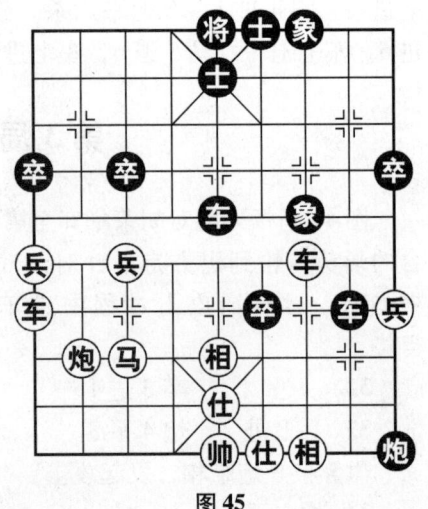

图45

飞象劣着。应车5平4，兵七进一，卒3进1，车八进六，士5退4，车八平九，象7进5，炮八进七，象5退3，车三平五，士6进5，车九退一，车8退5，车九平七，亦红优。

23. 车三平六　士5退4

如象5退3，车八进六，象7退5，车六进四，士5退4，车八平七，士6进5，炮八进七，将5平6，车七平六，将6进1，前车平五，象5进7，炮八退一，红胜定。

24. 车八平六　士6进5

红平车胁士叫杀，闪炮出击。

25. 炮八进七　象5退3

26. 前车进五　士5退4

27. 车六进六　将5进1

28. 车六平五

红底线抽车多子胜定，黑方认输。

第5局　巧支角士

图46是赵剑对廖二平弈至第23回合的形势，轮到黑方走。此时红露出破绽，黑可升车捉双。即使红退河口马叫闷杀，也不能摆脱困境。

23. ……　　　　车3进1　　24. 马八退七　士5进4

支士打车，出乎红方意料，化解了红左炮沉底叫闷的棋，仍保持捉车炮的状态。

25. 车六进三　士4进5

支士捉车，又有车捉马炮，红难免失子。

26. 马七进六　士5进4　　27. 炮三平七　炮4进2

28. 车四进四　炮4平5　　29. 相七进五　卒5进1

黑得子之后，并不保守，竟弃马求攻。

30. 车四平三　卒5平4

红认输。如（甲）仕六进五，车8平3，帅五平六，车3退1，黑多子胜定；（乙）仕四进五，炮9进5，帅五平四，车8平6，仕五进四，炮9平6，仕四退五，炮6平7抽车，黑胜定。

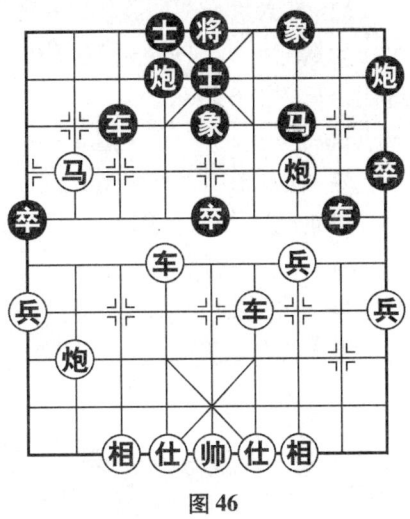

图46

第6局　抽将吃车

图47是李来群对胡荣华弈至第24回合的形势，轮到黑方走。此时红暗伏车砍炮的凶着，而黑方为了加快对攻，决定弃炮而平车捉相，以造成抽将之势。

24. ……　　　车8平7

25. 车八平六　车7进1

不能卒5平4吃车，因炮七进七，象5退3，马七进六，将5平6，兵四平五杀。

26. 车六进五　象3进1

27. 马七进八　车7退4

28. 仕四进五　……

如帅五进一，车7进3，车四退一，炮8退1，马八进九，炮8平6，马九退七，炮6退1，帅五退一，将5平6，黑多子优。

28. ……　　　车7进4

30. 车四平六　卒9平8

沉车巧手，暗伏抽吃手段。

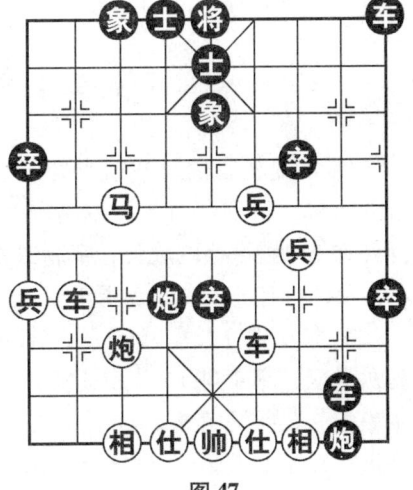

图47

29. 仕五退四　卒5平6

31. 马八退六　车9进9

32. 马六进七 ……

如炮七平八，车7退1，仕四进五，炮8平4，仕五退四，炮4退6，后车进四，车7平6绝杀。

32. …… 车7退4　　33. 仕四进五　炮8平4
34. 仕五退四　炮4退8　　35. 车六进六　车7平3

黑通过抽将吃车手段，消除红方攻势。

36. 车六平五　将5进1　　37. 马七退六　将5退1
38. 马六退七　士4进5　　39. 马七进六　卒6进1

黑大优，结果胜。

第三节　牵制谋子

我方用子力牵制对方子力，使之不能自由行动，或不便随意行动，然后我方再调动其他子力配合，捉吃对方被牵制的棋子，称为牵制谋子。例如先用车牵制对方车炮，再运炮到车后面吃掉对方的炮，或者先用炮牵制对方车马，再运车或马去吃掉对方的马等。

第1局　跃马擒炮

图48是杨官璘对戴荣光弈至第27回合的形势，轮到红方走。双方子力接近，但红方借马跳卧槽的威胁，牵制黑炮得子。

28. 马七进六　车5退1

如炮4退1，车八退一，车5平4，马六退四，车4进1，马三进四。红车牵制黑炮，再跃马咬车。以下车4平6，后马进六，车6退2，马六进八叫杀得车。

29. 车八退二　炮4进3

如炮4退1，车八进一又是牵制战术，准备跳卧槽马攻杀，以下马4进2，车八进三得子。

30. 车八退三　炮4退2

如车5平4，马三进五咬双。

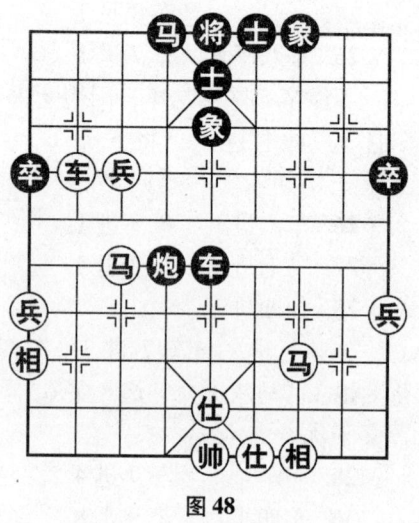

图48

· 70 ·

31. 车八平六　车5平4

如炮4平3，相九进七，士5进4，马六进四抽车。

32. 马三进五　车4进1　　　33. 马六退四　车4退4

红利用牵制黑炮之机，跳马咬车取势。如车4退3，兵七平六得子。

34. 马四进六　马4进2

如炮4平2，马六进四抽车，故黑只好弃炮吃兵。

35. 车六进二　马2进3　　　36. 马五进四

红得子，以下进入优势残局。

第2局　牵马强捉

图49是赵国荣对林宏敏弈至第30回合的形势，轮到红方走。在车炮配合下，设法跳入卧槽马攻杀。

31. 炮五平四　士5进6

如车2平6，马四进三，士5进6，马三退五，象3进5，车九进一，士4进5，车九平五，红优。

32. 马四退五　士6退5

如车2平6，车九平三，马7退9，马五进六，亦红优。

33. 马五进六　车2平3

34. 马六退四　将6平5

35. 马四进二　……

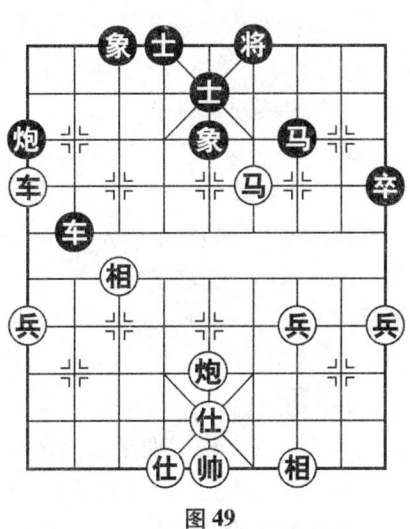

图49

红马盘旋找到佳位，准备跳卧槽造杀，黑已陷入劣势。

35. ……　　马7退8

如士5退6，炮四平五，士4进5，马二进三，将5平4，炮五平六，将4进1，马三退五，亦红优。

36. 马二进三　马8进6　　　37. 车九平一　士5退6

如车3平6，炮四平五，车6平5，车一进三，士5退6，车一退四，车5进2，车一平四，将5进1，马三退四，将5退1，马四退六捉双。

38. 车一平四　炮1退1　　　39. 车四进二　士4进5

红卧槽马牵制黑马，再用车炮强捉。黑如补士6进5，车四退三，兑车后红多三兵大优。

40. 炮四平二

红平炮叫杀，化解黑炮串打的威胁。如车 3 平 8，车四退三抽车。因此红以多子优势进入残局。

第 3 局　沉车牵炮

图 50 是惠颂祥对胡荣华弈至第 35 回合的形势，轮到黑方走。借势冲卒渡河助攻，扩大了先手。

35. ……　　　卒 5 进 1
36. 车六进二　……

红不能车六平五吃卒，因黑有车 8 进 3，炮三退一，车 8 平 7，相五退三，马 4 退 3，借闷杀咬车得子。

36. ……　　　卒 5 进 1
37. 仕五进六　……

如改炮三平四，车 8 进 3，仕五退四，车 8 退 1，红难走。故红支士防黑马入卧槽。

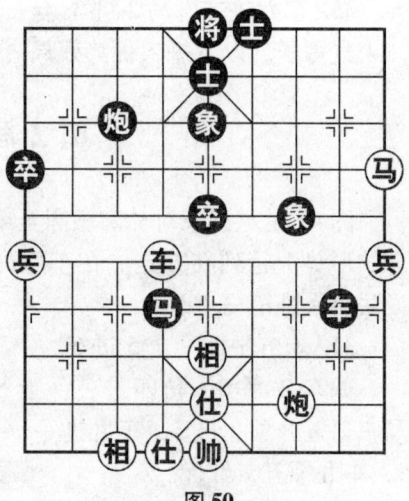

图 50

37. ……　　炮 3 进 6　　**38. 车六平四　卒 5 平 6**
39. 炮三退一　马 4 进 6　　**40. 帅五平四　炮 3 平 9**

黑巧运炮，构成四子归边之势。

41. 马一退三　车 8 进 3

黑沉底车牵制红炮，已算定红如车四退三，马 6 进 7，相五退三，车 8 平 7，帅四进一，车 7 退 5 得子。

42. 马三退四　炮 9 进 1

黑沉底炮捉死被牵制的红炮。

43. 帅四进一　车 8 平 7　　**44. 马四退二　马 6 进 8**

黑得子并有攻势，红只能帅四平五，炮 9 退 1，马二退四，马 8 退 6，马四进二，车 7 退 1，马二退四，车 7 平 6，黑得子胜定。

第 4 局　沉炮牵马

图 51 是朱永康对赵庆阁弈至第 35 回合的形势，轮到黑方走。

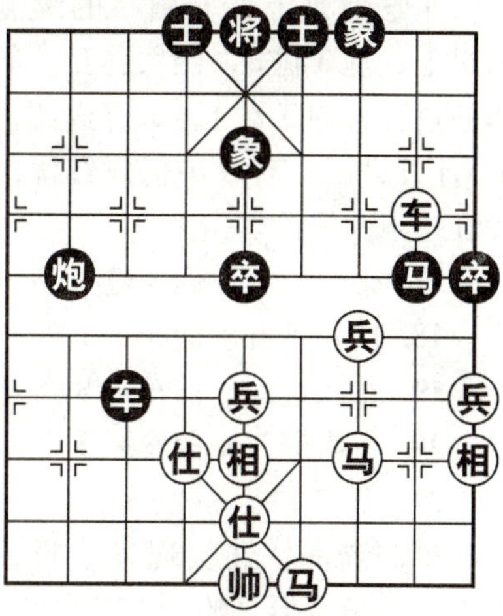

35. ……　　　马8进7
36. 车二平八　……

如车二退三，马7退5，黑马无恙。

36. ……　　　炮2平1
37. 车八平九　炮1平2
38. 相一退三　卒5进1
39. 车九退一　炮2退1
40. 兵五进一　马7退5

黑通过冲卒兑兵，疏通马路，以便配合车炮从中线或侧翼展开攻势。

41. 车九退五　炮2平5

红车守底线，但中防薄弱，顾此失彼。黑摆中炮，伏马踩仕的攻着。

42. 帅五平六　马5退3
43. 车九平七　车3平7
44. 相五进七　炮5平6

黑车压马兼有牵制作用，然后运炮助攻。

45. 相三进五　炮6进5
46. 马三退二　炮6平9
47. 车七进二　炮9进1

黑沉底炮牵制红马，准备车7平8捉死红马。

48. 帅六进一　车7平2
49. 相五退三　炮9退1

红落相欲摆脱底马所受牵制，但黑退炮叫将必得子，只能仕五进四，车2进2，帅六退一，车2进1抽吃马。

以上例子表明，牵制战术能降低对方子力的战斗力，并常常为谋子创造条件。

图51

第5局　牵制夺马

图52是庄玉庭对陈孝坤弈至第13回合的形势，轮到红方走。黑右炮受牵制，左弱马与底象潜伏危机。红抓住机会，冲兵平炮攻击。

14. 兵三进一　卒7进1
15. 炮二平三　……

黑因底象存在被打闷宫的威胁，左马被牵制挨打。如前车进1，炮三进五，前车平7，炮五平三打死车。

15. ……　　　炮8进6
16. 马五进七　……

决心对攻是必要的。如车八退一，马7退9，黑可多支撑一阵。

16. ……　　　炮2平3
17. 车八平二　……

车吃炮是上着马踏卒的续着。如车八进七，炮3进3，仕六进五，车2进1，炮三进五，炮3平1，炮五进四，士5进6，仕五进四，对攻中仍属红优，但究竟存在一点儿风险。

17. ……　　　炮3进3
18. 仕六进五　炮3平1
19. 车二进六　前车进8
20. 车六退三　前车平3
21. 车二平三　……

牵制夺马，红实现谋子目标。虽然左车会丢掉，但总的子力对比仍占优。

21. ……　　　象3进5
22. 炮五进四　……

伏车三平五，象7进5，炮三平二再沉底的杀着。

22. ……　　　车2平4　　23. 炮三平六　炮1平4
24. 马七退六　……

红多子胜定。

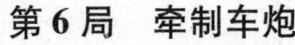

第6局　牵制车炮

图53是张影富对胡荣华弈至第23回合的形势，轮到黑方走。此时，红左炮过河位置欠佳，会成为黑方打击的目标。

23. ……　　　卒5进1
24. 车五平四　车2退1
25. 车四进二　………

如（甲）炮七平四，卒7进1，车四进一，卒7进1捉双得子；（乙）兵七进一，象5进3，马七进八，炮1平2，红逃马丢炮。

25. ……　　　卒7进1
26. 炮四进二　卒7进1
27. 马三退二　炮1进1

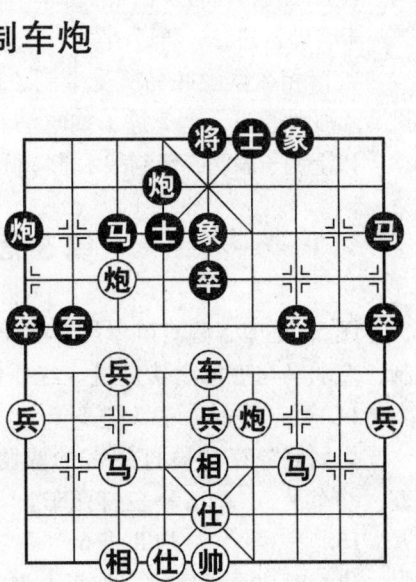

图53

牵制红车炮。

28. 车四平五　士6进5　　　29. 兵七进一　象5进3
30. 炮四平七　炮1平3　　　31. 相七进九　……

黑谋子成功，红不敢炮七进二吃马，怕炮3进6叫将抽车。

31. ……　　　马3退1　　　32. 炮七平一　炮3退3

黑得子后，退马使车生根，至此占优，结果胜。

第四节　借势谋子

我方开展攻势时，凭借棋势攻击对方的棋子。对方抵挡不住，被我方吃掉该子，称为借势谋子。实行此战术有两个条件：一是我方具备攻势，二是敌子存在弱点。

第1局　运车捉炮

图54是吕钦对陶汉明弈至第22回合的形势，轮到红方走。此时红右车牵制住黑马炮，左马又要从边线切入卧槽攻杀，使黑应接不暇，红借攻势得子。

23. 马七进九　炮8平3
24. 马九进七　将5平4
25. 炮七平六　………

红车捉马，又伏炮五进一打车，再炮五平六杀，形势甚佳。

25. ……　　　车2退5

兑掉红厉害的卧槽马，以减轻压力。

26. 车二进五　车2平3
27. 车二退二　……

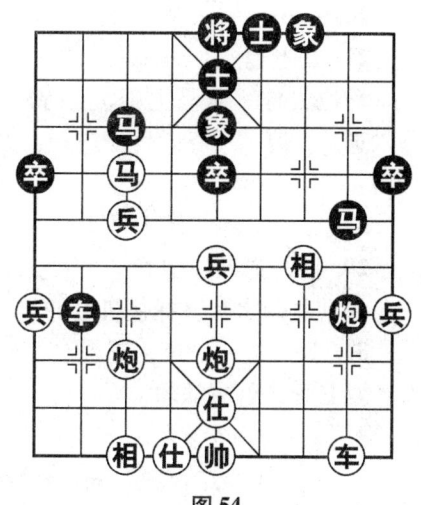

图54

兑马后局面并不平静，红潜伏优势。现退车捉炮巧着，可以借势得子。

27. ……　　　炮3退1　　　28. 车二平七　炮3平7
29. 兵七进一　炮7退3

如马3退1，兵七平六叫将抽车。

30. 兵七进一　……

红谋子计划成功。

30. ……　　　车 3 进 1　　　31. 车七进四　炮 7 平 3

32. 炮五进四　炮 3 平 1　　　33. 炮六平九

红大优，黑认输。

第 2 局　冲卒逼马

图 55 是万春林对胡荣华弈至第 24 回合的形势，轮到黑方走。此时红边兵过河威胁黑马，黑决定退车牵制红马，再退马跃出反击。

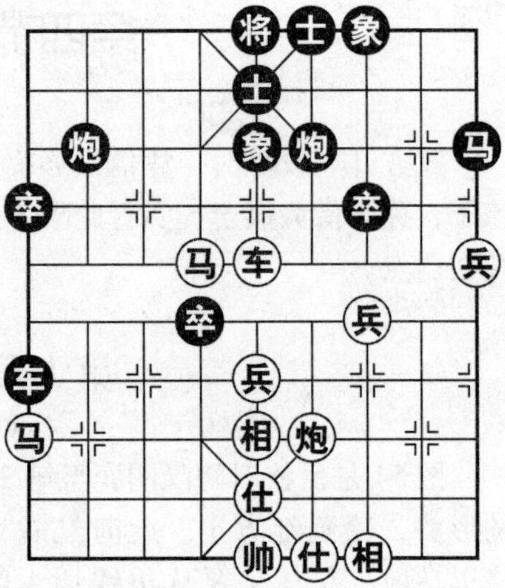

24. ……　　　车 1 退 2

25. 马九进七　马 9 退 7

26. 车五平二　……

使车生根，便于退马兑车。如车五进一，卒 4 平 3 捉双马，必得子。

26. ……　　　卒 4 进 1

27. 马七退八　……

马位欠佳。应马七退九，卒 7 进 1，马六退八，卒 4 平 5，兵三进一，红尚无大碍。

图 55

27. ……　　　车 1 平 2　　　28. 马八退六　卒 7 进 1

29. 前马退四　炮 6 进 5　　　30. 仕五进四　卒 4 进 1

黑乘兑炮之际，抓住机会冲卒入宫。

31. 兵三进一　卒 4 进 1　　　32. 兵三进一　象 5 进 7

马必死，红方认输。

第 3 局　借势捉马

图 56 是胡荣华对孙启忠弈至第 12 回合的形势，轮到红方走。黑支士逐车，红必须退车。

13. 车六退四　卒 7 进 1

借炮七平三击卒威胁底象之势，退车捉马，黑无奈挺卒弃马。

14. 炮七退三　……

第五章　谋子战术手段

如车六平七，卒7进1，红不敢相五进三吃卒，黑卒3进1，车七平六，卒3进1捉双。

14. ……　　　炮3进4
15. 车二平三　士5进6

如卒3进1，车三退一，炮5进4，马七进五，车1平7，马五进四，红多子大优。

16. 车六平七　炮5平3
17. 车七平六　卒7进1

如炮3进5，车六退一，士6退5，车六平七，红得子优。

18. 马七进八　士6退5

不怕红车三退一吃马，因有炮3进7打相抽车。

19. 车六进五　……

如急于马八进七，炮3退1，马七进九，炮3平7，马九退七，卒7进1，红失先。

19. ……　　　车6平7
20. 马三退五　卒7进1
21. 炮一退二　卒7平6
22. 炮一平三　……

红在得子的基础上，又继续谋子。

22. ……　　　卒6进1
23. 马五进三　卒7进3
24. 马八进七　车1平2
25. 炮三进七　……

红故意跳出窝心马送吃，以免除患，同时算准多子已成胜势。

25. ……　　　象7进5
26. 炮三退三　卒6进1
27. 车三平四　车2平6
28. 马七进五　卒7进2
29. 炮三进五　车7退9

红必须弃炮解杀。

30. 马五进七　卒6进1
31. 车四退八　……

如帅五平四，炮3进7，仕六进五，炮3退8，车六平七，车2平5，黑反败为胜。

31. ……　　　车2退7
32. 车四进八　车2平3
33. 车六平七　炮3平5
34. 车七进一

红多子胜定。

第4局　弃卒捉马

图 57 是刘殿中对柳大华弈至第 40 回合的形势，轮到黑方走。此时黑卒被捉难逃，但可进炮驱逐红车。

40. ……　　　炮 8 进 2
41. 车七进三　马 6 进 4

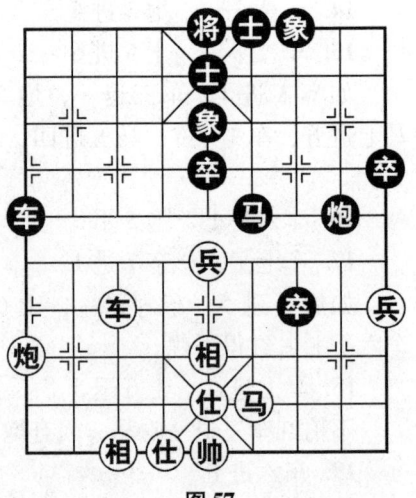

图 57

双方实力接近，黑欲求胜有一定难度。此着跳马咬车较为灵活，试探红方应法。如接车七退二，马 4 进 5，相七进五，车 1 进 3，马四进三，车 1 退 1，马三进四，炮 8 进 3，马四进二，车 1 平 7，帅五平四，车 7 退 3，马二退三，炮 8 退 4，红缺相怕炮，黑还有一些机会。

42. 车七平六　马 4 进 2

红准备兑子后，保留卒林车可以扫卒。不料黑马奔卧槽，是一步机智的着法。粗看为了逃马不得已弃卒，实际上布下谋子陷阱。

43. 马四进三　……

随手吃卒。如炮九平八，车 1 平 7，黑两翼子力有攻势。

43. ……　　　车 1 平 7　　　44. 炮九进一　……

红马难逃，另有两种变化：（甲）马三退二，车 7 进 4，车六退三，马 2 进 3，车六退二，马 3 退 1，相七进九，车 7 平 8，得子；（乙）马三退四，马 2 进 3，车六退五，炮 8 进 2，车六平七，车 7 进 5，仕五退四，炮 8 平 3，得车。

44. ……　　　马 2 进 3　　　45. 车六退五　炮 8 平 1
46. 马三进一　车 7 平 3　　　47. 马一进二　士 5 进 4
48. 帅五平四

黑多子大优，红方认输。

第5局　巧马进退

图 58 是徐天红对郭丽萍弈至第 22 回合的形势，轮到红方走。此时黑车捉炮，红没有逃炮，反而进马攻击，争得主动。

23. 马六进四　士5进6

如车7进2，马四进三，将5平4，仕六进五，车7退2，炮七平六，将4进1，仕五进六，士5进4，车四进六，将4退1，车四退一，马1进2，仕六退五，士4退5，车四平六杀。

24. 马四退五　车7平5

红退马咬车巧着。如车7进2吃炮，仕四进五打死车。

25. 炮七平五　车5平4
26. 炮三进六　……

红凭借马炮捉车之势，谋得一子。

26. ……　　　将5平4
27. 炮五平二　车4进3

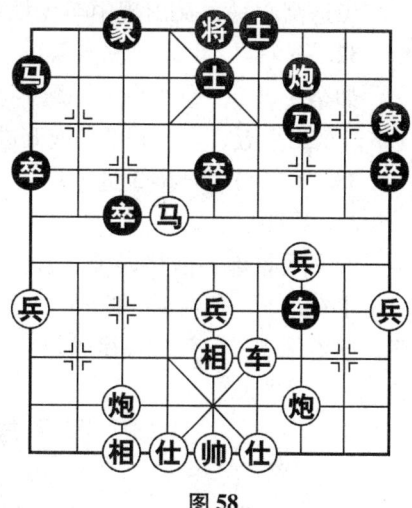

图58

28. 帅五进一　士6进5
29. 车四进四　卒5进1
30. 马五进七

红多子优，结果胜。

第6局　打击弱点

图59是黎德志对秦荣弈至第29回合的形势，轮到红方走。此时红中炮被牵制，底马无攻击力，但可利用黑缺象弱点给予打击，争得先手。

30. 车三进五　马3退5

如象3进5，马六进七，车4进1，车三平五，以下有两种变化：（甲）炮5退4，仕五进六，炮5进5，相七退五，红略优；（乙）士4进5，车五平七，车4平3，帅五平六，车3进2，帅六进一，车3退1，帅六退一，车3平2，车七进二，士5退4，车七平六，将5进1，车六退三，卒5进1，兵四平五，炮8进8，仕五进四，车2退2，兵五进一，红再冲中兵可胜。

31. 车三平二　炮8平7
32. 炮八进五　……

黑退窝心马，又出现中卒无根弱点，故红进炮瞄卒。

32. ……　　　马 5 进 4

如卒 3 进 1，炮八平一，炮 7 平 9，马六进七，车 4 进 1，车二退四，车 4 平 3，车二平五，车 3 退 2，炮五进四，马 5 进 7，炮五平七，叫将抽车。

33. 车二平六　卒 3 进 1　　　**34.** 炮八平五　卒 3 进 1

35. 兵四平五

红平兵兑炮，借势谋子之着，黑认输。因接走：（甲）炮 5 退 3，兵五进一，士 6 进 5，车六退一吃马；（乙）炮 5 平 7，兵五平六，车 4 平 5，车六平三，前炮平 1，车三进一得子。

第 7 局　困逼边马

图 60 是王嘉良对臧如意弈至第 58 回合时的形势，轮到红方走。

59. 炮五平七　将 5 平 6

只能出将解杀。如车 6 平 3，马八进六，将 5 平 6，炮七平四，将 6 进 1，车五进一，将 6 进 1，车五平四杀。

60. 炮七进八　将 6 进 1

61. 炮七退一　将 6 退 1

红借炮叫将之势，已牵制黑双马不能跳动，为以后困捉黑边马做好准备。

62. 仕四进五　车 6 平 7

63. 炮七进一　将 6 进 1

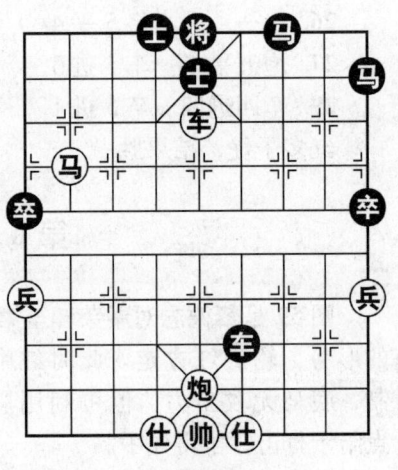

图 60

64. 马八退六　车 7 进 2　　　**65.** 仕五退四　车 7 平 6

66. 帅五进一　车 6 退 1　　　**67.** 帅五退一　车 6 退 4

失着。应车 6 退 6，如红避兑则黑马有些活动余地。

68. 马六进七　车 6 退 1

此时如车 6 退 2 邀兑车已晚，因红炮七退一，士 5 进 4，车五进一，将 6 退 1，炮七进一，士 4 进 5，马七进六杀。

69. 车五平一　车 6 平 7　　　**70.** 炮七退一　……

红右车左炮相互呼应，对黑边马构成困逼之势，由此抽将得子。

70. ……　　　将 6 退 1　　　**71.** 炮七平一　……

红多子胜定。

第8局　借闷得车

图 61 是尚威对杨兴彪弈至第 31 回合时的形势，轮到红方走。

32. 车八进二　车 4 退 5

33. 车八退三　……

红沉车叫将逼黑肋车回防，便于控制黑车活动。

33. ……　　车 3 平 9

如改卒 5 进 1，炮五平二，士 5 进 6，炮二进七抽车。

34. 马七进五　车 9 平 5

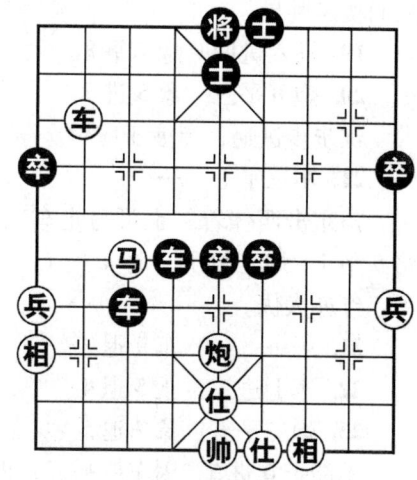

图 61

唯一解杀之着。如车 4 进 4，车八进三，士 5 退 4，马五进四杀。

35. 车八退三　……

巧借杀势欺车。如卒 6 进 1，炮五平二，士 5 进 6，马五进四，将 5 进 1，车八进五，将 5 进 1，车八平四，再进右炮杀。

35. ……　　车 4 进 6　　　**36.** 炮五平二　车 5 平 8

可士 5 退 4，马五进四，将 5 进 1，车八进五，将 5 进 1，马四进二，亦红优。

37. 车八平六　……

红借闷杀之势，硬吃车得子。

37. ……　　车 8 进 1　　　**38.** 车六进三

红多子优。

第五节　借杀谋子

在借势谋子中，如果所凭借的攻势是杀势，便属借杀谋子。

第1局　攻杀得马

图 62 是胡荣华对徐天利弈至第 18 回合的形势，轮到红方走。虽然双方大

子相等，但红方全部投入进攻，黑缩守挨打，局面是一面倒之势。现在的问题是红方如何以闪电战术迅速谋子得势，从而奠定胜局。

19. 马六进四　炮7平8

20. 炮五平三　象5进7

红步步进逼，黑疲于应付。

21. 车三平七　……

声东击西佳着。也可另走车三退一，将5平4，炮三进七，将4进1，车三进一，红亦大优。

21. ……　　车9退2

22. 车七进三　士5退4

23. 炮三平五　象7退5

不能士6进5，因车四平五，将5平6，车七平六杀。

24. 车四退一　士6进5

红借攻杀劫得一马，黑支士捉双车。至此，红不能车四平二，因象5退3，车二平九，象3进1，马四进二，将5平6，炮五平四，将6进1，红优势消失。

25. 马四进二　象5退3　　**26. 车四平九　象7进5**

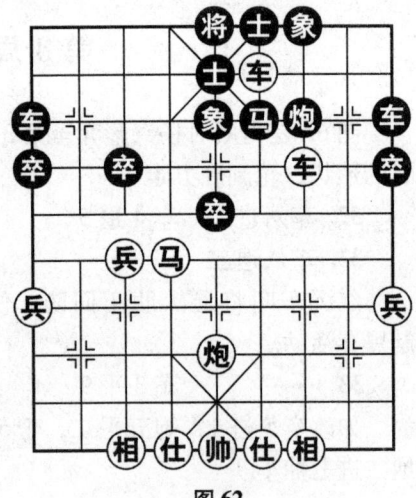

图62

不能象3进1，因马二进四，将5平6，炮五平四杀。

27. 车九退一　车9平7

红多子胜定。

第2局　欺车得炮

图63是冯明光对赵国荣弈至第63回合的形势，轮到红方走。红炮在过河马配合下潜伏对黑象的威胁，黑车固守不敢离线，红借势欺车抢先，待时机成熟时又突然摆炮转从中线攻击得子。

64. 车一进一　车3进1

不能车3平9吃车，因红马八进七，将5平6，炮七进五杀。

65. 车一退一　车3退1

如车3进1，炮七平五，象3进5，马八进六抽车。

66. 炮七平五　象3进5

黑动士则丢炮。如车3平5，马八进七，炮6平3，车一进三杀。

67. 马八进九　车3平1

不能炮6平1吃马，因红车一进三杀。由此红得子占优。以下马九进七，车1平3，马七退九，车3平1，马九进七，炮6进1，车一进三，炮6退2，仕五退六，车1平3，仕四退五，车3退2，帅五平四，吃炮绝杀。

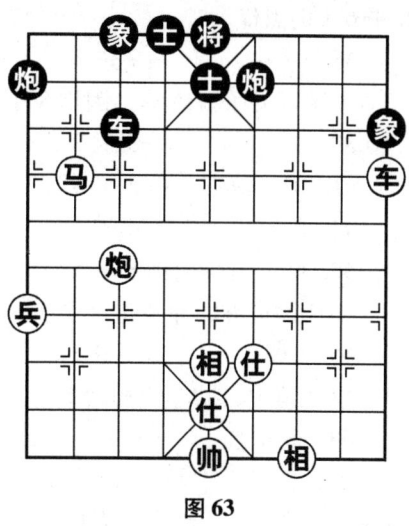

图63

第3局　卧槽马后炮

图64是刘春对宗永生弈至第34回合的形势，轮到黑方走。边马虽可跳入卧槽叫将，但孤子难成势，故需要运车炮联攻。

34. ……　　象5退3

黑落象准备运炮移左胁马攻杀。

35. 帅五进一　……

红无法防止黑跳卧槽马。如仕四进五，马9进7，帅五平四，炮3平6，帅四进一，车4平6，仕五进四，车6进2，黑亦优。

35. ……　　炮3平8

36. 炮六退一　……

红退炮固守，防炮8进6叫杀。

36. ……　　车4进1

红车伺机平二捉炮再退四逼马。

37. ……　　马9退7

红退车欲保中相，但也保不住。如改炮六平九，将5平4，帅五平四，炮

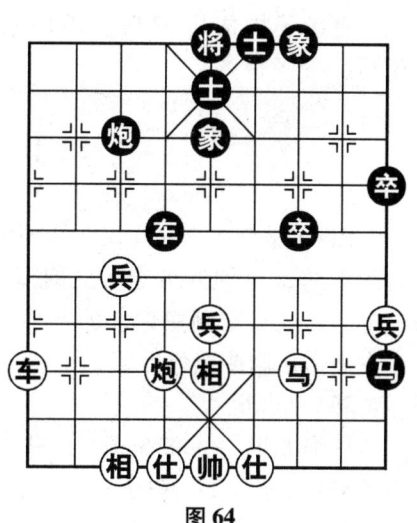

图64

37. 车九进四　……

38. 车九退四　……

8平6，仍黑优。

38. ……　　　马7进5　　　39. 炮六平八　……

不敢车九平五吃马，因炮8平5打死车。

39. ……　　　马5退7　　　40. 炮八进八　象3进1
41. 炮八退三　将5平4　　　42. 炮八平三　车4进3
43. 帅五退一　车4进1　　　44. 帅五进一　车4退1
45. 帅五退一　炮8平5　　　46. 炮三平五　……

如仕四进五，车4进1杀。

46. ……　　　车4退5　　　47. 炮五退一　马7进9

黑炮镇中，肋车边马两翼配合造杀。

48. 车九退一　……

如仕四进五，马9进7，帅五平四，车4平6，仕五进四，炮5平6，帅四进一，卒7进1，红亦难支撑。

48. ……　　　马9进7　　　49. 帅五进一　……

不敢平车吃马，黑沉底肋车叫将再退1抽车。

49. ……　　　炮5平8

黑运子构成卧槽马伏进炮杀势。红只能马三进二拦炮，卒7进1捉死马。

第4局　左右夹击

图65是李鸿嘉对陶汉明弈至第35回合的形势，轮到红方走。此时双方大子相等，但红车牵制黑炮，加上马炮配合，左右夹击，制造杀势谋子。

36. 马九退八　……

伏炮九退一，将5退1，马八进七，将5平6，车二平三得子。

36. ……　　　将5退1

失算。应将5平6，炮九退一，将6退1，车二进一，炮7退1，车二退四，马2退4，车二进一，马4退6，黑不会失子，双方对攻。

37. 车二进一　炮7退1

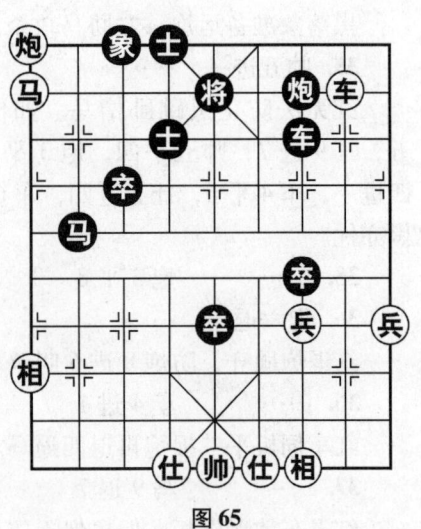

图65

如将5进1，车二平三，马2进4，炮九退一，将5平6，兵三进一，车7进3，车三退一，车7退4，炮九平三，红得子。

38. 车二退四 ……

叫杀捉马。如马2进4，车二平六，马4进6，马八进七，将5平6，车六平四杀。

38. ……　　　车7退1　　　39. 车二平八

红借杀谋子成功。

第5局　车献马口

图66是胡荣华对陈柏祥弈至第37回合的形势，轮到红方走。此时虽然双方子力相等，但红各子位置俱佳，组成协调攻杀结构。

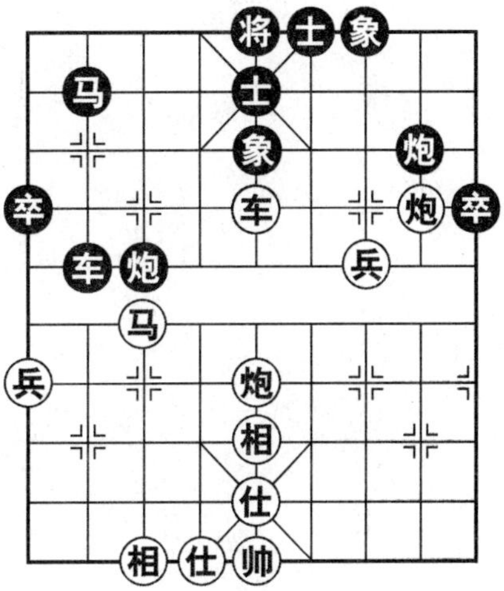

38. 炮二平三 ……

准备车五进一吃象，潜伏沉底炮闷宫的杀势。

38. ……　　　将5平4
39. 车五平六　　马2进4
40. 炮五平六　　将4平5
41. 炮三平五　　马4退2
42. 炮六平三　　象7进9
43. 兵三进一　　炮3退2

防红兵直冲捉炮，再入九宫。

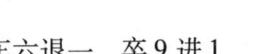

图66

44. 兵三平二　　炮8平6　　　45. 马七进八　　炮3平2
46. 炮三进四　　象9退7　　　47. 兵二平三 ……

伏兵三平四，炮6退1，炮三平八得子。

47. ……　　　车2平6　　　48. 炮三进一　　炮6退1

如马2退4，兵三进一，黑逃炮则红马八进六杀。

49. 车六进一 ……

车献马口妙手。不敢马2进4吃车，马八进六，将5平4，炮五平六杀。

49. ……　　　炮6进1　　　50. 炮三平八 ……

红借杀势得马，黑炮仍然不敢吃车。

50. ……　　　车6平3　　　51. 车六退一　　卒9进1

52. 兵三进一　炮6进1　　　　**53.** 马八进六　将5平4
54. 车六退二
借炮五平六杀势，又用马咬车，黑方认输。

第六章　取势战术手段

中局取势也是夺优的一种手段。在双方子力相当的情况下，如果单凭子力不能分出优劣，就看谁取得空间优势，便能确立整体优势的地位。中局战法灵活机动，当对方子力生根稳固，我方无法谋子时，就应采用取势战法。通常需要两个条件：一是对方阵形暴露某些空虚之处，二是我方子力机动性强，能及时赶赴前线攻击对方之虚，才能取得有利形势。

第一节　运子取势

为了取得空间优势，须改变子力分布状态，调运我方子力，占领要点，控制要线，形成优越的子力结构，并牵制对方子力，打击对方弱点，威胁对方老将，掌握棋战主动权。此过程称为运子取势。

我方调动的子力，主要指车马炮等强子，运到攻守两利的佳位，运到敌阵薄弱之处。各子待命，招之即来，来之能战，战之能胜。

第1局　调车攻虚

图67是林宏敏对尚威弈至第17回合的形势，轮到红方走。虽然双方子力大体相等，但黑车位置欠佳，缺士，后防薄弱。红设法调车至左翼，集中优势子力，攻击黑空虚之右翼，从而扩大先手。

18. 车四退一　炮1退2

如卒1进1，炮六平九，车9退5，马八进七，炮1退1，车四平八，卒3进1，兵七进一，亦红优。

19. 车四平八　炮1平2

企图拦住红车对右翼入侵。如车9退5，车八进三，马3退4，车八退一，车9平5，车八平九，炮1平2，炮六平九，红暗伏侧击手段。

20. 马八进七	卒1进1
21. 马七进九	卒1进1
22. 车八平九	炮2退4
23. 车九进三	……

红实现运车左翼的计划,开始发起攻击。

23. ……	马3进4
24. 马九进八	……

红左马跃出过河,配合车炮攻势。

24. ……	马9进8
25. 车九退三	……

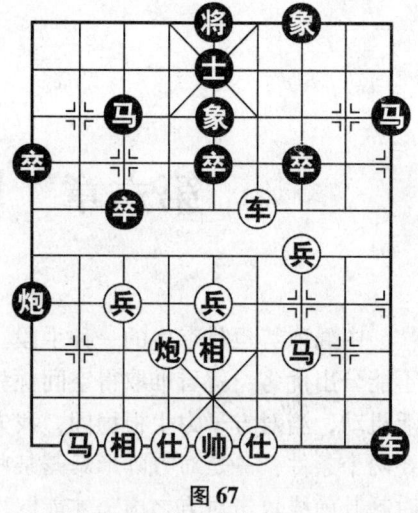

图 67

黑车闭塞应及早撤回,跳出边马并非当务之急。红车回河界准备拦截黑马,并让出红马从边线切入卧槽的位置。

25. ……	炮2平4	26. 炮六进七	士5退4
27. 车九平六	马4退6	28. 马八进七	士4进5
29. 马三进四	……		

红运子取势已初见成效,便全力发动更大攻势,黑马被迫退缩。如马8进6,车六平四,马6退7,车四进四,马7进9,车四平五,将5平6,仕六进五,红大优。

29. ……	卒5进1	30. 马四进三	马6退4
31. 车六平九	象5退3		

如车9退6,兵三进一,马8进7,车九进五,马4退3,马三退五,亦红优。

32. 兵三进一	马8进7	33. 车九平二	象3进5
34. 车二进五			

红车又转移右翼攻虚,准备跃马踏象。如士5退6,马三进四,将5进1,兵三进一,红优,结果红胜。

第2局 运炮侧击

图 68 是刘星对林宏敏弈至第 21 回合的形势,轮到红方走。此时黑多一子,但老将暴露受攻,红运用车双炮从侧翼、正面夹击,大有可为。

22. 炮五平八　车8退1

退车保象是必要的。如车8平6,炮三进七,车6进3,炮八进六,车6

平2，车七退一，将4进1，车七退一，将4退1，车七平五得子。

23. 炮八退一　卒5进1
24. 炮三平六　士5退4

防红重炮杀。如士5进6，车七平五，马5进6，炮八平六杀。

25. 炮八进七　将4平5

防红车七退一，将4进1，炮八退一杀。如士4进5，车七平五，炮8进6，炮八退五，车8进7，相七进五，马5退7，炮八平六杀。

26. 车七退一　将5退1
27. 炮八进一　士4进5
28. 车七进一　马3退4
30. 相七进五　马5进6

黑方认输。炮六进六，炮7平2，炮六平八，象7进5，炮八进一，士5进6，车七退一，象5退3，炮九平七杀。

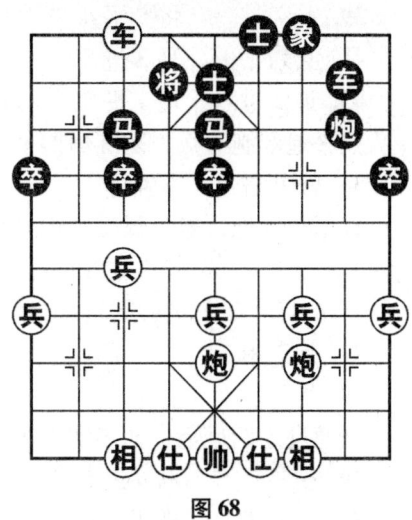

图68

29. 炮八平九　炮8平7

第3局　左右夹击

图69是傅光明对阎文清弈至第33回合的形势，轮到红方走。此时红有过河中兵占优。

34. 兵五进一　象5退7

防红兵换双象，缺象怕炮。

35. 炮四平三　象7进9

象飞边显得散乱是无奈的。如车1平7，车五退一，车7进2，车五平九，炮1平2，炮八退一，车7退1，车九退三捉死黑炮。

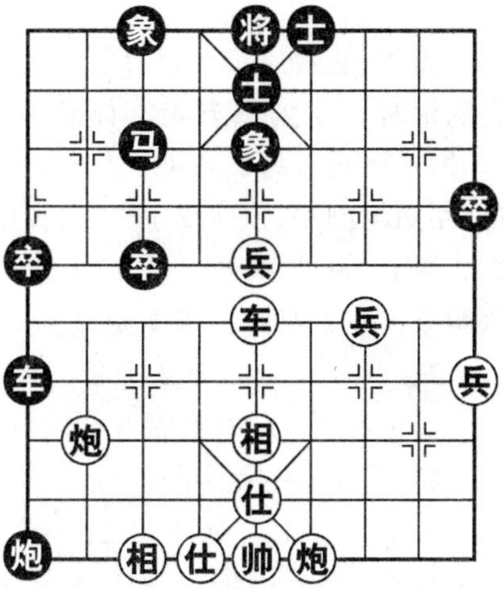

36. 炮八进五　马3进2
37. 炮八进二　象3进1
38. 车五平八　马2退3
39. 炮八平九　……

红双炮左攻右击，迫使黑双象飞边，阵形涣散，至此有沉底炮伏抽将之势。

图69

39. ……   将5平4   40. 兵五平六   车1平4
41. 兵六平七   马3进5   42. 炮三平四   炮1退3
43. 炮四进六   炮1平3

黑平炮牵制红兵，防红炮四平三，马5退7，兵七进一攻杀入局。

44. 车八进二   车4退1   45. 车八退三   ……

红退车捉炮，避免黑摆中炮对攻。

45. ……   卒3进1   46. 炮四平二   马5退6

预防红炮二进二叫杀，同时用炮捉红兵，加强对攻力。

47. 炮二退二   车4退1   48. 兵七平八   车4进2
49. 炮二平七   ……

红通过迂回运炮，初步实现车双炮兵在一侧，增强攻击力。

49. ……   马6进5   50. 兵八平七   马5进6
51. 车八进六   将4进1   52. 车八退一   将4进1

如将4退1，兵七平八，车4退4，炮七进五杀。

53. 车八退一   将4退1   54. 兵七进一   将4进1

如马6退5，兵七平六，车4退4，车八进一，将4退1，炮七进五杀。

55. 兵七平六

黑方认输。因车4退4，炮七进五，将4进1，车八进一杀。

第4局　车水马龙

图70是蔡福如对胡荣华弈至第21回合的形势，轮到黑方走。如急于马4进2，炮三平八，马2进4，仕五进六，马5进4，车四平六，车2进7，车九进二，车2平1，相七进九，马4退5，马六进八叫杀，双方对攻，黑无便宜。

21. ……   车2进8

运子有力，伏马5进4叫将抽车。

22. 车九进二   ……

如车四进七，马4进2，炮三退一，车8平4，马六退四，马2进4，仕五进六，马5进4，炮三平六，卒7平6，帅五进一，车2平4，帅百平六，马4退6杀。

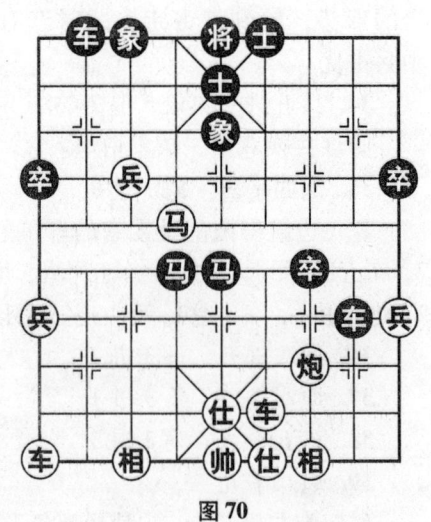

图70

第六章 取势战术手段

22. …… 车8平3
23. 相七进五 车3平4
24. 车九平七 车2进1
25. 相五退七 ……

如车七退二,马4进2,仕五退六,马2进4,车四平六,车2平3,黑得车。

25. …… 车4进2
26. 车七进二 马4进5

黑运双车占据要点之后,再运马取势。

27. 马六退五 车4退2
28. 车四进一 前马退3
29. 车四平七 车4平5

黑运子造成杀势。虽然红暂时守住了,但黑得子占优,结果胜。

第5局 铁骑纵横

图71是刘彬如对胡荣华弈至第34回合的形势,轮到黑方走。此时黑车、炮位置均好,但还需要跃出马奔赴前线作战,才能成功。

34. …… 马6进8
35. 车六平八 ……

虚着,不如直接车五平四邀兑。

35. …… 车2平1
36. 炮九平八 马8进7
37. 车五平四 ……

可炮八平三,马7进9,炮三退五,阵式较为巩固。

37. …… 马7进8
38. 车四退一 马8退6
39. 车八平四 马6进7
40. 车四退三 马7退6

黑实现了跃马过河作战的初步计划。

41. …… 车1平4
42. 仕五退四 车4平5
43. 马六退八 马6进4
44. 车二平六 马4退5

也可车5进4,仕四进五,马4退5,车六进八,士5退4,相七进五,亦黑优。但黑不愿兑车,退马继续控制局面。

45. 仕六进五 炮6平8

前一阶段重点是运马取势,现在又发挥运炮取势的作用,伏炮8进9,相

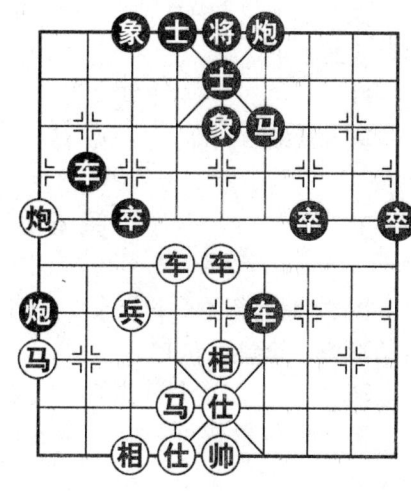

图71

五退三，马5进6叫将抽车。

46. 帅五平六　炮1退4　　47. 炮八进二　马5退4
48. 炮八平七　卒3进1　　49. 兵七进一　马4进2

黑运马活跃，进退自如。

50. 炮七平八　车5进4

此时黑车吃相，不怕红兑车。如车六进八，炮8平4，相七进五，马2退4叫将吃炮。

51. 车六进二　炮8进9　　52. 帅六进一　车5退2
53. 兵七进一　象5进3　　54. 车六进二　车5退3
55. 炮八进一　炮1平4

赶走红炮，终于发挥右炮进行正面攻杀的作用。

56. 车六平七　炮8退5　　57. 车七进四　……

如车七平三，马2退4，仕五进六，马4进5，车三平六，马5进6，帅六退一，车5进7杀。

57. ……　　　炮8进4

红方认输。因帅六退一，马2进4，仕五进六，马4进3杀。

第6局　马炮联攻

图72是迟新德对曾启泉弈至第26回合的形势，轮到黑方走。

26. ……　　　马4退6

黑子力位置较好，但无车显得威力不足。

27. 马八进六　……

如（甲）炮四进二，马2进4，车九进三，马4进5得相；（乙）车九进二，马2进3，车九平七，马6进5，亦得相。

27. ……　　　马6进5

伏马5进3叫将抽车，或马5退7叫将抽炮。

28. 帅五平六　炮5平8

伏炮8进5，相一退三，炮7进8杀。

29. 炮四平二　士5进6　　30. 车九平七　炮7平4

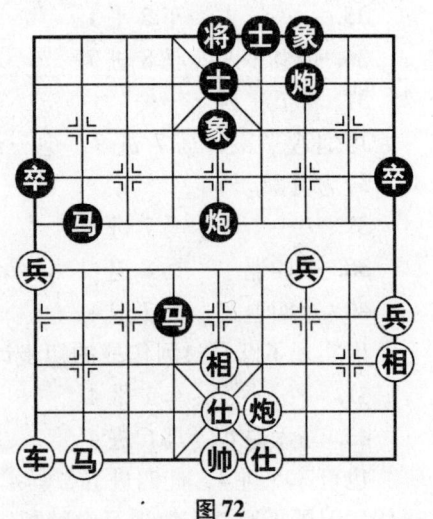

图72

31. 马六进五　马2进4　　　　**32.** 帅六平五　炮4平5
33. 兵三进一　……

如马五进六，马5进7，帅五平六，炮5平4，仕五进六，象5进7，车七进五，马4进2，车七平八，马2进4，帅六进一，马4退6，马六进七，炮8平2，马七退八，士6退5，黑多子优。

33. ……　　　炮5进5　　　　**34.** 兵三平二　炮5退2

黑调运马炮的力量，从正面发起猛烈攻击。至此，伏马5进7，帅五平六，炮5平4，仕五进六，马4进3杀。

35. 炮二平四　马5退7　　　　**36.** 帅五平六　马7进6
37. 车七进四　马6退5

红方认输。因车七平六，马5进3叫将抽车。

第7局　兵入花心

图73是柳大华对林宏敏弈至第33回合时的形势，轮到红方走。如兑马则变化简单，红进入优势残局。但红为了更好地取势，避兑而调运车马炮兵进行攻杀。

34. 马五退四　车3退3

黑退车准备扫兵并争取对攻机会。

35. 兵五进一　马6进8
36. 车八平二　马8进9
37. 炮六平四　……

如急于车二退四，马4进6，红车不能吃马。故先平角炮防黑马，又伏沉车叫将吃士的攻着。

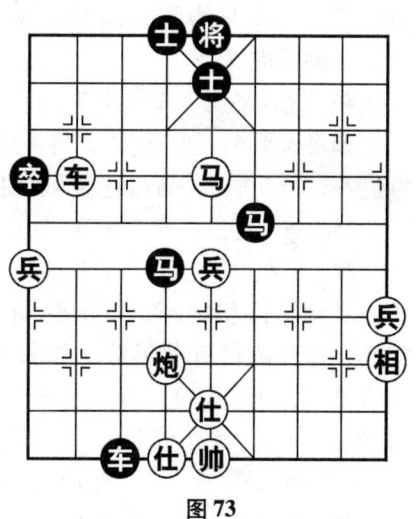

图73

37. ……　　　马9进7　　　　**38.** 帅五平四　车3平6
39. 马四进六　……

红角炮封住将门，准备马六进八再跳卧槽做杀，又有右车配合，将成夹击之势。

39. ……　　　士5进4　　　　**40.** 车二进三　将5进1
41. 兵五进一　将5平4　　　　**42.** 兵五进一　……

伏兵五平六，将4平5，车二平六，车6平9，兵六平五，将5平6，兵五平四，将6平5，马六进七杀。

42. ……　　士4进5　　43. 车二平八　　车6平3

防红车八退一，将4退1，马六进七，将4平5，车八进一，士5退4，车八平六杀。

44. 炮四进六　　士5进6

如士5退6，马六进四，马4退5，兵五进一杀。

45. 车八退一　　将4退1　　46. 兵五进一

兵入花心，杀势凶悍，黑士吃兵则沉底车杀。

第8局　车马侧面虎

图74是赵国荣对臧如意弈至第39回合时的形势，轮到红方走。虽然黑多双卒，但缺象怕炮攻。红抓住黑缺象弱点进行袭击，车马炮配合默契，终于造成车、马侧面虎优势。

40. 炮八平三　　车6平7

如将5平4，炮三进六，将4进1，马六进八，车6平2，马八进六，亦红优。

41. 马六进五　　车7退3

42. 车六退一　　前卒平8

红跳马露相捉车，以沉炮闷杀牵制黑车，由此取得有利形势。如象3退1，马五进三，车7平9，马三进五，炮5平7，炮三平五，黑亦难走。

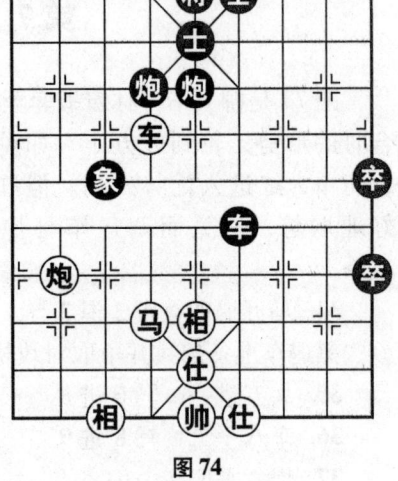

图74

43. 炮三进一　　车7进1

45. 炮三进二　　炮5进1

如将4平5，车七进一，车7退1，炮三平五，炮4退2，帅五平六，车7平6，车七进三，再吃炮杀。

46. 车七进四　　将4进1　　47. 炮三平六　　炮5平4

48. 马五进七

至此，红运子形成车马侧面虎攻势。黑只能后炮进2，马七进八，将4进1，车七退二，将4退1，车七退二，将4进1，车七平六捉死黑炮，红得子得势。

第二节　占位取势

我方几个强子占据重要位置，互相配合，构成有利形势，威胁对方子力或主将，称为占位取势。如果我方各子是调运而来的，也属于占位取势。

第1局　闷杀威胁

图75是胡荣华对成志顺弈至第22回合的形势，轮到红方走。红方针对黑窝心马的弱点，运子堵塞，以闷杀威胁得势。

23. 车六进一　　炮7平3

如车8平6，马七进五，马3进2，马五进七，马2退1，马七退九，象3进1，炮六平八，马5进4，马四退六，车6退1，炮八进七，红大优。

24. 马七进五　　马3进2

黑用炮看守右侧卧槽位以防红马。如车8平6，马五进七，马3进2，马七退八，车6退2，马八进六，车6进1，车六进一杀。

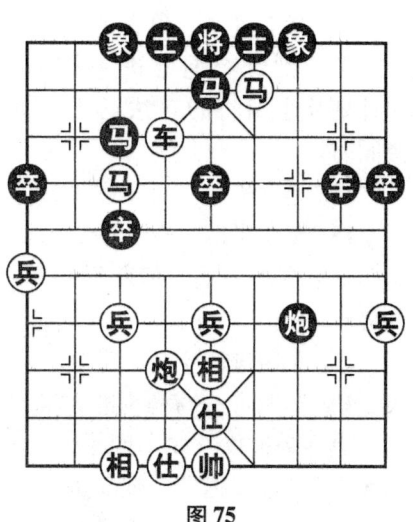

图75

25. 马五进三　　车8退2

26. 炮六进五　　……

红车马夹住黑窝心马，控制九宫要地，先跳卧槽马伏闷杀，再伸士角炮准备摆中也是闷杀，黑防不胜防。

26. ……　　　　车8进8

27. 仕五退四　　马5进6

28. 车六进一　　将5进1

29. 马三退四　　将5平6

30. 炮六退三

红借闷杀形成目前的胜势。如士6进5，炮六平四，士5进6，车六平五，控制中线，再马四进二杀。

第2局　封锁帅门

图76是冯明光对郑乃东弈至第9回合的形势，轮到黑方走。

· 95 ·

9. ……　　　车1进2

黑肋车已封锁帅门,决定弃马抢攻,升右车支援肋车加强攻势。如车八进五吃马,车1平6,相三进一,士6进5,车八退五,将5平6,车八平五,前车进7,车二平四,车6进8,构成三把手绝杀。

10. 车八平五　　车6进5
11. 兵七进一　　车1平6
12. 相三进一　　象3进5

考虑到红有炮七进一打车的续着,原计划补士出将的攻法已不成立,故补象固防。

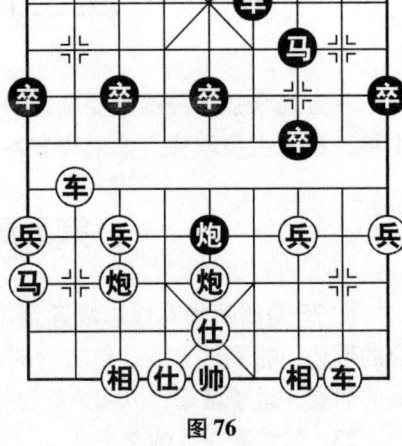

图76

13. 炮七进一　　后车进3
14. 车五平四　　车6退1
15. 车二平四　　车6平3
16. 车四进三　　炮5退2

红方损失一兵,但获得肋车守住帅门,局势略有缓和,而黑多两卒潜伏优势。

17. 车四进四　　马7进8
18. 帅五平四　　马2进4
19. 车四进一　　马8进7
20. 炮五平三　　……

黑弃马抢攻。如车四平六,马7进8,帅四平五,车3进1,车六平四,炮5平3,仕五退四,炮3进5,仕六进五,车3进1,捉双得子。

20. ……　　　士6进5
21. 相一退三　　士5进6
22. 相七进五　　……

黑支士拦车,再次弃马抢攻。如车四平六,车3平6,炮三平四,马7进8,帅四进一,炮5平6,仕五进六,车6平4抽车。

22. ……　　　车3平6
23. 帅四平五　　士4进5
24. 炮七退一　　马7退5
25. 车四平二　　车6进2

经过多方较量,黑车又回到肋线封锁帅门,并走出弃车妙手。至此,红方认输。因炮七平四或仕五进四吃车,马5进6,帅五平四,炮5平6杀;如不吃车而马九退八,车6平7吃炮,黑亦多子胜定。

第3局　炮立当头

图77是张国凤对黄薇弈至第20回合的形势,轮到红方走。只要马跳过河

咬炮，再炮打中卒便可叫杀，虽暂不能取胜，却给对方重大威胁。

21. 马一进二　炮9进5
22. 炮一平五　……

伏马二进四，将5平6，炮五平四杀。

22. ……　　　将5平6
23. 炮五平四　将6平5
24. 马二进三　将5平6
25. 兵三进一　……

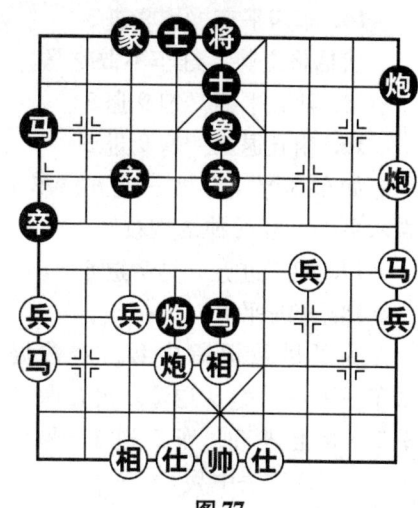

图77

如炮六退一，炮9进3，仕四进五，马5进7，红炮移右的计划受阻。

25. ……　　　炮9平7
26. 马三退二　将6平5
27. 炮四平五　将5平6
28. 炮五退二　……

伏马二退四，炮4平1，马四退三得子。

28. ……　　　炮4平1
29. 兵三平四　炮7退4
30. 炮六进四　马1进2

黑子力涣散，既不成攻势，又未能构筑防御体系。

31. 炮六平四　将6进1

防红马二进四杀。如炮7进1，兵四平三捉死炮。

32. 兵四平三　马5进7

防炮五平四叫将。如士5进4，马二进四，将6进1，炮五平四，马5退6，前炮平五，马6进4，兵三平四杀。

33. 兵三进一

黑方认输。因炮7平9，兵三进一，士5进4，兵三平四杀。

第4局　伸炮奇着

图78是金波对汤卓光弈至第12回合的形势，轮到红方走。此时黑有边炮取卒偷袭的手段，但左马无根、右翼空虚是其弱点，红要善于利用其弱点来取势。

13. 车四进六　炮9进4

飞炮取兵对攻。如马7进8，车四平二，炮9进4，车二平一，黑子力受制亦难施展。

14. 车四平三　炮9进3

伏抽将之势，红车不敢吃马。

15. 帅五平四　炮9退2
16. 相五退三　炮9进2

如车8平7，相三进五，车7退1，炮六平一，红兵种结构较好。

17. 相三进五　马7退8
18. 车三平五　……

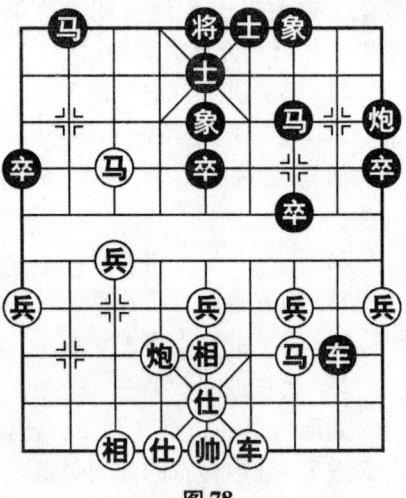

图78

为了尽量保留中兵，对残局有利。如车三平一，炮9退2，相五退三，车8平7，相七进五，车7退1，炮六平一，车7平5，红丢中兵。

18. ……　　　　卒9进1

挺边卒也是为保留变化，既避免红军扫卒捉炮，又便于左马从边线跃出，制造三子归边之势。

19. 马七进八　炮9退2   20. 炮六进三　……

伸炮弃马，突发奇着，震惊四座。这步棋显然要摆中炮取势。如马2进4，车五平九，士5退4，炮六平五，士6进5，车九平六，车8退5，车六进二，车8平6，帅四平五，将5平6，红得子优。

20. ……　　　　卒7进1

黑右翼空虚是个弱点，但转换士架已来不及。如士5退4，炮六平五，士6进5，车五平六再吃士杀。

21. 炮六平五　车8退3   22. 兵五进一　卒7进1
23. 车五平七　车8平5   24. 兵五进一　卒7进1
25. 车七平九

为了解杀，黑无奈用车换马炮，但还存在右弱马的问题，至此认输。如马2进4，车九进三，士5退4，车九平六，将5进1，车六平四，马4进2，车四退一，将5退1，马八退六，将5平4，车四平五，再跳马杀。

第5局　飞相绊马

图79是李来群对赵国荣弈至第56回合的形势，轮到红方走。红多一兵一仕稍优，通过飞相绊黑马腿，再平肋车顶马，保证炮镇中路，取得有利形势。

57. 相五进三　炮3进3   58. 车三平四　马6退5

59. 兵五进一　　马 5 进 7
60. 相三进一　　……

红车控制兵林要道，攻守两利，中兵渡河控制黑马，形势趋于有利。

60. ……　　　　马 7 退 8

黑马受阻，退一步防红车伸卒林捉炮，又伺机跳边马借车力渡河。

61. 炮四平五　　炮 3 平 8
62. 帅五平六　　……

防黑车吃相，又准备跃马露帅控制肋线。

62. ……　　　　车 8 退 1
63. 马六进五　　炮 8 平 9
64. 兵五平四　　车 8 退 1

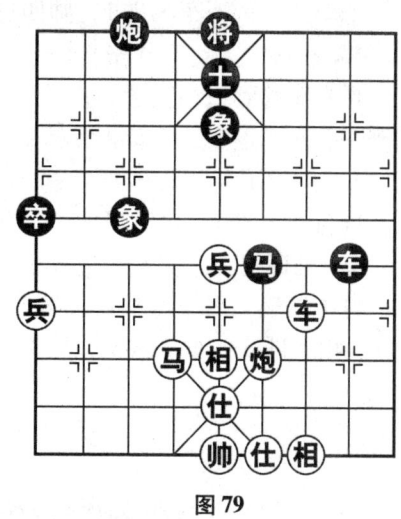

图 79

65. 车四平八　　炮 9 退 3

66. 车八平六　　……

红炮立当头，车帅占肋，中心马八面威风，过河兵伺机进击，各子占位好，控制了局面，显然占优。

第 6 局　运车同侧

图 80 是胡荣华对程进超弈至第 36 回合的形势，轮到黑方走。此时双方对攻激烈，但黑车、马、炮侧攻未能成势，必须把马撤回，肋车调到左翼，双车同侧才有杀势。

36. ……　　　　车 8 进 5
37. 帅四进一　　前马退 8
38. 车三进一　　……

如车三进二，车 4 平 7，马四退三，马 8 进 7，相五进三，车 8 退 2，马三退二，车 8 进 1，帅四进一，马 9 进 8，相三退一，车 8 退 3，叫杀捉马，黑胜定。

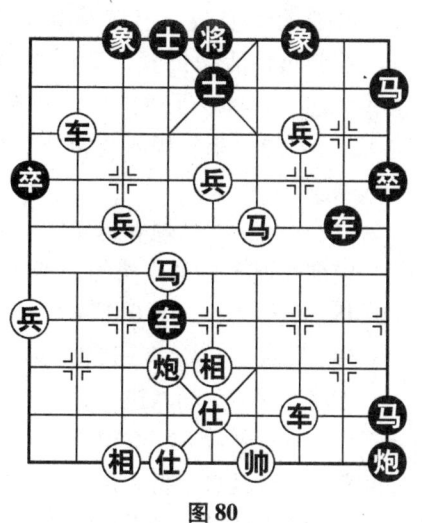

图 80

38. ……　　　　车 8 退 1
39. 帅四退一　　马 8 退 6
40. 车三进二　　……

如车三平一，车8进1，帅四进一，炮9平4，黑仍有强烈攻势。

40. ……　　车4平9

黑右车移到边线位置，占位取势。伏车8进1，帅四进一，车9进2，帅四进一，车8退2，双车错杀。

41. 帅四平五　马6进4　　42. 车八退四　车9进2

准备车8进1，仕五退四，车9平6，占据相眼位置，制造杀势。

43. 马四退三　车8平7

红方认输。因车八平六，车7进1，仕五退四，车7退3；相五退三，车7退1，相七进五，车7退3，黑多子胜定。

第7局　双马饮泉

图81是阎文清对于幼华弈至第44回合时的形势，轮到红方走。黑伏炮2退1打死炮的手段，而红以无车战有车，局势严峻。但红方利用钓鱼马控位，加上小兵构成双马饮泉之势，巧造杀局。

45. 马六进七　炮2退1

46. 兵五平六　炮2平6

47. 帅五平六　……

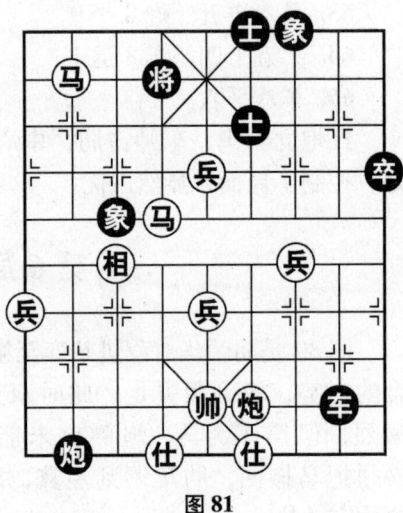

图81

红炮无法挽救，但双马兵的占位甚佳，控制黑将活动位置，又借帅力攻击，伏兵六进一，将4平5，兵六平五，将5进1，马八退七杀。黑不能支士，因马七进八杀。

47. ……　　炮6退4

应炮6退3再平4挡帅，不致速败。

48. 仕六进五　炮6平4　　49. 兵六进一　将4平5

50. 兵六平五　将5进1

如将5平6，马八进六杀。

51. 马七退六　将5进1　　52. 马六进七　将5退1

53. 马八退六　将5进1　　54. 马六退五

接走将5退1，马五进四杀。

第六章 取势战术手段

第三节 兑子取势

兑子通常指双方子力的等价交换，包括异类兵种的交换，例如兑车、兑马、兑炮以及车兑双炮、或双马、或马炮等。中局阶段，双方短兵相接，兑子机会较多，此时兑子虽然子力总价值没有明显的损失，但兑子后双方子力数量与位置都改变了，形势就不同了。对于某方而言，形势可能变好或变坏。通过兑子，取得对己有利的形势变化，称为兑子取势。

例如兑子前，己方马在自己阵地待命，而敌车立于河界佳位，兑子后我方马过河出击，敌车为了吃子变为低头，这就属于子力位置的变化。又如兑子前，双方都有车双马炮，我用马兑对方之炮，结果我方剩车马炮，子力配合较好，攻守均宜，对方则剩车双马，进攻时威力不足，这就表明兵种结构对我有利。

第1局 兑马吃士

图82是言穆江对于幼华弈至第53回合的形势，轮到红方走。红有沉底炮但未能成杀，黑车控制卧槽位置固守。红方决定在攻杀中破士兑子，转换为胜势进入残局。

54. 马八进九　车3退3

退车捉马，并防马九进七，士5退4，马七退八抽车。

55. 马九进七　士5退4
56. 车六进三　将5进1
57. 车六平五　将5平4

如将5平6，车五平四杀。

58. 车五平四　车3退1
59. 车四退一　将4进1

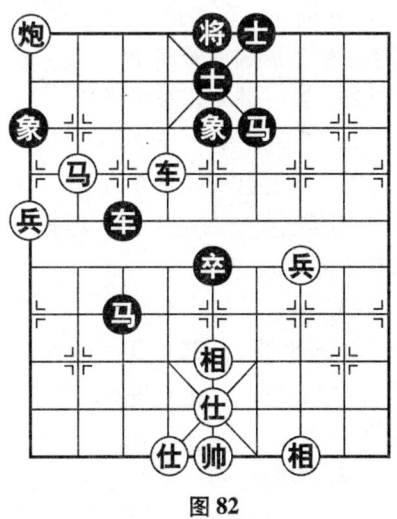

图82

60. 车四退一　车3平1

双方兑掉一个马，但红多吃双士，形势有利。此着黑如不吃红炮，则演成车马卒缺士对车炮双兵的残局，黑亦难走。

61. 车四退四　将4退1
62. 车四平七　象1进3

63.	兵九平八	卒5平6	64.	兵八平七	象5进3
65.	兵三进一	象3退5	66.	兵三进一	车1进3
67.	兵三进一	车1平5	68.	兵三平四	象5进7
69.	车七进五	将4进1	70.	车七退三	

红方胜。

第2局 侧翼攻虚

图83是李艾东对朱祖勤弈至第18回合的形势，轮到红方走。红车牵制黑车、马，攻其弱点是有所作为的。

19. 炮二退一 ……

巧退骑河炮打车。黑逃车则丢马，如跳马则丢炮。

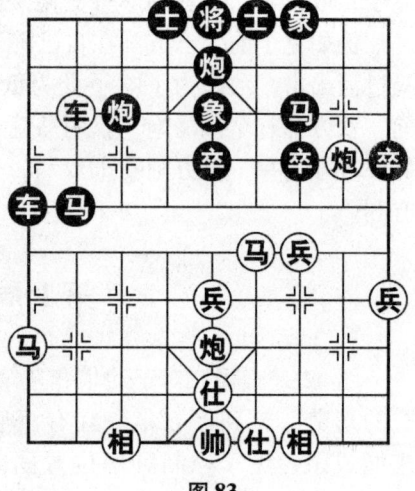

图83

19. …… 马2进4

如马2退4，车八平七，车1平8，车七退一，车8平6，马四退六，车6平4，马九进八，车4进1，炮五平六，车4平7，车七平六得子叫杀。

20.	兵三进一	车1平7			
21.	车八平七	车7平6			
22.	车七退三	车6进1	23.	炮二平九	……

红弃三兵使右炮生根。尽管被黑吃回盘河马，但已取得牵制黑车马的优势而移炮左翼攻虚。

23. …… 炮5平7

如炮5平1，炮九退一，卒7进1，炮九平六，马7进6，炮五进四，炮1平5，炮五进二，士6进5，炮六平五，红多子优。现在黑平7炮，暗伏对底相的威胁。

24.	炮九进四	将5进1	25.	炮五平八	……

调运子力往左翼攻虚。如炮九退五，卒7进1，炮九平六，马7进6，炮五进四，将5平6，相七进五，车6平4，黑扳平子力。

25.	……	象5进3	26.	车七进一	卒7进1
27.	炮八进六	炮7平2	28.	车七进三	将5进1
29.	车七退一	将5退1	30.	车七进一	将5进1

31. 车七平八　马4进6　　　32. 仕五进四　……

兑子后虽然双方大子相等，但黑兵种缺炮，主将升顶，红方已得势。

32. ……　　　车6平1　　　33. 炮九平八　马7进6
34. 马九进八　后马进4　　　35. 相三进五　将5平6
36. 马八进六　士6进5

如车1退3，车八退四，马4退6，车八平四捉双叫杀。

37. 车八退一　将6退1　　　38. 马六进四　士5进4
39. 车八平六

黑方认输。红伏马四进二，将6平5，马二进三，将5平6，车六平四杀。如士4进5，马四进二，将6退1，车六进二杀。

第3局　强迫兑子

图84是陶汉明对田长兴弈至第21回合的形势，轮到红方走。黑车捉炮，红可兵九进一保炮，但却出人意料地弈出弃马妙手，造成强迫兑子的局面。

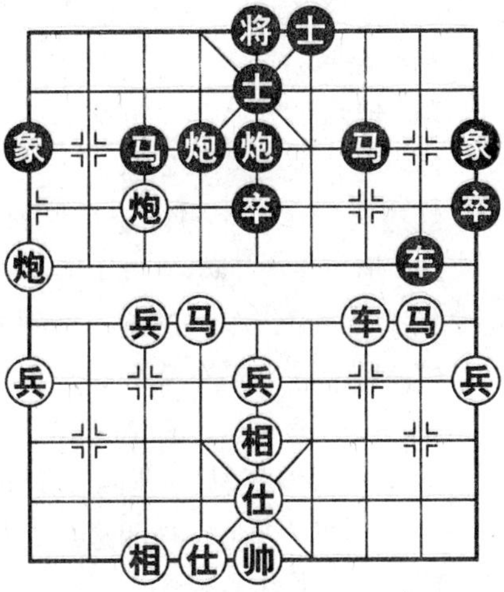

22. 马六进四　车8平6
23. 车三进三　车6平1

不能炮4平7，马二进四咬双炮。

24. 车三平五　车1平8
25. 马二退三　……

兑马炮后黑阵形散乱，如逃象则红车扫卒，获得多兵之优。

25. ……　　　车8平7
26. 马三进四　车7平6
27. 马四退三　车6平7
28. 马三进四　车7平6
29. 马四退三　卒5进1
30. 车五平一　……

黑为保中卒而失象。

30. ……　　　车6退1
31. 炮七平一　士5进6
32. 车一进一　车6平7
33. 马三进二　车7平8
34. 马二进四　车8平6
35. 马四退二　车6平8
36. 马二进四　车8平7

车马互捉。黑二打红一还打，黑须变着。

图84

37. 炮一平二　马3进2
如车7退3，车一平二牵制红车。
39. 车一进一　车7平6
41. 炮二退二　士5退6
43. 车一退四　马2进4
45. 炮六平五　士5退6
红得象又多四兵大优，结果胜。

38. 炮二进三　士6进5
40. 马四退二　车6平8
42. 炮二平六　车8进2
44. 车一平五　士6进5
46. 车五退一

第4局　兑子争先

图85是卜凤波对刘殿中弈至第13回合的形势，轮到红方走。此时黑卒捉炮，如炮三进三，马5退7，这样兑子，局势就平淡了。临场红采用炮打中马的兑子法，别有趣味。

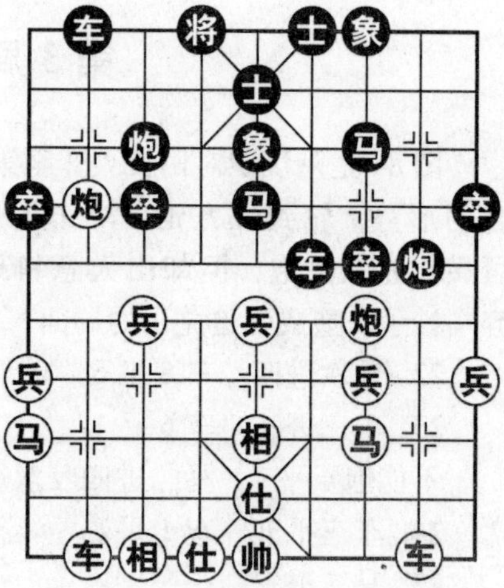

14. 炮八平五　车2进9
15. 炮三进三　车2退7
红边马咬车，黑只能退车保炮。
16. 炮三平七　卒7进1
如车2平3，车二进五，红得子。
17. 兵三进一　车2平3
18. 兵三进一　车6退1
如车6平7，马三进四，炮8平9，兵一进一，车7平6，马四进二，捉死黑炮。
19. 炮五平九　卒3进1
20. 炮九退一　炮8退1
通过兑子，红取得有利形势，牵制黑炮，又有渡河兵。
21. 兵五进一　卒3进1
22. 兵九进一　卒3进1
23. 兵三平四　车6平2
控制红边马出路，准备再冲卒逼马。
24. 马三进五　卒3平4
如卒3进1，马五进六，车3进2，马九进七，亦红优。
25. 马五进六　车3平2
26. 马九进八　车2进2
27. 车二进六　卒9进1
28. 炮九进一
红优，黑方认输。

图85

第5局 兑炮得象

图86是宗永生对曹霖弈至第12回合的形势,轮到红方走。此时红右马只能踏边卒,看似为了兑马,其实却用车扫中卒,打通中线,并移车左翼捉炮,这样兑子有利。

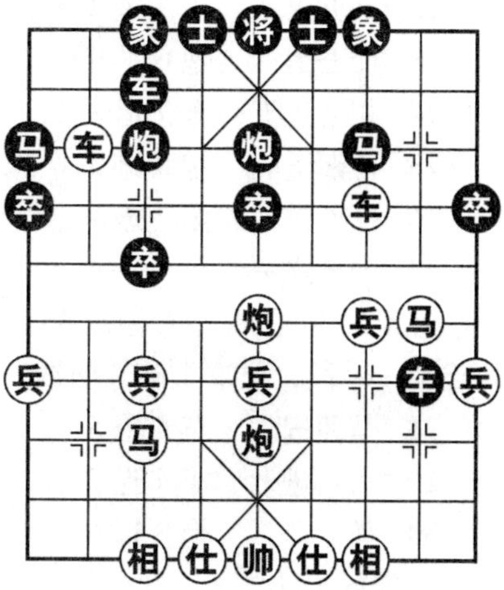

13. 马二进一　马7进9
14. 车三平五　……

如车三平一,炮3进4,这样兑子红先手不大。红方不想兑马,而是平车扫中卒再移左捉炮。

14. ……　　　士4进5
15. 车五平七　将5平4
16. 车八平七　……

图86

这样兑车可得象,如车七进一,炮5平2,车七进一,象7进5。

16. ……　　　马1进3　　17. 车七进一　马3进5
18. 车七进一　将4进1　　19. 前炮进三　马5进7
20. 仕六进五　象7进5　　21. 兵七进一　卒3进1

如车8退2,马七进八,红有侧面虎攻势。以上着法,红通过兑子取得优势。

22. 车七退五　车8退1　　23. 车七平六　士5进4
24. 帅五平六　马7退6

黑方认输。车六进二,车8退2,马七进八,将4平5,马八进六,马6进7,车六进一,将5平6,马六进五,士6进5,车六退三,马7退6,炮五平四,士5进6,车六进四杀。

第6局 主动兑子

图87是李澄对胡荣华弈至第17回合的形势,轮到黑方走。此时双方子力对峙。黑决定平炮主动兑车,经过一番子力交换,多吃一相占优。

17. ……　　　炮8平6　　18. 车二进六　马6进8
19. 相三进一　马8进7　　20. 相一进三　车2平7

· 105 ·

21. 车八进三　车7进2

兑子后黑多吃一相，并且车马炮集结左翼有攻势。

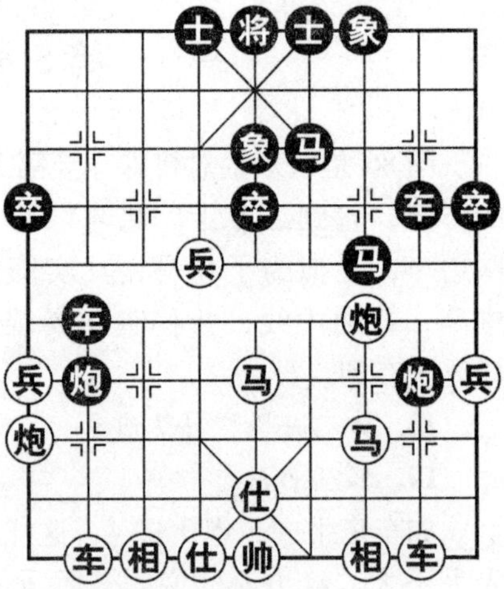

22. 马五进四　车7进2
23. 仕五退四　炮6平8
24. 相七进五　车7退1
25. 仕四进五　炮8进3
26. 仕五退四　车7进1
27. 帅五进一　车7平4

红及时防范黑沉底炮攻势，黑暂时缺乏续攻手段，便吃士破其防线。

28. 马四进六　车4退5
29. 马六进七　车4退3
30. 马七退八　炮8退6

又准备主动兑子，简化局面，稳占优势。

31. 炮九进四　炮8平2　　32. 车八进三　车4进5
33. 炮九平五　象5进3

巧飞象，伏车4平5捉炮争先。

34. 炮五退一　……

应炮五平二，车4平9，兵九进一，车9平5，亦黑胜势。

34. ……　　　车4平5　　35. 车八平五　士4进5
36. 车五平一　车5退2

红方认输。

图87

第7局　无车战有车

图88是胡荣华对赵国荣弈至第25回合时的形势，轮到红方走。红车马炮被牵制，而且黑还伏沉底车袭相的攻着。此时如马四进五，车6进4，仕五退四，车8平5，帅五平六，象7进5，黑方胜定。

临场胡荣华洞察形势，决定大胆用车吃象兑车，形成无车战有车的局面。

26. 车五进二　象7进5　　27. 炮六平二　士5进6

不能退车吃马，红有沉底炮叫将的杀着。

28. 马四进六　士6进5　　29. 马六进七　将5平4
30. 炮二平六　车6平4　　31. 马七退八　炮9平8

32. 炮三平二 ……

拦住黑炮防其后退。此时黑双卒未能发挥作用，红阵式巩固。

32. ……　　　将4平5
33. 相七进五　将5平6
34. 兵七进一　卒9进1
35. 兵三进一　车4进1
36. 炮二进五　车4平6
37. 炮二退四　车6退2
38. 炮六进一　象5退3
39. 马八进七

红卧槽马控制黑将原位，右炮随时平士角牵制黑车，三七兵伺机强渡，已显出优势。

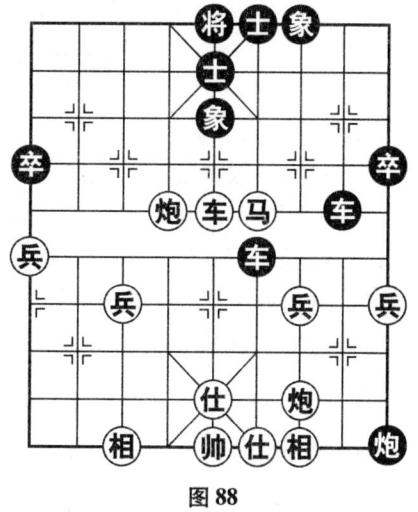

图88

第8局　牵车兑子

图89是李来群对吕钦弈至第23回合时的形势，轮到红方走。

24. 炮三进七　马6退7
25. 马四进三　车6退3
26. 炮九进二　……

红深谋远虑，果断弃炮轰象引离黑马，实现卧槽马牵制黑车的态势，再进炮捉车。由于黑必要时可用车换马，实际上是兑子而不会失子。

26. ……　　　炮4进1

如士5进4，车八平五，士6进5，炮九平四得车。

27. 车八进三　车6平7
28. 车八平七　士5退4

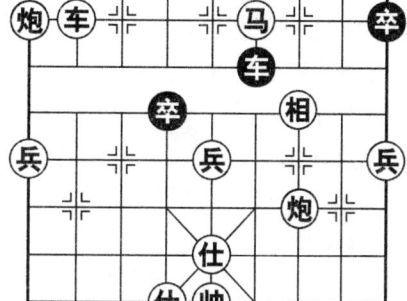

图89

29. 炮九平三

红用马炮兑黑车的结果，虽然双方强子实力大体接近，但红方形势变得十分有利。

第四节 弃子取势

通过弃子取得优越的形势,称为弃子取势。所弃之子,主要指车、马、炮等强子,而所得之势,应是较强的攻势。此种弃子是主动的,而且看准弃子之后,形势发生有利于自己的变化,因此要有勇气,还要算度准确,这是较难掌握的。如果所取得的优势不能吃回失子或扩优获胜,那么子力损失就会吃亏了。弃子后,棋战会显得紧张,着法也比较精彩,引人入胜,体现出象棋的魅力。

第 1 局 弃车砍士

图 90 是孙志伟对李丛德弈至第 24 回合的形势,轮到黑方走。粗看红方有担子炮防御,肋车守任帅门,阵式似乎是巩固的,但实际上黑马已潜伏边线,配合双车炮暗藏杀机。

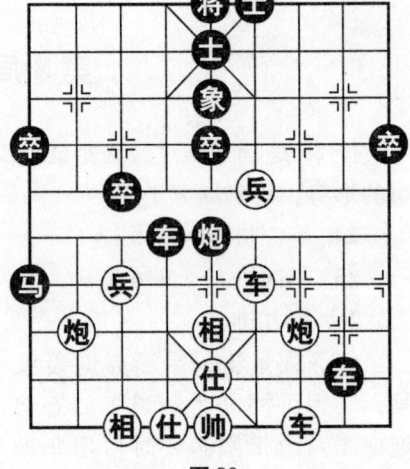

图 90

24. ……   车 4 进 4
25. 帅五平六   车 8 平 5

黑大胆弃车妙手,突破红双士防线,获得花心车形势,伏马 1 进 2 杀。

26. 相七进九   ……

如炮八平九,炮 5 平 2,相五进七,马 1 进 3 杀。

26. ……   车 5 退 1
27. 炮三平二   ……

如炮八退二,车 5 平 1,车三平四,车 1 平 4,帅六平五,车 4 平 5,帅五平六,车 5 进 1,炮八平七,马 1 进 3,炮七进一,车 5 平 3,前车退一,马 3 退 5,前车平五,炮 5 进 2 得车胜。

27. ……   车 5 平 8   28. 炮八平三   马 1 进 3
29. 帅六平五   ……

如帅六进一,炮 5 平 4,炮三平四,炮 4 退 4,帅六进一,士 5 进 4,帅六平五,马 3 进 4,帅五退一,车 8 进 1,帅五退一,马 4 退 2,炮四平五,马 2

第六章　取势战术手段

退4，帅五平四，炮4平6打死车。

29. ……　　　车8进1

伏车8平5，帅五平四，马3退5，炮三进一，车5进1杀。

30. 炮三平六	炮5平2	**31.** 车三进四	炮2进4
32. 车三平八	车8进1	**33.** 帅五进一	车8退2

34. 车四平六　……

不能帅五平六，车8进1杀。

34. ……　　　炮2平4

不顾红沉底车叫将，及时平炮打车，明智。如士5退4，相九退七，车8进1，帅五进一，马3进4，炮六退一，炮2平1，兵四进一，红易走。

35. 车八进五	士5退4	**36.** 车八平六	将5进1
37. 兵四进一	炮4退3	**38.** 车六退六	车8退2

黑弃车取势，经过十多回合较量，才吃回一车，便展开车马斗车炮之决战。

39. 车六平五　……

如兵四进一，车8平5，帅五平六，车5平6叫杀捉兵。

39. ……	车8进2	**40.** 车五平六	卒5进1
41. 相九退七	卒5进1	**42.** 相七进五	车8退4

43. 车六进三　……

如兵四进一，车8平6，兵四平三，车6平5，相五退七，卒5进1，车六进六，卒5平4，帅五平六，象5退3，炮六平五，车5进4，车六退六，车5进1，帅六进一，马3进4，兵三平四，马4退6，车六平四，车5退2，车四退二，车5平4杀。

43. ……	卒5进1	**44.** 相五退三	车8进5
45. 帅五退一	车8进1	**46.** 车六平五	车8平7
47. 帅五进一	车7退2		

红方认输。车五退三，车7平4，车五进四，将5平4，帅五平四，车4退1，帅四退一，马3退5，帅四平五，车4进3，帅五进一，马5进7，帅五平四，车4平6杀。

第2局　两次弃车

图91是王晓华对朱贵森弈至第27回合的形势，轮到红方走。此时双方对攻激烈，如车三进一叫杀，车6退7，车三退四，炮8平6，先手攻杀，红难

应付。

在此关键时刻，红决定弃车突破。

28. 车六进一　士5退4
29. 车三平五　将5平6
30. 马五进三　将6进1
31. 马三进二　象9退7

如将6退1，车五平三，车6平8，马二退一，炮9退7，车三平一，将6进1，车一平七，捉马红优。

32. 车五平三　车6平8
33. 车三进一　将6进1
34. 马七进六　……

黑将升顶危险，红及时跃马抢攻。

34. ……　　　车8退8
35. 车三退一　将6退1
36. 马六进五　将6平5

如将6退1，相七进五，将6平5，车三平六，车8进3，马五进三，车8平7，车六进二杀。

37. 相七进五　车8进7
38. 车三进一　将5进1

如将5退1，马五进三，象7进9，车三平五杀。

39. 马五进七　士4进5

如将5平6，马七进六，车8平5，车三退一杀。

40. 车三平五

黑方认输。将5平4，车五平七，车8平5，炮八退二杀。现红第二次弃车，如马3进5，炮八退二杀。

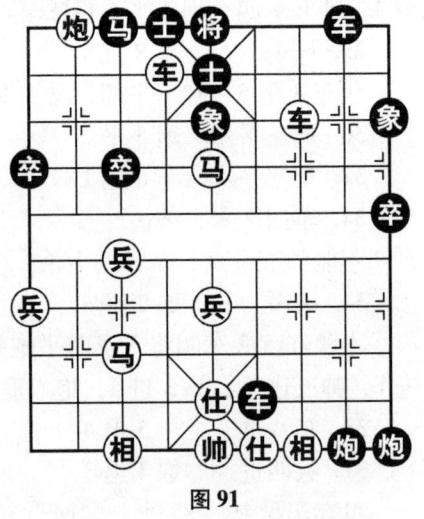

图91

第3局　攻坚突破

在一方奋力进攻、另一方全面防御的局势中，由于守方严密坚固，如果攻方不能及时打开一个突破口的话，攻势就会缓慢下来，使局面成僵持状态或趋向平稳。所以，攻坚战术在中局占有重要地位，这种战术使用是否得当对一盘棋的胜败常常起关键性的作用。为了打破对方的顽强抵抗，难免需要作出局部的牺牲，也就是采用弃子手段，扫除进攻中的障碍。这时，特别需要大胆、果断的作风。

图92是刘星对金启昌弈至第12回合的形势，轮到红方走。此时双方子力

第六章 取势战术手段

相等,表面看来黑方阵式巩固,局面似乎平淡。但红方在平淡的局面中却能找到一个突破黑方防线的办法。

13. 炮六进五 ……

红方有当头炮及同线车,构成一定的攻杀条件,问题是黑方用拐角马保住中卒稳固阵脚,只有突破这个要塞,才能展开强大攻势。这步献炮伸士角压马,使黑马丧失威力,从而为双车炮总攻扫除了障碍,如同无畏的战士扑倒在敌人碉堡的枪眼上使之失灵一样,保证了全军冲锋的顺利进行。我们为这步有勇有谋的弃炮着法叫好!由此黑方坚固阵线一触即溃。

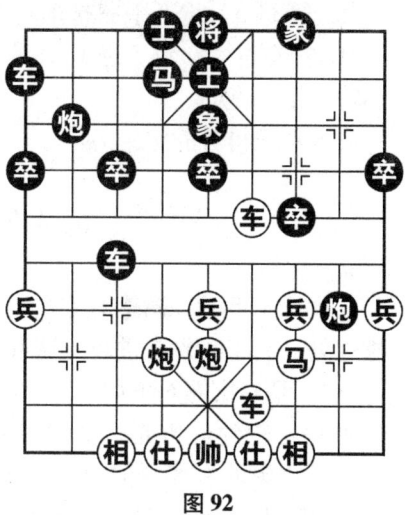

图92

13. …… 士5进4

只能吃炮。如炮2进1保卒,红方有炮六平七打车叫闷杀。

14. 炮五进四 象5进3   15. 前车进三 炮8平5

积极对攻,不消积防守,正着。如炮2进1献炮引开红方的空头炮,炮五平八,士4退5,前车平三(卒9进1,炮八进三,马4退2,车三进一),士5退6,炮八平一,象3退5,车四进七红优。

16. 炮五退一 炮2进2

愿意送回一子以解除空头炮的威胁,是很自然的想法,否则后车进五或前车平三都有杀势。问题在于采取什么样的送子方式,应车3平5,炮五退二,象3退5,这样可以缓和一点红方攻势,仍有求和机会。

17. 马三进五 车3平5   18. 炮五平八 车5进1
19. 仕四进五 车5平7

经过一番兑子后,局面似乎会平静下来,其实不然,黑方阵线被突破后,拐角马受制,左翼空虚的弱点仍然严重存在。这步平车吃兵是速败之着,如改其他着法也难挽回败局。试演如下:(甲)车1平2,炮八平三,士4退5,炮三平二,士5退6,前车平三,象3退5,车四进七,士4进5,炮二进四,红优;(乙)士4退5,炮八退三,车1进1,炮八平五,象3退5,炮五平二,车1平4,炮二进七,士5退6,前车平六,车4退1,车四进八,将5进1,帅五平四,象7进9,车四退一,将5退1,车四平六,红得子占优。

20. 炮八进四 马4退2

111

如士4进5，炮八平三打车叫杀。

21. 前车进一　　将5进1　　　**22.** 后车进七　　将5进1

23. 后车平九

红方得子得势胜定。

第4局　调虎离山

在硬攻不下时，诱惑对方主力或防守重兵离开岗位，削弱其防线，造成其空虚之处，利于我发起进攻，这种战术叫调虎离山之计。

图93是赵庆阁对王如元弈至第21回合的形势，轮到红方走。此时红集中车马炮强子攻黑的右翼，但暂时攻不进去，因为黑方有担子炮坚守，如果设法诱离其八路炮，则担子炮拆除，黑三路炮就失去支援而落到受攻的地位。

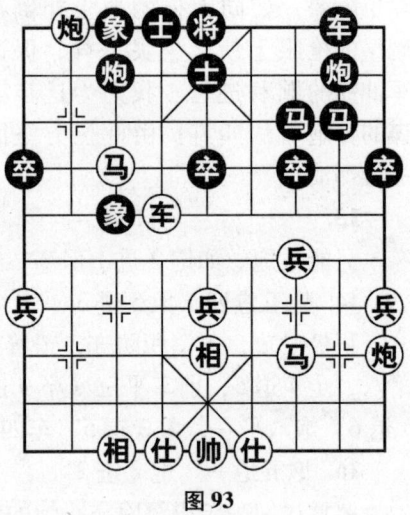

图93

22. 炮一平二　　……

献炮，乃调虎离山之佳着，使黑方吃不吃都为难。这步棋走得如此巧妙，在对局中是不多见的。

22. ……　　　炮8进6

如车8平6，炮二进六，炮3平8，车六平七，车6进2，马七进八，炮8平2，车七进四，将5平6，车七退一，将6讲1，车七平八，车6进5，车八退一，士5进6，马三进二，仍属红优。但比较起来，吃炮输得更快。

23. 车六进三　　炮3平1

必失去一子。如炮3进1，车六平七，炮3平4，车七进一，士5退6，马七进八，炮4退1，车七退一，将5进1，马八退七，红方大占优势。由此可见，红方第22回合献炮之妙，已收到良好效果。

24. 车六平九　　车8平6　　　**25.** 车九平七　　象3退1

如车6进7捉马对攻，最后还是红方取胜速度快。续着如下：车七进一，士5进4，马七进八，车6平7，马八退六，将5进1，车七退一，将5进1，车七平六，炮8进2，相五退三，车7平2，马六进八，车2平6，仕六进五，车6平7，马八进六，车7进2，车六平四，将5平4，马六退八，将4平5，马八退七，将5平4，车四平六红胜。

112

第六章 取势战术手段

26. 马七进八　车6进2　　27. 车七进一　将5平6

如士5退6，车七平六，将5进1，炮八平九，车6平2，炮九退一，将5进1，马三进四（车2退1，马四进六，将5平6，车六退二），士6进5，马四进三，将5平6，车六退四，将6退1，车六平四，车2平6，马八退七，士5进4，马七进六，士4退5，马六退五，将6退1，马五进三得子。

28. 车七退一　将6进1　　29. 车七平六　车6平5
30. 马八进六　将6进1　　31. 车六退四

车马炮配合得好，构成杀势，红胜。

第5局　侧翼奇袭

如果中线不便进攻，左右夹击亦难以实行，而对方某一侧较为空虚，我方可集中子力攻之。有时候，正如战争中一样，有计划地造成敌人的错觉，给予不意的攻击，是造成优势和夺取主动的方法，而且是重要的方法。棋战中也可以暗调子力，进行偷袭。

图94是胡荣华对陈柏祥弈至第15回合的形势，轮到红方走。红方就是给人以假象，出其不意地进行了一次奇袭，因而取得成功。在上一回合，当红方邀兑边兵欲调右车左移威胁黑无根马时，黑方误以为趁机用车捉马，可逼退红三路马后撤，欺红不敢马三进四，否则卒1进1去兵渡河。但红方将计就计，弃马挥兵过河，给人一种假象，似乎是为了不致失先而弃子。

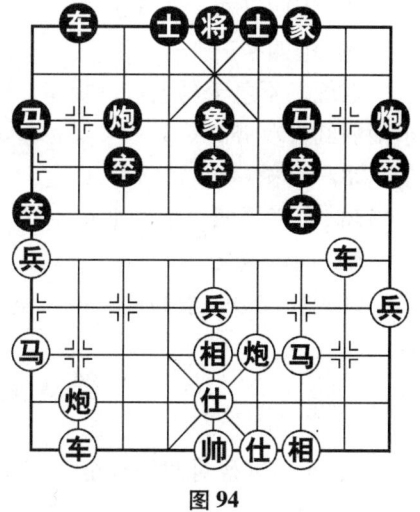

图94

16. 兵九进一　车7进3

贪吃马败着，可能是对局面估计有点麻痹大意。的确，一般情况下，边兵过河是不能构成重大威胁的。但此时形势，小兵竟能长驱直进，如入无人之境，实现了一次奇袭。所以黑方这步棋应车7平1去兵，马九进八，炮3平2，炮八进六，车2进2，车二进三，马7退5，黑方并不吃亏。

17. 兵九进一　马1退3

可车2进6送还一马，兵九进一，车7退3，车二平八，车2退1，马九进八，亦是红优。

18. 兵九平八 ……

有意思，出其不意，在对方控制区域强行越过封锁线。黑方不敢用车吃兵，否则红出边马打死车。

| 18. …… | 车2平3 | 19. 兵八进一 | 炮3平4 |
| 20. 兵八平七 | 炮4进2 | 21. 兵七进一 | 车3进1 |

在中局阶段，一个边兵居然步步紧逼，连夺先手，最后吃还一子，实在罕见。

| 22. 炮八进八 | 象5退3 | 23. 车二平六 | 车7退3 |

在劣势下黑方奋力固守，送回一马换掉红兵，扳平子力，似乎局势会平静下来，但形势发展并非如此，红方利用黑子涣散，右防空虚的弱点，不停顿地发起攻击。

24. 炮八平九 ……

暗伏马九进七、炮4退2，车八进九，炮4平3，马七进八，象7进5，车六进五，将5平4，车八平七得子。

| 24. …… | 士6进5 | 25. 马九进七 | 炮4退2 |
| 26. 炮四进六 | 车3进1 | 27. 车八进九 | 将5平6 |

28. 炮四平三 ……

老练。不急于马七进八捉车，因有车7平2硬吃，再将6进1，以车兑二子削弱红方攻势。

| 28. …… | 车3平1 | 29. 炮九平七 | 将6进1 |
| 30. 车六平四 | 炮4平6 | 31. 炮七平三 | 车7平8 |

32. 前炮退二

红侧翼攻势一浪高过一浪，黑方败势已定。

第6局　空炮逞威

图95是洪智对谢岿弈至第12回合的形势，轮到黑方走。此时处于兑马状态。如马4进5，马七进五，炮9平5，炮八平五，炮5进3，炮二平五，车8进3，车九平八，炮2平4，车八进八，仍红先手。临场黑决定挥炮打兵，弃马获得空头炮优势。

| 12. …… | 炮9平5 | 13. 马五进六 | 炮2进4 |

14. 帅五进一 ……

防黑重炮杀。如车四进二，车1平3，炮二进二，卒3进1，炮二平七，车3进4，车四平六，马7进6，车六平四，车3平4，车四进一，车8进5，炮七平四，炮5进1叫杀得车。

14. ……　　　卒3进1
15. 车四进一　车1平3
16. 车四平八　卒3平4
17. 马六进五　……

如马七进六，车8进7，帅五平四，车3进4，后马退四，车8进1，帅四进一，车3平4，黑优。

17. ……　　　象7进5
18. 车八进二　炮5进1
19. 炮八进二　车8进7

黑弃子取势，又吃回失子，明显占优。

20. 炮八平五　卒4平5

黑优，结果胜。

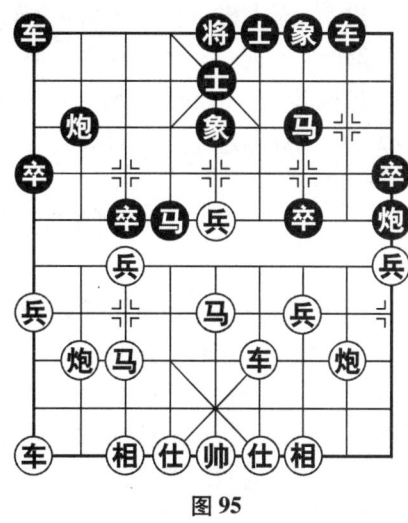

图95

21. 马七退九　马7进5

第7局　飞炮砸士

图96是胡荣华对杨官璘弈至第21回合时的形势，轮到红方走。此时沉底炮有被黑退车捉死的危险，但红决意弃炮，迅速出车攻击。

22. 车三进四　车8退1
23. 车三平六　炮4平3

如炮4进1，炮三退一，红炮逃脱。

24. 炮三平六　……

飞炮砸士，弃子取势，是红预定计划。

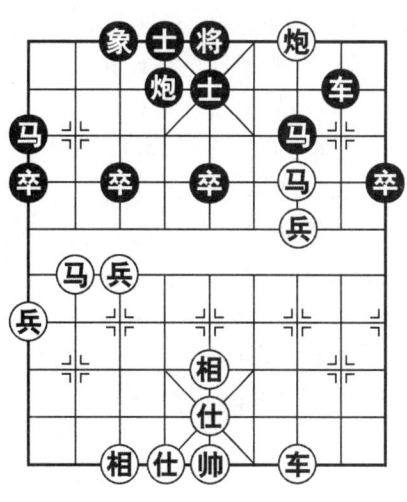

图96

24. ……　　　士5退4
25. 车六进四　马7退6

防红跳中马。如士4进5，马三进五，炮3进1，兵三进一，马7退9，马五进三，将5平6，车六平五，红有攻势。

26. 马八进七　马1进3
27. 车六平七　马3退5

黑希望兑马削弱红方攻势。如马3进4，马三进四，车8进9，仕五退四，士4进5，车七进一，士5退4，车七平六抽吃马。

28. 车七进一　马5进7　　　29. 兵三进一

黑虽多马，但红方得势。以下车8进2，车七退三，车8平5，车七平九，卒5进1，兵七进一。红双兵渡河较优，结果胜。

第8局　铁骑纵横

图97是吕钦对阎玉锁弈至第27回合时的形势，轮到红方走。如马三退二，炮6平9，马五进六，马6进8，红一时难以发展攻势。于是红决定跃马过河咬象，弃马取势。

28. 马五进六　车7进1

黑如不吃马，红马三进五，增强攻击力。

29. 马六进五　士5进4

黑支士绊马腿。如车7退2，马五进七，将5平4，车九进三，将4进1，马七退九，士5进4，车九平五，士4退5，马九退七，将4进1，车五平八再退车杀。

30. 兵四平五　马6退4

31. 马五进三　炮6退5　　　32. 车九平四　将5进1

黑得子后，车处偏位，肋炮受攻，主将不安，红已取得局面优势。

33. 车四平三　车7退1　　　34. 马三退四　将5平4

如将5退1，车三进二，炮6平2，马四进六，炮2平4，车四平六，红大优。

35. 马四进六　将4进1　　　36. 车三平六　将4平5

37. 车六进三　……

至此，黑虽多一个炮，但缺士、象且主将升顶有危险，红三路兵伺机渡河局势较优，结果红胜。

第9局　车献花心

图98是胡荣华对蔡忠诚弈至第25回合时的形势，轮到红方走。红双炮被捉必失一子，但在巧弃子后能发展攻势。

26. 炮七退四　……

第六章 取势战术手段

红退炮任吃是一步巧着。不管黑车吃哪一个炮或不吃炮，红都有平肋炮攻杀的手段。

26. ……　　车3退1
27. 炮九平四　将6进1
28. 马三退二　士5进4
29. 炮四进六　……

红车马炮联合攻杀，借势得子。

29. ……　　将6平5

不能车3平8捉马，因炮四平二抽车。

30. 炮四平二　将5平4

如将5退1，马二进四，将5进1，炮二进一，车3平8，炮二平一，将5平4，车四平八，将4平5，车八进五杀。

31. 炮二进一　车3退3　　32. 车四进六　卒7进1
33. 车四平五

至此红车马炮构成杀势，车五退一妙献花心，将4平5，马二进三杀。黑方认输。

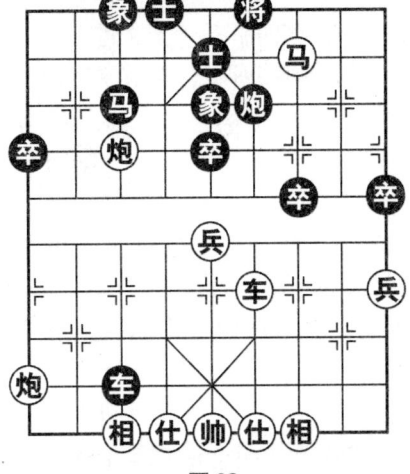

图98

第10局　弃车砍士

图99是杨官璘对王嘉良弈至第29回合时的形势，轮到红方走。此时右肋有帅车兵同线，潜伏三把手杀势。红决定弃左车砍士，以保证小兵冲入九宫攻杀。

30. 车六进五　士5退4
31. 兵四进一　象5退7

如士4进5，兵四进一，将6平5，兵四平五，将5平4，车四进五杀。

32. 兵四进一　……

正着。如兵四平五，炮8平6，兵五平四，马3退4，车四退一，车7退4，炮五退一，马4进5，车四平五，车7平6，仕五进四，车6退3，黑反劣为优。

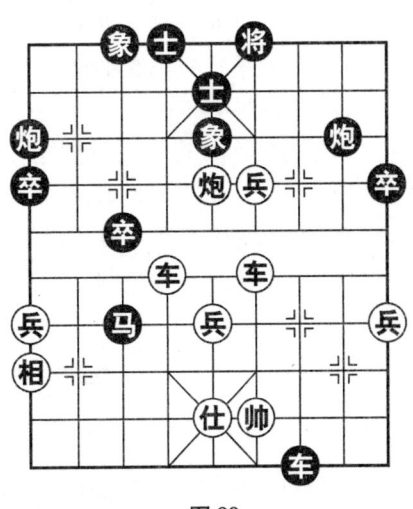

图99

· 117 ·

32. ……   将6平5   33. 车四进三   马3退4
34. 车四平五   士4进5   35. 兵四平五

只能将5平4，车五平六杀。红胜。

第11局　破相攻击

图100是李来群对胡荣华弈至第28回合时的形势，轮到黑方走。如炮8退4保马，马三进四再进六咬马得先。临场黑决定进炮攻相，弃马取势。

28. ……   炮8进1
29. 车七进一   炮8平5
30. 帅五平四   车2进2
31. 帅四进一   ……

如相七进五，车2退7抽车。

31. ……   炮1平3

黑弃子破红双相，陷红车于困境，形势对黑方有利。

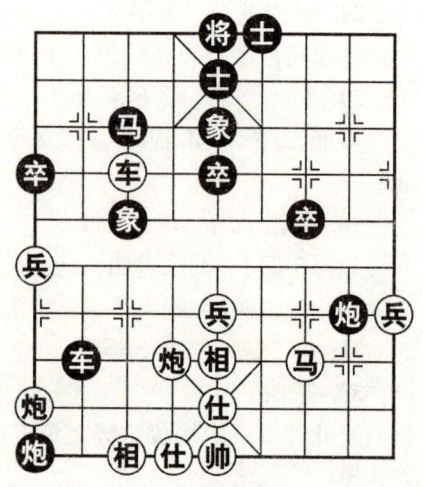

图100

32. 炮九平七   车2退1
33. 炮七进二   车2退2   34. 炮七退二   卒7进1

黑车捉炮顿挫取得好位，再冲卒渡河准备威胁红马，优势扩大。

35. 炮六进四   卒7进1   36. 马三退一   车2平5
37. 车七平八   车5平6   38. 仕五进四   车6平4
39. 炮六平七   ……

逃炮并防车4进2叫将抽炮。

39. ……   炮5退3   40. 车八进二   士5退4
41. 车八退五   车4进2   42. 仕四退五   炮5平6

伏卒7平6，车八平四，卒6进1的杀着，红难应付。结果黑胜。

第五节　突破取势

突破对方防线取得局面优势，称为突破取势。突破防线的形式有多样，例如破担子炮、破连环马、破象、破士等。突破的手段有弃子与不弃子两类。弃

第六章 取势战术手段

子的突破取势就是弃子取势。

对于破象、破士的突破取势，往往与突破攻杀联系起来，对敌方有很大威胁。

第1局　马换双相

图101是黄海林对许银川弈至第22回合的形势，轮到黑方走。此时，黄海林用相困住黑马，运车捉马以为争先，不料许银川艺高胆大，立即舍马换双象，取得控制优势，不久追回一子。再交换子力时，以多卒获胜。

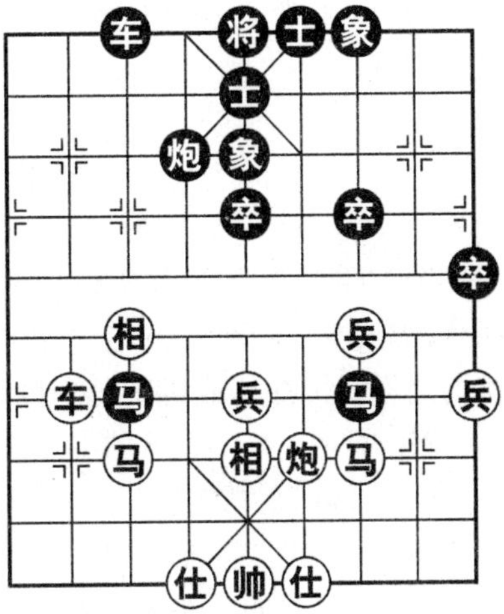

22.　……　　　　马3进5

舍马换双象，果断有胆识。如炮4平3，炮四进一，马3退5，马七进六，车3平4，马六进五，车4进3，兵五进一，车4平5，车八平五，红稍好。

23. 相七退五　马7进5

伏马5进3，帅五进一，车3进7，车八退二，车3平6，车八平七，车6平7得子。

24. 车八退二　车3进5　　25. 仕四进五　……

可车八平五，炮4进2，车五平六，炮4平5，仕四进五，车3平7，马三退四，马5退3，车六进二，马3退1，红仍有周旋余地，较实战着法为好。

25.　……　　　　炮4平3

如马七退九，车3平7，仕五进六，车7进2，黑亦追回一子。

26.　……　　　　炮3进5

28. 马三退四　　……

如车七进一，车7进2，仕六进五，车7进2，炮四退二，车7退3，车七进一，车7平9，亦黑优。

28.　……　　　　马5进6　　29. 炮四平七　马6退7

30. 炮七平三　　……

如车七平三，马7退5，车三进三，马5退7，仕六退五，马7退9，黑必胜残局。

30.　……　　　　车7进2　　31. 仕六退五　车7进2

图101

119

32. 仕五退四　车7退3　　　　**33.** 兵五进一　车7平9
34. 车七平五　卒7进1　　　　**35.** 兵五进一　卒5进1
形成黑必胜残局。
36. 车五进四　卒7进1　　　　**37.** 仕六进五　卒9进1
38. 车五退一　卒9平8　　　　**39.** 车五平六　车9平6
40. 车六平七　车6退1　　　　**41.** 车七退一　车6平5
42. 车七平六　卒7平6
黑胜。

第2局　尽毁藩篱

图102是陶汉明对胡荣华弈至第25回合的形势，轮到黑方走。由于上着红跳马之误，黑抓住战机跳马奔槽。

25. ……　　　马6进8

伏马8进7，马四退三，车8退3吃车。

26. 马四退二　车8进1
27. 仕五退四　车8平6
28. 帅五进一　马8退6
29. 兵五进一　……

拌马腿，防黑伺机马6进4攻击。

29. ……　　　车6平4

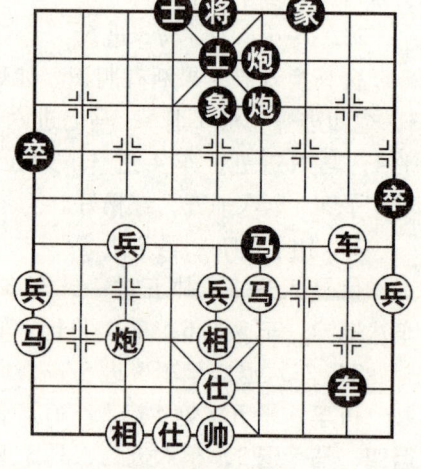

图102

红坚守阵地，黑暂时未能入局，有空闲就吃士，破坏其近卫防线。

30. 车二平三　后炮退1　　　　**31.** 车三退一　象7进9

防马二进三，先飞象顶马。

32. 炮七平八　车4退6　　　　**33.** 马二进三　象9进7
34. 兵九进一　象5退3　　　　**35.** 兵七进一　车4平5

红虽缺仕，但发挥多兵优势进行纠缠。

36. 炮八平七　象3进1　　　　**37.** 马九进七　前炮平5
38. 车三平五　……

保住中兵十分重要。此兵若失，黑马路变宽，发挥攻击作用。

38. ……　　　车5平8　　　　**39.** 车五平三　车8进5
40. 帅五退一　车8进1　　　　**41.** 帅五进一　车8平3

黑车机动灵活，得空又吃一相。

42. 炮七平六　车3退1　　　　**43.** 帅五退一　车3退1

44. 车三平六　马6进5

黑马踏相，尽毁红藩篱，已成胜势。

45. 帅五进一　马5退7　　　　**46.** 马三进五　马7退5

47. 炮六平五　马5进3

黑得子大优，单马盘旋如入无人之境。

48. 炮五进五　象7退5　　　　**49.** 马五进三　象1进3

50. 马三退一　车3进1　　　　**51.** 帅五退一　马3进1

52. 马一退三　车3平7

红逃马则马1进3叫将抽车。红见大势已去，认输。

第3局　飞炮砸士

图103是甘小晋对邓颂宏弈至第17回合的形势，轮到黑方走。角炮砸士是唯一突破红方防线的手段。

17. ……　　　炮6进7

18. 车八平四　……

如车八平五，车6进2，车五进二，车8进4，车五退三，车6平5，仕五退四，车8平1，黑优。

18. ……　　　炮6退1

19. 前炮平八　……

可车四进一，车8平6，前炮平八，车6平2，炮七进五，车2退1，车三进五，炮6退8，车三退六，炮5退2，仍黑易走。

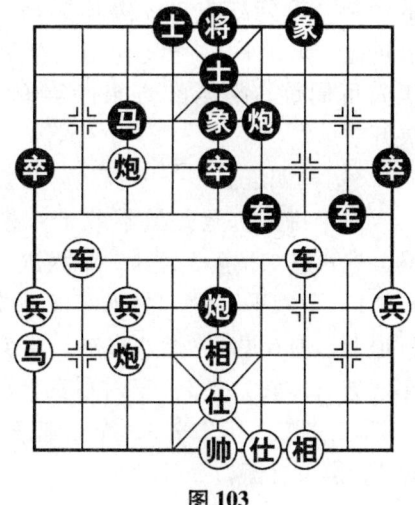

图103

19. ……　　　车6进1　　　　**20.** 车三平四　炮6平9

21. 帅五平四　……

如帅五平六，车8平4，帅六平五，炮9进1，相三进一，车4平2，炮七进五，车2退1，仍黑易走。

21. ……　　　车8进4　　　　**22.** 相五退七　炮9进1

23. 相三进五　炮5平7　　　　**24.** 炮八平一　……

防炮7进3杀的唯一解着。

24. ……　　马3进4

如炮9平8，炮一进三，车8退8，车四平二，车8平9，炮七进五，黑失势。

25. 车四退一　车8进1　　26. 帅四进一　炮9退6
27. 车四平三　炮9平6　　28. 仕五退六　……

如相五进七，马4进6，炮七平四，马6退8，车三平四，马8进7杀。

28. ……　　车8平5

红方认输。如车三进三，炮6退3，相五进七，马4进6，车三平四，马6进7，炮七平四，马7进8杀。

第4局　马踏中士

图104是柳静对伍霞弈至第33回合的形势，轮到红方走。黑车捉马，如马五进七，车5平3，相七进五，卒7进1，黑尚可周旋。临场红方果断弃马踏士，展开攻杀。

34. 马四进五　……

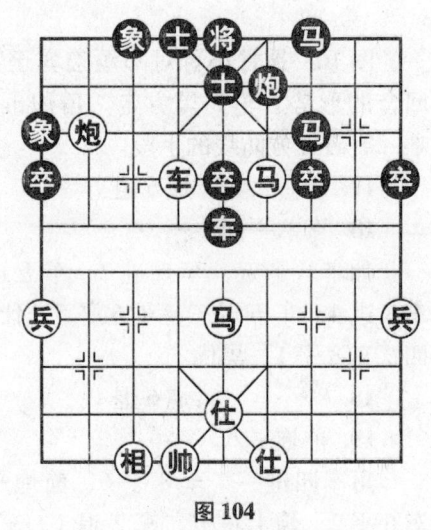

图104

敢于拼搏，至此黑不敢士4进5吃马，炮八进二，士5退4，车六进三，将5进1，车六平五杀。另如车5进2，马五退七，炮6退1，炮八进二，车5平2，车六进一，象1进3，车六平三，车2退4，车三进二，车2平3，车三退三，车3进1，黑可抗衡。

34. ……　　将5进1

应后马进6，车六退三，将5进1，炮八平三，车5平3，黑可抗衡。

35. 马五进六　炮6进3　　36. 马六进八　后马进6

防红车六进二，将5退1，车六进一，将5进1，车六退一，将5进1，马八进六杀。

37. 炮八进一　将5平6

不能马6进4吃车，马八进七杀。

38. 车六进二　士4进5

如将 6 退 1，车六进一，将 6 进 1，马八进七，马 6 退 4，车六退一，将 6 进 1，车六退一，象 3 进 5，车六平五杀。

39. 马八进六　将 6 退 1　　　　**40.** 炮八进一

黑方认输。马 6 退 5，马六退五，卒 5 进 1，车六退二，红大优可胜。

第 5 局　乘虚而入

图 105 是赵国荣对吕钦弈至第 13 回合的形势，轮到黑方走。此时红车捉炮为了吃回黑卒，但放弃原先对黑车炮的牵制，又忘记自己右翼底线的空虚。吕钦洞察秋毫，手疾眼快，立刻沉底炮乘隙而入。

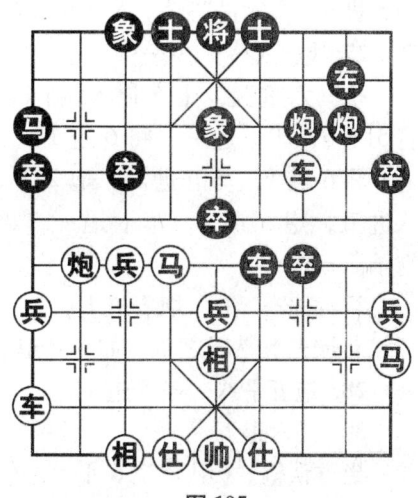

图 105

13. ……　　　炮 8 进 7

14. 马一退二　……

不能仕四进五，因炮 8 平 9，再沉底车吃士成杀势。

14. ……　　　车 8 进 8

15. 仕六进五　炮 7 平 6

16. 马六进七　……

瞬间局面大变，黑双车炮胁士造势。红如能冷静一点，可车三退二，必要时退底车是可以化解的。但快棋催人，马踏卒犹如画蛇添足，致使防守慢一拍。

16. ……　　　车 6 退 1　　　**17.** 马七进九　象 3 进 1

18. 车三退二　炮 6 进 7　　　**19.** 车三退四　车 8 平 7

20. 相五退三　炮 6 平 3　　　**21.** 相三进五　炮 3 退 3

22. 车九平六　炮 3 平 9

红残士相，防线不固，黑较优，结果胜。

第 6 局　马踏心士

图 106 是苗利明对张申宏弈至第 23 回合的形势，轮到红方走。此时红炮镇中，黑双卒过河，对攻形势紧张。红决心弃马踏士，炮轰中象，打开黑防线缺口。

24. 马七进五　车8平7
25. 帅四进一　士6进5
26. 炮五进五　士5进6

如将5平4，炮八平六，士5进4，炮五平八，将4平5，炮六平五，卒5平6，车四退四，将5进1，马六进四，将5平4，炮五平六，士4退5，车四平六，士5进4，车六进三杀。

27. 炮五退一　……

伏马六进五，士6退5，车四平五，将5平6，车五进一，将6进1，车五平七，将6进1，马五进六，炮2平5，炮八进五，炮5退2，车七退一，再进中炮杀。

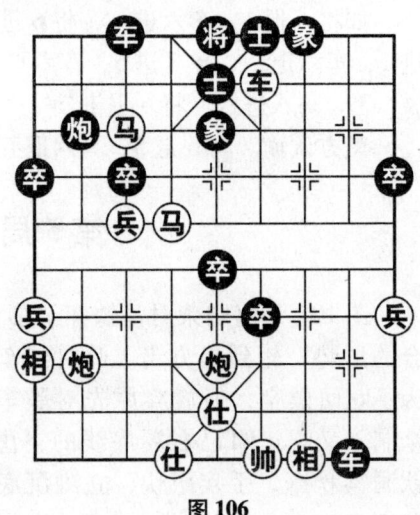

图106

27. ……　　　炮2进1

弃炮先解燃眉之急。如车7退6，炮八进四，黑亦难应付。

28. 炮五平八　卒5进1
29. 车四退七　车3进1
30. 马六退五

黑方认输。（甲）卒6平5，车四进二，将5进1，车四退一，将5退1，车四平七，红多子大优；（乙）车3平8，后炮平五，将5平4，车四平六，车8平4，炮五平六，卒6平5，兵七进一，红多子胜定。

第七章 攻杀战术手段

中局战法的一般目标是夺取优势。但也有少数情况,某方已达到绝对优势,有能力取胜,或者双方矛盾激化,提前进入对杀状态,造成非胜即败的局面,此时必须实施攻杀战术。

攻杀的目标是对方老将。首先调运子力摧毁其防线,然后组织子力直接攻击老将,即叫杀,最后将其杀死。因为是生死之战,对方不会束手就擒,必然竭力顽抗,战斗就十分激烈,每一着棋都关系胜负,不可粗心大意。应做到稳、准、狠,才会达到最后胜利。

第一节 正面攻杀

我方子力从正面攻击对方老将,例如用当头炮或中车控制纵线,再跳马配合助战,使敌方士象防线无能为力,敌方老将找不到藏身之地,正面攻杀就成功了。另外,以正面牵制为主,其他子力从侧翼攻杀,也是经常采用的。

第1局 空炮逞威

图107是吴庆斌对唐方云弈至第11回合的形势,轮到红方走。黑炮打车兼车捉马,红逃车则丢马,似乎要失子,但红有空头炮之威力,不顾车马强行攻杀。

12. 炮九进四 ……

弃车叫杀,战术积极。如后炮进1拦炮,炮九平三,后炮平6,车二进七,黑亦难应付。

12. …… 将5进1 13. 车二进八 将5进1

为防红重叠中炮杀法,只能升将。

14. 车二退六 ……

运车灵活,忽进忽退。至此,伏炮九平五,将5平4,车二平六杀。

14. ……　　　　将5退1
15. 炮九平五　　将5平4
16. 车二平六　　后炮平4
17. 车八进一　　……

运车神速。如马7进5,车六进五,将4进1,车八平六杀。

17. ……　　　　士4进5

无奈。如炮4进4,前炮平七打死车,也是红胜定。

18. 前炮平六　　炮4平2

如炮4平5,炮六平七抽车。

19. 炮五平六

红胜。

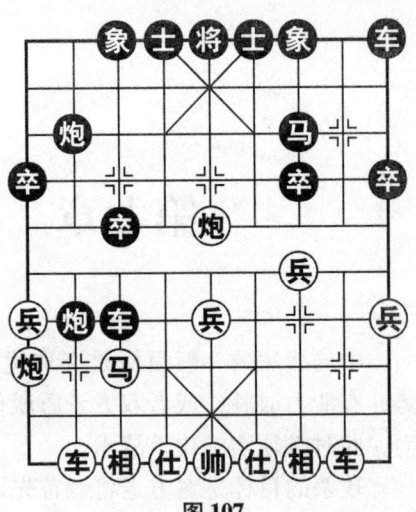

图107

第2局　炮镇当头

图108是许银川对廖二平弈至第23回合的形势,轮到红方走。黑有担子炮坚守,似乎无懈可击,但红终于找到运炮镇中的攻法。

24. 炮六进六　　车3退2
25. 炮六平五　　车3平1

红在平淡无奇的局势中找到一点空隙,立稳中炮,牵制了黑担子炮,并为过河马潜伏跳挂角或卧槽的攻着。黑退车扫兵是为了牵制红左车炮,使之不能支援前线,以减轻压力。

26. 马四进二　　车2退1

防马二进四,炮3平6,车七进三杀。

27. 兵七进一　　……

渡兵佳着。一方面准备兵七平六再向前冲,加强攻击力,另一方面则为飞相保炮让出位置,便于解除车炮受牵,发挥助攻作用。

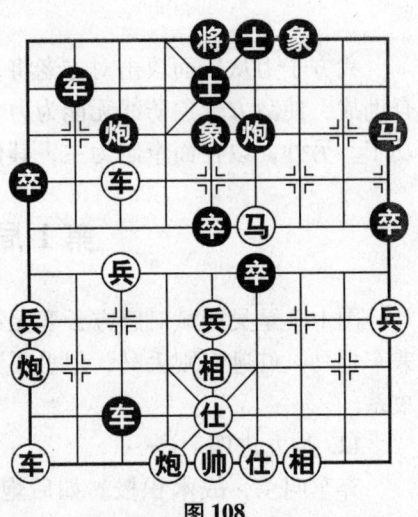

图108

27. ……　　车1退2　　28. 相五进七　炮6平8

红飞相后，子力活跃。如车2平4，车九平六，车4进9，帅五平六，马9进7，炮九平三，象7进9，马二进三，马7退6，马三退一，马6进8，车七进一，炮6平3，炮三进七，马8退7，马一进三杀。

29. 车九平六　　车1进1

如车2平4，炮九平三，炮3平4，车六进七，车4进2，车七进三，车4退2，马二进四杀。

30. 炮九平三　　车1平3

如炮3平4，车六进七，炮8平4，马二进三，将5平4，炮三平六，车4平2，炮五平六杀。

31. 车七进一

伏马二进四杀，黑认输。因接走炮8平3，马二进三，马9退7，炮三进七杀。

第3局　中炮取卒

图109是柳大华对金波弈至第20回合的形势，轮到红方走。此时红右车压马，黑右炮沉底，互相对攻，红决定摆中炮再出帅，从正面攻杀入局。

21. 炮一平五　　……

摆炮从中路攻破，找到入局的途径。

21. ……　　车8平5

防马四进五踏卒攻杀。

22. 帅五平六　　……

出帅助战，仍伏马四进五，马7退6，马五退七，马6进5，车三进三，士5退6，车六进四，将5进1，车三退一杀。

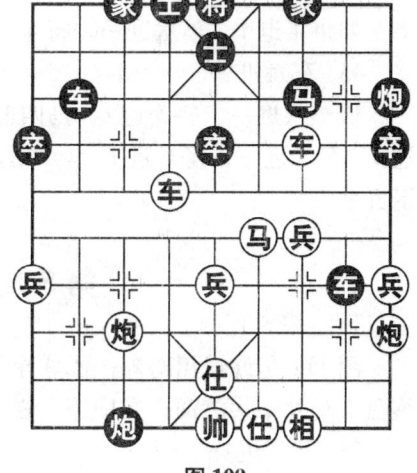

图109

22. ……　　将5平6

23. 炮五进四　　……

伏炮七平四，车5平6，车六平四，车2平6，车四进二，炮9平6，炮五平四叫将抽车。

23. ……　　马7进5

别无良策。

24. 车三进三　　将6进1　　25. 炮七平四　　……

红炮正面攻杀，黑认输。炮9平6，马四进五，炮6平5，车六平四，士5进6，车三退一，将6退1，车四平二，将6平5，车二进四杀。

第4局　攻破士象

图110是赵国荣对胡荣华弈至第39回合的形势，轮到红方走。此时黑双卒过河对攻，但红已摆出天地炮攻势，加上车马的配合，迅速入局。

40. 车三平四　将5平4

出将避杀。如卒6平5，炮五进五，士5退4，马二进四，将5进1，炮五平二得子。

41. 车四平六　士5进4

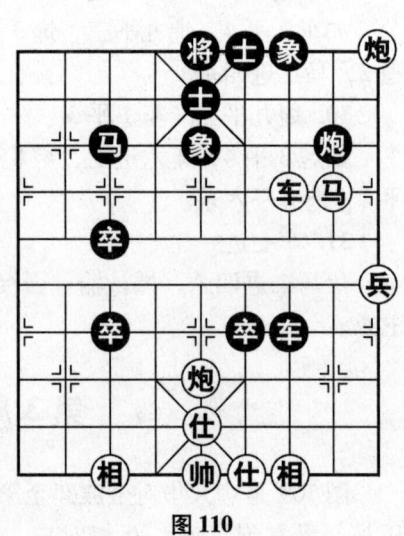

图110

不能将4平5，马二进四杀。

42. 马二退四　车7进3

43. 马四进五　将4进1

44. 马五进四　将4平5

如将4退1，车六进一，将4平5，马四退五杀。

45. 车六进一

伏车六进一，将5退1，马四退五杀，黑认输。将5平6，车六平二，马3进4，车二进一，将6进1，马四退六；将6平5，马六退七，将5平6，马七退五杀。

第5局　中兵冲锋

图111是许银川对郑一泓弈至第24回合的形势，轮到红方走。此时红中炮盘头马及中兵渡河，在中路有强大攻势。

25. 兵三进一　……

弃兵为了保持中炮攻势。如车六进五，炮3平5，炮五进三，车2平5，车六平七，车5进1，仕六进五，车5退2，局面简化，削弱了红方攻势。

25. ……　　象5进7　　26. 车六进五　马3进1

此时不能炮3平5，因车六平七，车2进1，车七进一，士5退4，炮五进三，士6进5，马五进七，红得子优。

27. 马五进六　车2平4

如：(甲) 象7退5，兵五进一，车2平5，兵五进一，士6进5，车六进一杀；(乙) 车2平5，马六进四，车5平6，炮六进三，马8进9，兵五进一，象7进5，车六进一，将5平4，马四进六杀。

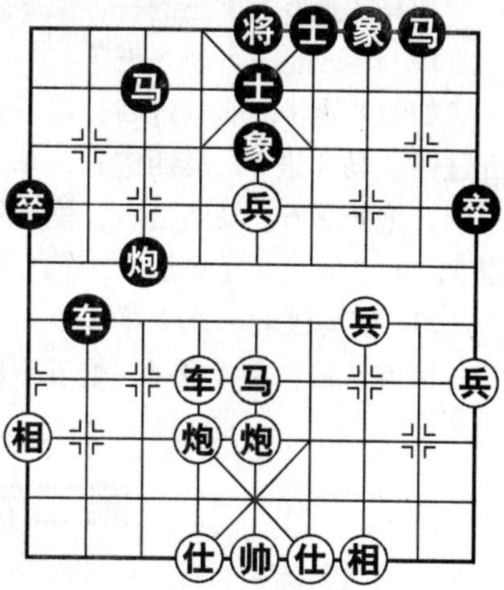

28. 马六进四　炮3平5
29. 仕六进五　车4平6
30. 车六退三　炮5进2
31. 车六平三　象7进5
32. 车三平五　炮5平6
33. 马四进三　马8进6

如车6退4，兵五进一，车6平7，兵五进一，士6进5，车五平三抽车。

34. 兵五进一

兵直冲破象，有车炮掩护从正面攻杀，黑认输。将5平4，兵五平六，将4平5，兵六进一，马1进3，车五进三杀。

图111

第6局　马蹄中心

图112是洪智对胡荣华弈至第16回合的形势，轮到红方走。此时红不急于兑车，而是跳马咬炮，回马踏卒，马蹄中心，八面威风，配合中炮实施正面攻杀。

17. 马四进三　炮9平8

如车7进1，马五进三，马7退6，后马进二，炮9平8，马三退五，马6进8，马五进六，炮8平4，马二进三，将5平6，炮五平四，将6进1，炮九平五，象5进7，炮四进一，再重炮杀。

18. 马三退五　……

退马踏卒打通中路，伏马五进六，士5进4，车三进一得车。

18. ……　　　炮4退1

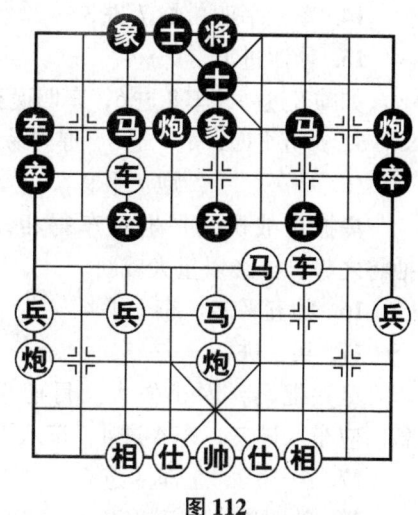

图112

如马7退6，车三进一，象5进7，马五进六杀。

19. 车三进一　象5进7　　20. 车七平二　炮8平9

如炮8退1，前马进四，以下：（甲）炮8平6，马四进六，炮6平4，马五进四，马3进5，马四进三，车1平7，车二进三杀；（乙）将5平6，炮五平四，炮8平6，马四进六，炮6平4，马五进四，将6平5，马四进三，象7退5，车二进三，士5退6，车二平四杀。

21. 前马进七　车1平2　　22. 马五进四

黑方认输。将5平6，炮五平四，将6平5，马四进三，再沉底车杀。

第二节　侧翼攻杀

当敌方正面防线巩固，或者主将移侧暴露时，我方调运子力在侧翼攻杀。通常有车马构成侧面虎攻势，但更多的是车马炮或车双炮的三子归边，构成有效杀势。

第1局　夹车炮杀

图113是刘殿中对陶汉明弈至第13回合的形势，轮到黑方走。

13. ……　　　炮3平7

14. 车三平四　炮7进3

15. 仕四进五　……

如帅五进一，车8进6，车四退五，车8平6，帅五平四，炮7退5，亦黑易走。

15. ……　　　炮7平9

黑抓住战机，平炮打车得相，形成抽将之势，给红以重大威胁。

16. 帅五平四　车1平4

17. 兵三进一　……

挺兵捉马，因小失大。目前形势危急，应车八进三，车4进4，车八平三，坚守要道。

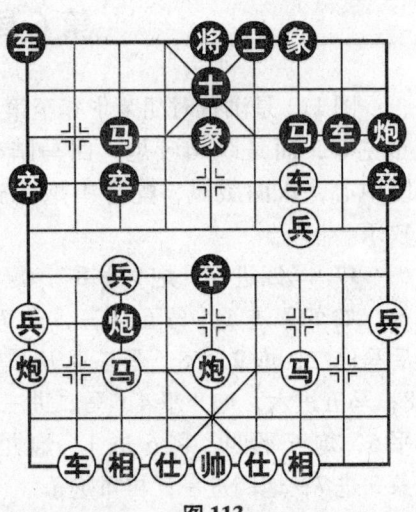

图113

17. ……　　　车4进6　　18. 炮九进四　车8进7

19. 帅四进一　车8退1　　20. 帅四退一　车4平7

21. 兵三进一　……

弃马速败，只能车四退四保马。

21. ……	车7进1	22. 帅四平五	车7进2
23. 仕五退四	车7退7	24. 仕四进五	车7进7
25. 仕五退四	后炮平7	26. 炮九进三	车7平6

红方认输。帅五平四，炮7进7杀。

第2局　双车错杀

图114是阎文清对吕钦弈至第18回合的形势，轮到黑方走。此时红方马咬炮，黑如退炮则马二退四咬双，但红方左翼空虚是一个大隐患。吕钦不逃炮，立即开右车攻虚，破釜沉舟背水一战。

18. ……　　　车1平2

19. 车五平三　……

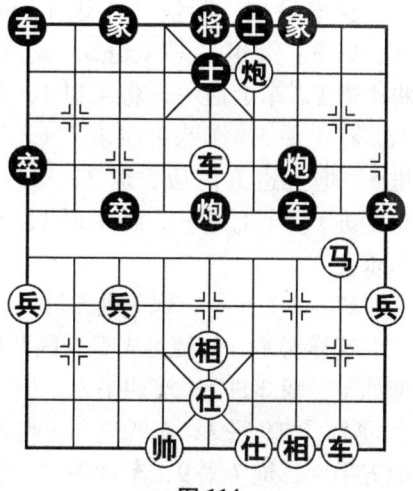

图114

如马二进三，炮5进4，相五退七，车7平4，帅六平五，炮5平1，车二进九，将5平4，绝杀黑胜。

19. ……　　　车2进9

20. 帅六进一　车7平8

21. 炮四退五　……

如马二退三，车8平6，车二进六，车6进2，车三平六，车6平3，车六平八，车3平4，仕五进六，车4进1，帅六进一，车2平4杀。

21. ……	炮5退2	22. 车三平六	炮5平4
23. 炮四平六	车2退6	24. 车六退二	卒3进1

巧冲卒捉车，疏通车路，为左车移右攻杀创造条件。

25. 兵七进一	车2进5	26. 帅六退一	车2平1
27. 帅六进一	车8平2	28. 炮六进四	后车进4
29. 帅六进一	后车平1		

伏车2退2杀。红无法解救，认输。

第3局 边炮偷杀

图115 是蔡忠诚对孙勇征弈至第16回合的形势，轮到红方走。此时黑炮瞄相，如按习惯相三进一，就错过了战机。红决战心切，飞炮击卒，从边线偷袭。着法如下：

17. 炮九进四 ……

弃炮强攻，不怕马3进1，车八进九，以下：（甲）马1退3，车八平七，将4进1，车七退一，将4退1，车四平八，将4平5，车八进四杀；（乙）象7进5，炮五进五，马5退3，车八平七，将4进1，车七退一，将4退1，车四平八杀。

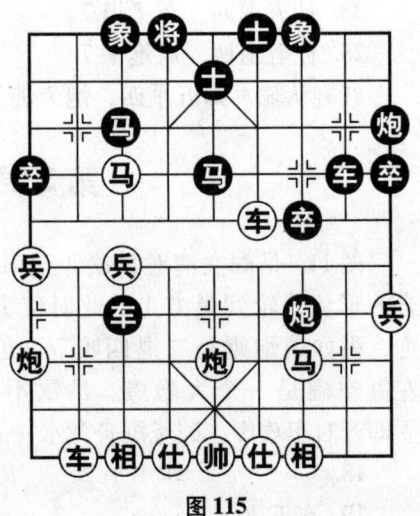

图115

17. …… 炮7进3　　18. 仕四进五　炮7平9

这样对杀，红捷足先登，因此应飞边象拦炮，尚有复杂变化。兹举一路演变如下：象3进1，车四平六，炮9平4（将4平5，马七进九，炮9退1，马九进七，炮9平3，车八进九，炮3退1，车八平七，马3退4，车七平六杀），炮五平六，炮7平9，车六进二，将4平5，炮九平五，车8平5（士5进4，马七进五，车8平5，马五进三，将5进1，车八进八杀），车六平七，车3平8，车八进九，士5退4，炮六平五，士6进5，车七平九，将5平6，车九平四，士5进6，马七进六，车5退2，车八平六，将6进1，炮五平四，车8平6，马三进二，车6进1，马二进三杀。

19. 车四平六　后炮平4

如将4平5，炮九进三，象3进5，车八进九，士5退4，车八平六，将5进1，后车进三杀。

20. 炮九进三	象3进5	21. 车八进九	将4进1
22. 车六平八	炮4进3	23. 后车进三	将4进1
24. 炮九退二	马3退2	25. 车八退一	马2进3
26. 车八平七	将4退1	27. 车七平六	……

红先后弃双车，精彩之至。

| 27. …… | 将4进1 | 28. 马七进八 | 将4退1 |

29. 炮九进一
侧翼攻杀，红胜。

第 4 局　三子归边

图 116 是陈信安对侯昭忠弈至第 29 回合的形势，轮到红方走。此时红车炮未成势，必须把右马调到左翼，才能构成三子归边攻势。

30. 兵五进一　……

冲兵渡河助战，又疏通马路。

30. ……　　　卒 7 进 1
31. 相七进五　卒 7 进 1
32. 马四进六　车 3 退 2
33. 马六进七　……

红初步实现运马计划，车马炮在侧翼做好攻杀准备。

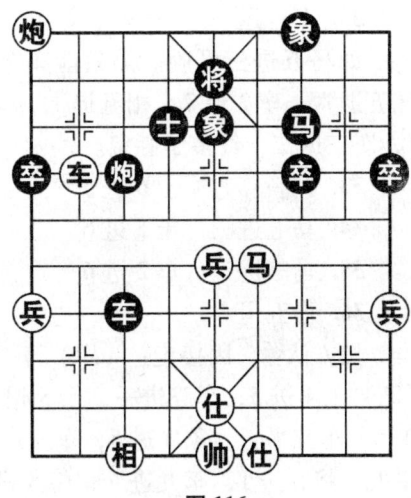

图 116

33. ……　　　车 3 进 2

如将 5 平 6，车八进二，以下：（甲）马 7 退 5，马七进六，将 6 进 1，兵五进一，车 3 平 6，炮九退二，炮 3 退 1，炮九平六，象 5 退 3，兵五进一杀；（乙）将 6 退 1，马七进六，象 5 退 3，车八平三，将 6 平 5，车三退一，车 3 平 5，车三进二，将 5 进 1，车三退一，将 5 退 1，马六退七，象 3 进 5，马七进九，车 5 平 2，马九进七，车 2 退 4，马七退六杀。

34. 车八进二　将 5 退 1　　　35. 车八平六

黑方认输。马 7 进 8，马七进八，炮 3 退 3，马八退七，炮 3 进 1，车六平七，马 8 进 6，马七进九，车 3 平 2，车七平四，车 2 进 3，仕五退六，将 5 平 4，马九退七，将 4 平 5，车四平六，再跳底马杀。

第 5 局　各攻一翼

图 117 是陈寒峰对王跃飞弈至第 27 回合的形势，轮到红方走。如相五进七吃卒，象 3 进 5，局势平稳。临场红用车吃象再兑马，形成各攻一翼。

28. 车三进一　卒 3 进 1　　　29. 车三进二　车 1 平 2
30. 车三进二　士 5 退 6　　　31. 炮二进七　炮 1 进 5

双方都用沉底炮,各攻一翼,看谁攻杀速度快。

32. 马四进五　卒3进1

抓紧冲卒对攻。显然不能吃马,怕红退车叫将抽车。

33. 车三退一　……

如马五进三可胜。黑只能车2进6,仕五退六,车2退7,相五退七,车2平7,车三退二,红多子胜定。

33. ……　　　士6进5
34. 马五进三　士5进6
35. 马三进一　车2进6
36. 仕五退六

黑方认输。因接走:(甲)车2退8,相五退七,车2平7,马一进三杀;(乙)士4进5,车三进一,士5退6,车三退三,士6进5,马一进三,士5退6,车三平五,象3进5,车五进一,将5平4,车五平六,将4平5,车六平九,将5进1,车九进一,将5退1,炮二退二,士6退5,马三退一,将5平6,马一退三,将6退1,马三退五,将6进1,车九退一,车2退7,车九退七,红多子胜定。

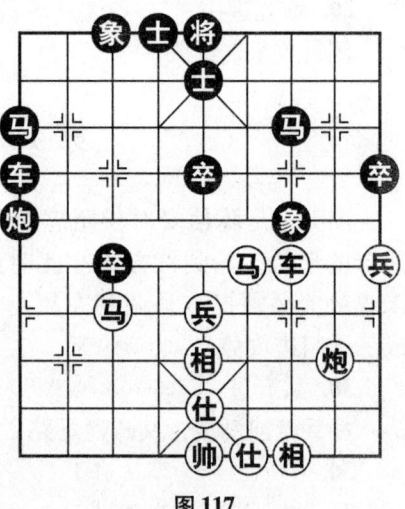

图117

第6局　边炮侧攻

图118是谢岿对赵剑弈至第29回合的形势,轮到红方走。此时红多一马,但被黑车捉住难逃,如马七退五,车2平4,马五进七,前车平3,红马还是被吃,所以红方干脆弃马取势。

30. 炮七平一　车2平3

如炮8平9,炮一平二,炮9平8,炮二退二护马,红保住多子大优。

31. 炮一进五　炮8退4
32. 仕四进五　……

补仕老练。如急于车七进一,车3平4,仕四进五,前车退6,红暂难取胜。

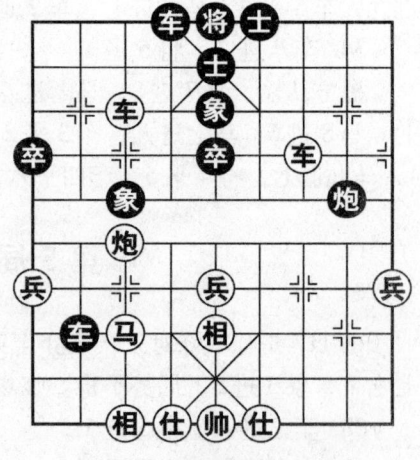

图118

第七章 攻杀战术手段

32. ……   车3退1

如为保士而车4进1，车三进三，炮8进2，车三退一，炮8退2，车七进二，车4退1，车七退一，士5进6，车三平四，再进车吃士杀。

33. 车七进一

黑认输。因接走：(甲) 车3平4，车三进三，炮8进1，车三退一，炮8退1，车三平五杀；(乙) 车4进4，车三进二，车3平5，车三平五，将5平4，车五平六，车4退3，车七进一杀。

第三节　左右夹击

按攻击方向分类，从左右两翼夹攻，使对方顾此失彼，难以抵挡。通常敌方在两侧都缺乏坚强有力的防御，我方则用双车分别在两侧叫将，或一侧用车，另一侧用马炮，两者呼应配合，造成许多杀势。

第1局　解将还将

图119是王斌对吕钦弈至第23回合的形势，轮到黑方走。此时红方虽有空头炮，但边车被黑马拦住，边马又未出动，故无攻击力，黑凭借多子优势展开反击。

23. ……   炮2退4
24. 车一退二　炮2平3

借打车之机，红巧运炮瞄相叫闷杀，由此进入反击阶段。

25. 仕五退四　马6进7
26. 车一进二　……

形势紧张，也顾不得黑跳挂角马叫将了。如改仕六进五，炮3进6，车一进二，车6平1，仍属黑优。

26. ……   马7进6
28. 马九进八　车6平2

27. 帅五进一　炮3平6
29. 帅五平六　马6进8

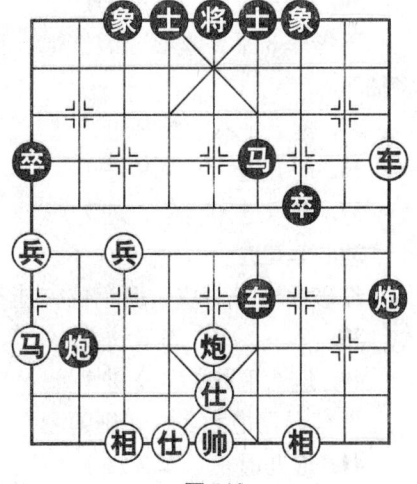

图119

跳马弃炮，攻杀巧着。如马八进七，炮9进2，至此红有两种变化：(甲) 车一退五，马8进6，帅六平五，马6退7抽车；(乙) 仕六进五，车2平4，炮五平六，马8退9抽车。

30. 车一平四 ……

可仕六进五多支撑几步，也是黑胜势。

| 30. …… | 车2进2 | 31. 帅六进一 | 炮9进1 |
| 32. 炮五退一 | 马8退6 | 33. 相七进五 | …… |

如相三进一，车2平4杀。

33. …… 马6退5

解将还将成妙杀，黑胜。

第2局 冲卒偷袭

图120是赵国荣对吕钦弈至第34回合的形势，轮到黑方走。红虽然缺仕相，但黑只靠车炮的力量难以成杀，关键是利用边卒助攻。所以黑一面运车牵制红方，同时冲边卒过河，衔枚疾进，完成偷袭计划。

34. …… 卒9进1

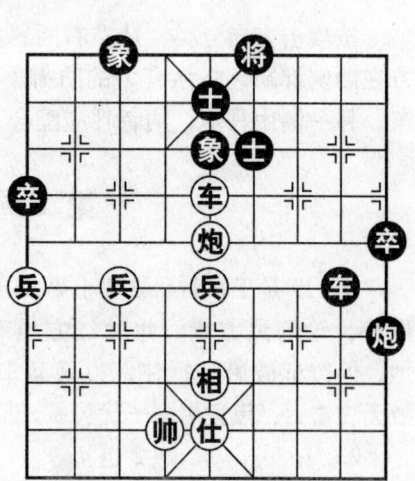

图120

不能车8平5吃兵，因红炮五平四叫将抽车。

35. 炮五平八 炮9进2
36. 仕五进六 卒9进1
37. 炮八进四 象3进1
38. 车五进一 ……

红破象准备对攻，但车位欠佳不利攻守。

| 38. …… | 车8进3 | 39. 帅六退一 | 车8平2 |
| 40. 炮八平九 | 卒9进1 | | |

黑车以捉炮为名，实则筹划左右夹击战术，边卒静悄悄地往前赶。

| 41. 炮九退三 | 车2进1 | 42. 帅六进一 | 车2退6 |
| 43. 兵九进一 | 卒9平8 | | |

退车拦炮，又移卒伏杀。即卒8进1，仕六退五，车2平4胜。

| 44. 帅六退一 | 车2平4 | 45. 车五退二 | …… |

现在才撤车离开困境，为时已晚。

| 45. …… | 车4进4 | 46. 帅六平五 | 车4平5 |

47. 帅五平六　车5平3　　　　48. 车五平一　车3进2
49. 帅六进一　卒8进1

红方认输。帅六进一，车3退2杀。如车一退四啃炮，卒8平9，黑亦多子胜定。

第3局　声东击西

图121是徐天红对陶汉明弈至第23回合的形势，轮到红方走。此时，红方以左炮骚扰，实际上主要是右翼攻击，声东击西。

24. 仕五进六　炮2进1

红虽然马炮在前线有一定攻势，但右车被黑担子炮压住，攻力不足，故支仕逐炮，如炮8退1，车二进一，炮2平4，马六进八，接走车二平四造杀，黑无法挽救。

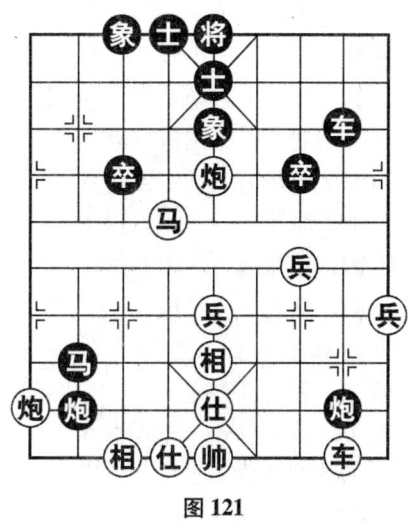

图121

25. 炮九平七　象3进1

26. 炮七平八　卒3进1

防红马六进八再奔卧槽。

27. 炮五退二　象1退3

红退炮生根很重要，伏马踏象的凶着。

28. 炮八平七　将5平6

红炮又在左翼骚扰，逼黑出将。如象3进1，马六进五，车8平5，车二进一，将5平6，炮七平四，士5进4，车二进四，至此黑有两种变化：（甲）车5平9，车二平四，将6平5，车四平五，士4退5，车五平一，车9平5，车一进四杀；（乙）车5平7，车二进四，将6进1，车二平五，马2进4，仕六退五，士4退5，炮五平四杀。

29. 车二平四　车8平6

如士5进6，炮七平四，士6退5，马六进四，士5进6，马四进六，士6退5，炮五平四杀。

30. 车四进七　士5进6　　31. 炮七平四　士6退5

32. 马六进四

黑方认输。将6平5，马四进三，将5平6，炮五平四杀。

第4局　四子联攻

图122是王跃飞对卜凤波弈至第37回合的形势，轮到红方走。

38. 炮九进一　　将6进1

如象5退3，马七进九，黑象必失更被动。例如接走车4进2，马九进七，将6进1，车七平三，车4平6，炮九退一，士5进4，车三进五，将6退1，马七退六，车6退2，车三进一杀。

39. 炮九退三　　车4进6
40. 炮九进一　　将6退1
41. 炮九进一　　将6进1
42. 车七平三　　炮8平7

红移车右翼，准备配合马炮进行左右夹击，故黑平炮拦车。

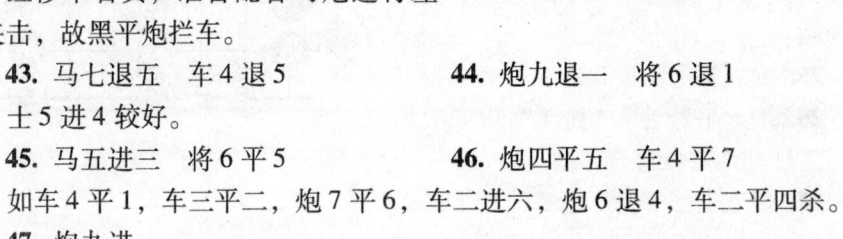

图122

43. 马七退五　　车4退5

士5进4较好。

45. 马五进三　　将6平5

44. 炮九退一　　将6退1

46. 炮四平五　　车4平7

如车4平1，车三平二，炮7平6，车二进六，炮6退4，车二平四杀。

47. 炮九进一

红胜。

第5局　炮碾丹砂

图123是陈信安对崔岩弈至第32回合的形势，轮到红方走。此时黑方双车捉马，红不但不逃马，反而跳左马过河送吃，以换取沉炮攻势，突破黑士，实现双车左右夹击。

33. 车八进四　　士5退4

34. 马八进七　　……

跃马咬车，兼伏挂角攻杀，黑被迫吃马。

34. ……　　　　象5进3

35. 炮七进二　　士4进5

如将5进1，车八退一，将5进1，车三进四，前车退2，车八退一，将5退1，车三进三杀。

36. 车三进四　象3退5

落象咬车兼联象固防。如前车退2，车三进四，象3退5，炮七平四，士5退4，车三平一，后车平4，炮四平六，将5进1，车一退一，将5退1，炮六退一杀。

37. 炮七平四　士5退4

38. 车三进三　象5退3

黑认输。车八平七，前车退2，炮四平六，象7进5，炮六退一杀。

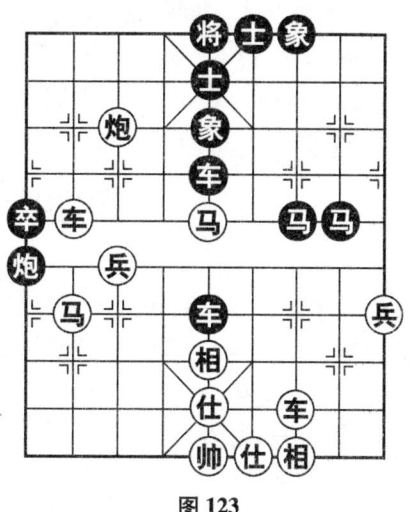

图123

第6局　破象入局

图124是于幼华对王跃飞弈至第28回合的形势，轮到红方走。此时双方子力相等，但红借中炮之势，双车左右呼应，寻找入局机会。

29. 车八平四　象7进9

30. 前车平九　卒9进1

31. 车九进三　士5退4

32. 车九退二　象9退7

33. 车四进三　士4进5

如卒9进1，车九平五，士4进5，车五平九，车4退1，车四退三捉双，红得子胜定。

34. 炮五进五　将5平4

如士5退4，炮五退二，车4退1，车九平五，士4进5，车五进一，将5平4，车四进一杀。

35. 炮五平三　车4退1

37. 相七进五　车4退2

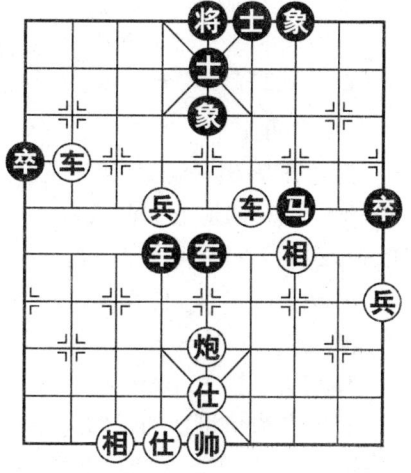

图124

36. 车九进二　将4进1

如马7退5，车四退二，车4平7，炮三退一，马5进4，炮三进二，车7

退3，车四平八，再用双车错杀。

38. 炮三进一　　车4平6　　　　**39.** 车九退一

黑方认输。将4进1，车四平五，士6进5，车九退一杀。

第四节　三子攻杀

三子联攻，主要指车马炮、车双炮、双车炮的子力结构，三子联合起来攻杀之势。三子不一定在同一侧，可以分别在两个侧面和正面。由于攻击的多向性，在子力运用上更加灵活多变。例如车马炮三子的威力、走法、吃法不同，组合出许多精彩着法。

第1局　困炮攻杀

图125是林宏敏对吕钦弈至第33回合的形势，轮到黑方走。此时，黑车双马已深入红方阵地，杀机四伏，抓住红底炮无根的弱点，困逼红炮进行攻杀。

33. ……　　　　车5进1

34. 相九退七　……

黑进车闪出马路，准备跳挂角马叫将抽炮。如车四退五，马5进4，帅五平四，车5平7叫杀得车。

34. ……　　　　马8进6

35. 帅五平四　马6进8

36. 炮三进一　……

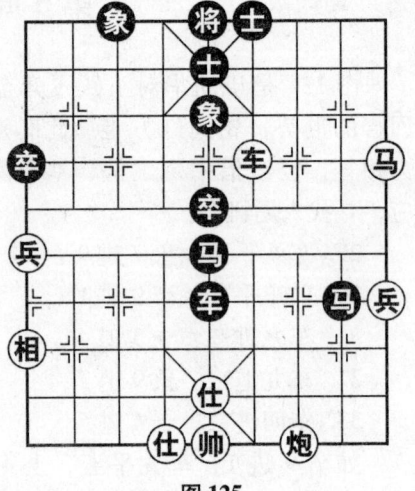

图125

只能升炮垫将。如帅四进一，马5进7，炮三进二，车5平7，仕五进四，车7进1，帅四退一，车7平5杀。

36. ……　　　　车5平7　　　　**37.** 车四退五　马8退7

黑困捉红炮，准备车7平8叫杀得车。

38. 帅四平五　马7进9　　　　**39.** 炮三平二　……

黑跳边马捉炮，又获得入卧槽的机会。

39. ……　　　　车7进2　　　　**40.** 仕五退四　马5进4

41. 车四平六　马9进7　　　　**42.** 帅五进一　马4退6

黑车双马联攻，已大体构成杀势。以下红只能帅五平四，马7退8，仕四进五，马6进8杀。

第2局　铁门闩杀

图126是胡庆阳对李海蛟弈至第30回合的形势，轮到红方走。双方强子相等，但红兵种齐全，且能配合协调成攻杀之势，黑车双炮散乱不利。

31. 马五退七　……

红巧运马，踏卒保兵，伏沉车再挂角马攻杀，又为平炮镇中让出佳位。

31. ……　　　炮6退2

如炮6平4，车八进八，炮4退4，炮三平五，车8进2，马七进六杀。

32. 炮三平五　将5平4

33. 车八平六　将4平5

如士5进4，马七进六，车8平5，仕四进五，车5退2，马六退七抽车。

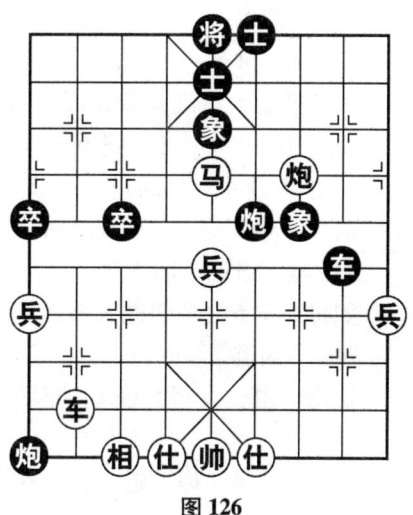

图126

34. 车六平八　将5平4　　**35. 车八进八　将4进1**

36. 炮五平六　车8退2

防红车八退一，将4退1，马七进六杀。

37. 车八退一　将4退1　　**38. 车八退二　将4平5**

防红马七进六，车8平4，马六进八，将4平5，车八平六得车。

39. 炮六平五　将5平4　　**40. 车八平六**

黑方认输。将4平5，马七进九，车8进3，马九进八，车8平2，车六进三杀。

第3局　侧攻成杀

图127是庄玉庭对卜凤波弈至第86回合的形势，轮到红方走。

87. 马三进五　士4退5　　**88. 炮一进二　……**

伏炮一平五，象5退3，马五进七，士5进4，马七进五，士4进5，马五进三，将5平4，炮五平六杀。

88. ……　　卒4平5

卒换双士无意义。应车8退1，炮一退一，马3退1，争取多支撑一阵。

89. 仕四退五　车8进3

90. 帅四进一　车8退1

91. 帅四退一　车8平5

92. 炮一进五　……

黑卒换士，帮红露帅，沉炮叫杀。

92. ……　　士5进6

如士5进4，车四进三，将5进1，车四退一，将5退1，马五进六杀。

93. 马五进四　将5进1

如将5平6，马四进三杀。

94. 马四进二　……

伏炮一退一，将5退1，车四进三杀。

94. ……　　车5平9

如将5平4，炮一退一，士4进5，车四平六杀。

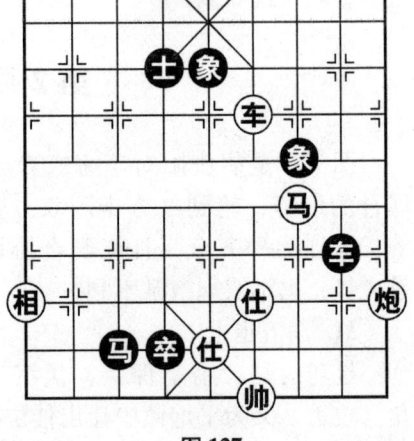

图 127

95. 马二退一　马3退5　　**96.** 帅四平五　车9平4

97. 马一进三　将5平4

如将5退1，车四进三杀。

98. 车四进二　士4进5

如将4进1，马三进四再平车杀。

99. 车四平五　将4进1　　**100.** 马三进四

黑无法解救红车五平六杀着，认输。

第4局　破士入局

图128是余贵燊对赵庆阁弈至第22回合的形势，轮到黑方走。此时双方子力相等，黑中炮有势，子力集中攻击红方中心区域及左翼。红双车分散，位置不佳，攻击无力，防守无用，主要靠双炮及仕相防守。因此，黑方便考虑以车兑双炮，冲破其防线，攻杀入局。

22. ……　　前车进1　　**23.** 仕五进六　马4进5

24. 仕四进五　象3进5

棋谚说："临杀莫急。"现补象稳固后防，有益无损。如急于吃士也是优胜局面，但增加了攻杀的困难，演弈如下：车4进5，帅六平五，车4平3（马5进7，帅五平四逃车丢马），车三进四，士5退6，车七平六，车3进2，车六退八，马5退7，帅五平四，车3退3，车六进二，红方还有一点防守能力。

25. 车三进一　马5退4
26. 相三进五　……

面临黑方要跳钓鱼马将军，再平炮闷宫杀的威胁，如不飞相改落仕也不行。演弈如下：仕五退四，马4进3，帅六进一，车4平2，帅六平五，车2进6，帅五退一，车2平4，车七平六（车三退

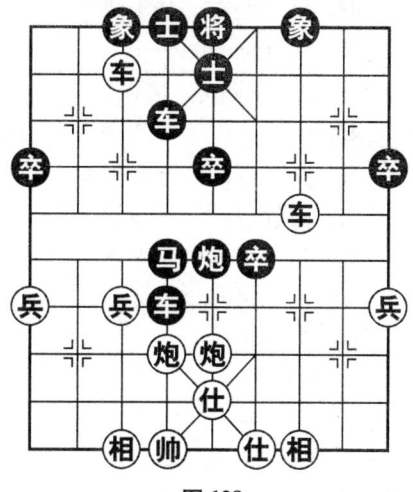

图128

四，卒6进1，车七平八，卒6平5，仕四进五，车4进1杀），卒6进1，车三平五，卒6进1，车五退二，卒6进1，仕四进五，卒6平5，仕六退五，车4退7，黑方必胜。

26. ……　　　马4进3　　**27.** 帅六平五　车4进5
28. 帅五平四　炮5进3　　**29.** 车七平八　炮5平1
30. 车三平四　炮1进1　　**31.** 相七进九　车4进2
32. 帅四进一　车4平8

准备再马3进4，帅四平五，车8退1杀。红方双车位置不好，一直调不回来，无法解救，故认输。

第5局　带攻带守

图129是苗利明对朱小虎弈至第39回合的形势，轮到红方走。

40. 车三进三　士5退6　　**41.** 马五进四　将5进1
42. 炮九平七　……

红车马炮三子联攻，暂时未能成杀，而平炮防止黑跳钓鱼马，是带攻带守的着法。

42. ……　　　将5进1

如象3进1，炮七进一，车4退7，车三退一，将5进1，马四退二，车4进2，车三退五，马1退2，马二进三，将5退1，马三退四，叫将抽车。

43. 马四进二　将5退1

44. 车三退六　马1进2
45. 兵五进一　……

冲兵过河助战，增强攻击力。

45. ……　　　车4平8
46. 马二退四　车8退1
47. 帅五退一　马2退4
48. 帅五平四　车8进1
49. 帅四进一　马4进5
50. 马四退六

黑方认输。

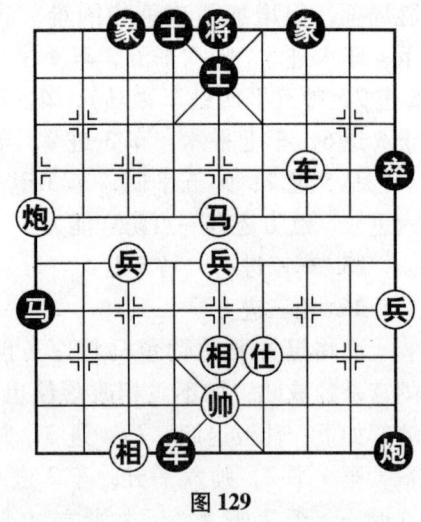

图129

第6局　左右呼应

图130是郑一泓对刘殿中弈至第35回合的形势，轮到红方走。通常会车五平七扳平子力，但临场红方不急于吃炮，先跳马咬炮咬象争夺先手。

36. 马二进三　炮9进3

如象5退7，马三进四，以下：（甲）将5平4，车五平七，车2平6，车七平六，炮9平4，车六进二，车6退2，炮三进八，将4进1，车六平七，红易走；（乙）炮9平7，炮三进六，车2平6，炮三平五，士5进4，车五平七，车6退2，炮五退五，仍红先。

37. 马三进五　士5进4
38. 车五平七　炮9平5
39. 相七退五　马3退5
40. 马五进三　将5平4
41. 车七进一　炮5进1
42. 炮三进二　……

准备运炮平二再过河，发挥威力配合车马攻杀。

42. ……　　　车2平4

如卒 7 进 1，车七平三，马 5 进 3，车三平七，也是红先手，黑不能车 2 平 7 捉双，红马三退五叫将抽车。

43. 车七进五　将 4 进 1　　　　**44.** 车七退一　将 4 退 1
45. 炮三平二　马 5 退 7

如炮 5 平 6，炮二进五，士 6 进 5，车七进一，将 4 进 1，马三退二，士 5 退 6，马二进四叫将抽车。

46. 炮二进五

车马炮左右呼应，构成杀局，黑方认输。士 6 进 5，车七进一，将 4 进 1，马三退五，士 5 退 6，车七退一杀。

第五节　弃车攻杀

第 1 局　弃车砍马

图 131 是柳大华对吕钦弈至第 44 回合的形势，轮到红方走。此时双方子力相等，红似乎难有作为。但临场红终于找到进攻途径，确立中炮，移车左翼，打开了局面。

45. 炮三平五　……

伏车三退一捉双。黑不敢吃车，红肋车吃士杀。

45. ……　　　　车 8 退 2
46. 车三平九　车 5 平 3
47. 车九进五　马 4 退 3
48. 车九退二　……

捉象是攻破黑防线的关键。

48. ……　　　　车 8 平 7　　　　**49.** 车九平五　将 5 平 4
50. 车四平六　马 3 进 4

如士 5 进 4，炮五平六，炮 9 平 4，车五退四，捉死黑炮，亦红胜定。

51. 车六进一

弃车妙杀，黑认输。如接走：（甲）士 5 进 4，炮二平六，士 4 退 5，车五

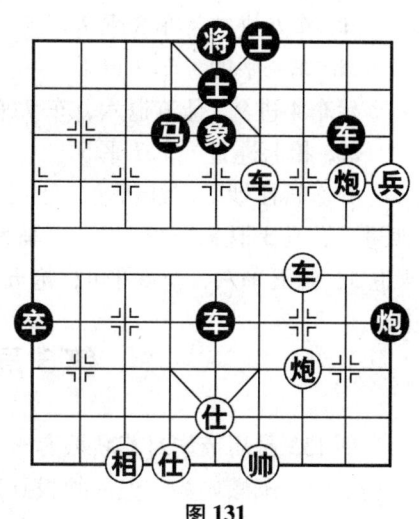

图 131

平六杀；（乙）将4平5，车六进一，炮9平5，车五平九，车3退6，炮二平五，士5进4，车九平六，车7进6，后车平五，士6进5，车五进一杀。

第 2 局　弃车斩仕

图 132 是于幼华对徐天红弈至第 17 回合的形势，轮到黑方走。此时黑全部强子进入作战状态，展开反击。

17. ……　　马 6 进 4

进马佳着，拦车以便车 8 平 5 吃炮，又伏马 4 进 3 咬车叫杀。

18. 兵三进一　　……

挺兵拦车兼捉车。如仕四进五，车 8 平 5，兵五进一，马 4 进 3，叫杀得车。

18. ……　　马 4 进 3
19. 仕四进五　　车 8 平 2
20. 车八进二　　车 8 平 7
21. 车一平四　　车 7 退 1

伏车 4 进 9，仕五退六，车 7 平 5，仕六进五，车 5 进 2 杀。

22. 相七进五　　车 7 平 5　　23. 车四进四　　车 4 进 9

弃车斩仕妙手，红认输。仕五退六，车 5 进 1，帅五平四，车 5 进 2，帅四进一，马 3 退 5，帅四进一，马 5 进 4，炮五退三，车 5 平 6，帅四平五，马 4 退 3，帅五平六，车 6 平 4，炮五平六，车 4 退 1 杀。

第 3 局　正面攻杀

图 133 是胡荣华对苏耿振弈至第 23 回合的形势，轮到红方走。此时红子占据要位，酝酿攻势，但还须找到进攻的途径，临场红巧落相摆中炮，展开正面攻杀。

24. 相五退三　　……

巧落相疏通炮路，伏炮六平二，马 8 进 7，炮二平三捉死黑马。

24. ……　　车 8 退 2　　25. 炮六平五　　……

佳着。从中路突破是入局途径。

25. ……　　马 3 进 4

跳马护卒。如将5平4，炮五进三，马3进4，车三平六，象7进9，炮五平二，马8进6，马六进四，车8进4，车六进一，将4平5，车六平七，车2退3，马四进六，红多子胜定。

26. 马七退五 ……

弃车妙手，由此入局。

26. …… **车2平7**

如马4退6，马五进六，将5平4，车三平八，士5进4，车八进三，将4进1，马六进七杀。

27. 马五进六　将5平4

28. 炮五平六

伏后马进五杀，黑认输。因接走：（甲）士5进4，车四进一，将4进1，车四平五，车7平4，马六进七杀；（乙）将4进1，前马退五，炮6平4，马五进六，车7平4，马六进八，马8退6，炮六进四，马6进4，马六进七杀。

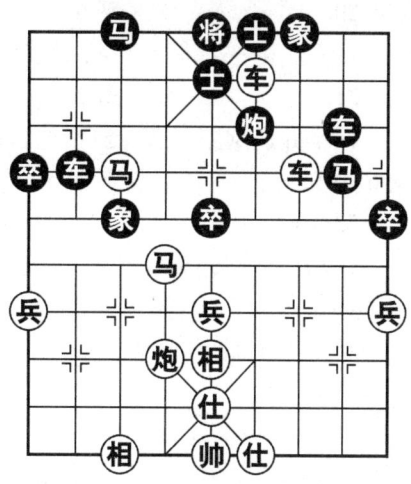

图133

第4局　弃车砍马

图134是李义庭对高淇弈至第19回合的形势，轮到红方走。此时如前炮进四，将5平4，前炮平六，卒7进1，黑虽失子但有对攻机会。临场红果断弃车砍马，暗伏杀势。

20. 车三平五 ……

弃车妙手。伏马二进三，将5平4，车五平六杀。黑如马3进5，车八进三，以下：（甲）士5退4，前炮进四，象5退3，前炮平六，士6进5，马二进四，将5平6，炮六平四杀；（乙）象5退3，车八平七，士5退4，马二进三，将5进11，车七退一，车4退4，马三退四，将5平6，车七平六，马5退4，后炮平四，车8平6，马四进六杀。

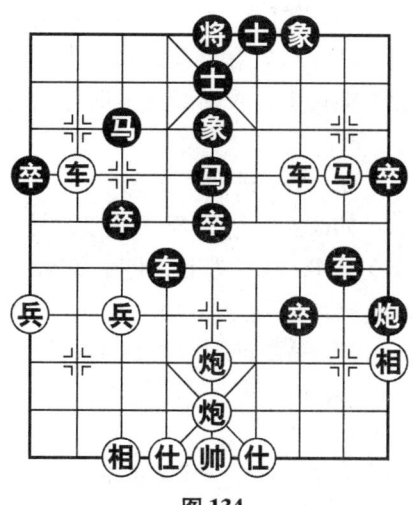

图134

20. ……　　车8平6　　21. 车五平六　……

伏马二进三，车6退4，车六退二再得子。

21. ……　　车4退2　　22. 车八平六　卒7进1

冲卒并通炮路。等待红后炮进四，炮9平5叫将。如士5退4，后炮进四，士6进5，前炮平四，将5平6，车六平四，将6平5，马二进三杀。

23. 车六进二　……

伏马二进三，车6退4，前炮进五，士5进4，车六平四得车。

23. ……　　象5进7　　24. 马二进三　车6退4

25. 后炮进四

黑方认输。

第5局　将计就计

图135是李来群对徐天红弈至第32回合的形势，轮到红方走。此时如飞相吃马，黑退车叫将抽车，临场红真的吃马，似乎漏着，却是将计就计，埋伏杀机。

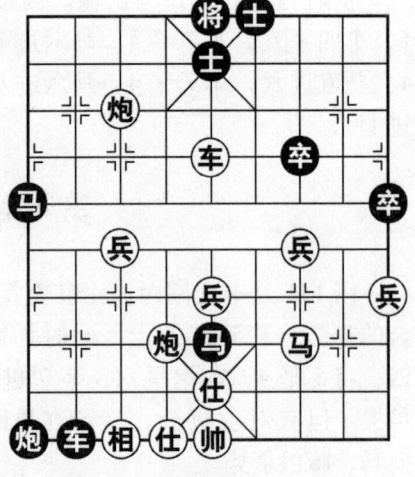

图135

33. 相七进五　车2退6

34. 相五退七　车2平5

35. 炮七平二　……

红吃马故意弃车，此时平炮叫闷杀，黑不能化士，否则红摆中炮打死车。

35. ……　　将5平4

36. 马三进四　车5平1

如改：（甲）车5进3，马四进六，车5平4，马六进七，将4平5，炮二进二杀；（乙）车5平3，马四进六，士5进4，马六进五，将4平5，马五进三，将5进1，炮二进一杀。

37. 马四进六　士5进4　　38. 马六进五　士4退5

39. 炮二退一

黑认输。（甲）车1退1，马五退六，士5进4，马六进四，将4平5，马四进三杀；（乙）卒7进1，炮二平六，将4平5，马五进三杀。

第六节　破象攻杀

棋战中，象有多种防御能力，能顶马、拦炮、阻止敌侧兵过河，对整个阵营有防御作用。另外，双象连环又有抵抗敌方来自中线与底线的进攻，对主将直接起近卫作用。中局阶段，缺象最怕炮来攻，因此实施破象攻杀时，多以马换象，运用车炮攻杀，很快入局。

第1局　兑炮轰象

图 136 是刘殿中对胡荣华弈至第 24 回合的形势，轮到红方走。红已经多子占优，争取迅速入局。

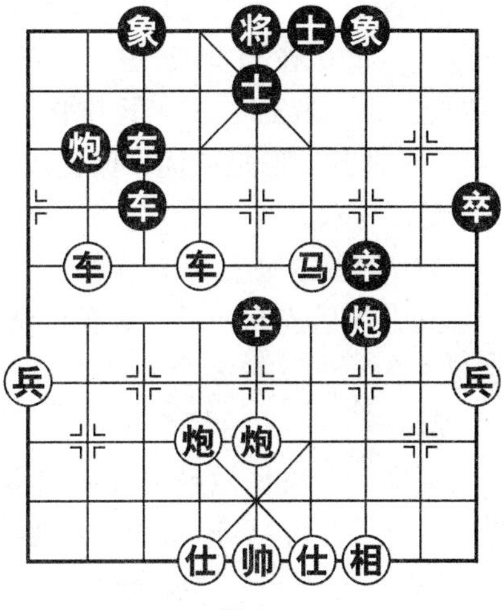

25. 车六进三　象7进5

巩固中线，防红马四退六咬车兼肋车沉底杀。

26. 炮六平八　炮2进5

兑炮则丢象。如炮 2 平 1，车八平七，前车进 1，炮八进七，士 5 退 4，车六进一，将 5 进 1，马四进六，后车平 4，车六退二，车 3 平 4，车六平五，将 5 平 4，马六进八杀。

图 136

27. 炮五进五　士5进6

如后车平 5，马四进五，车 3 退 1，马五进七，炮 2 平 3，车八进四，炮 3 退 6，车八平七，士 5 退 4，车七平六杀。

28. 车八退三　前车平6　　**29. 车八平六　车6进1**
30. 前车进一　将5进1　　**31. 后车进六　将5进1**
32. 前车平四

黑方认输。卒 5 进 1，车四平五，士 6 退 5，车六平五，将 5 平 4，前车平六杀。

第2局　舍马踏象

图 137 是王嘉良对黄成俊弈至第 13 回合的形势，轮到红方走。在上几个

回合中，红方明知黑有重炮打车得马的威胁，但置之不理而开左车，做好了弃子抢先的思想准备。现在黑炮果真打车，红按原计划行事。

14. 车七平六　车4进2
15. 马四进六　前炮进5
16. 车八进七　士4进5

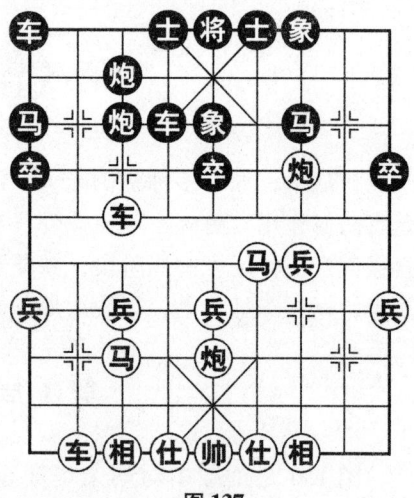

图137

补右士，以后左翼有闷宫的危险。如补左士，左翼则因露将形成空虚。演弈如下：士6进5，炮三进三，马7进6（象5退7，车八平三，马1进3，炮五进四，将5平6，马六退四，马3退5，车三进二，将6进1，车三退二，车1进2，马四进三），炮三平一，车1平2，车八平九，车2进4，炮五平二，马6退8，马六进五，也是红优，但比较起来，还是这样走好些。

17. 马六进五　象7进5　　18. 车八平五　后炮进2
19. 炮三退一　车1平2　　20. 炮五平二　……

红方先后连弃双马，破象取势，凶悍犀利，真有胆识。这着甩炮，准备沉底叫杀。

20. ……　　将5平4　　21. 车五平三　……

老练，先吃回双马再开展攻势。如炮二进七，马7退8，炮三进四，将4进1，炮三平八，马1退2，虽得车却失双炮，取胜较慢。

21. ……　　车2进8　　22. 车三平九　车2平8
23. 炮二平六　士5进6　　24. 车九进二　将4进1
25. 车九平五　卒5进1　　26. 炮三进一　后炮平6
27. 炮三平九

至此，如炮6平2，炮九退一，炮2进1，炮九平五，再炮五平六杀，红胜定。这盘棋在破象后形势突变，红方运炮如飞，攻势紧凑，一气呵成。

第3局　马换双象

图138是李来群对胡荣华弈至第40回合的形势，轮到红方走。此时黑方用车捉马，而红车马在左翼未能支援，因此红决定弃马踏象以打开局面。

41. 马六进五　象3进5

第七章 攻杀战术手段

只能吃马。如车7平5，车七退四，将6进1，车七平四，士5进6，马五进六，车5退3，车四平八，士6退5，马三退四，士5进6，马四进二，将6平5，车八进五杀。

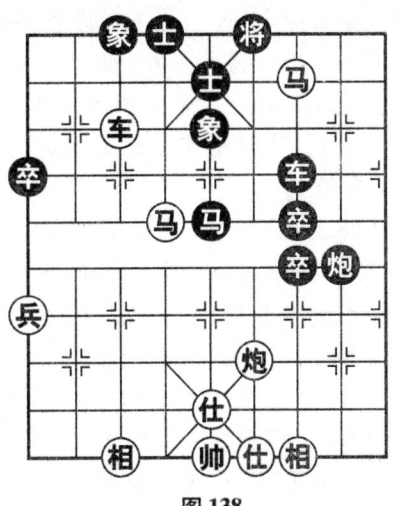

图138

42. 马三退五　车7平4

如：（甲）车7平5，马五进三，将6进1，马三退四，士5进6，车七平四，将6平5，车四进一，将5进1，炮四平五打死车；（乙）车7退3，车七退四，将6进1，车七平四，士5进6，车四平五叫将抽马。

43. 马五退四　将6平5

如前卒平6，车七平二，炮8平7，马四进三，将6平5，车二进二，士5退6，车二平四杀。

44. 车七平三　车4平3

如：（甲）士5退6，车三平五叫将抽马；（乙）士5进6，炮四平五，将5平6，车三进二，将6进1，车三退一，将6退1，马四进三，士6退5，车三平五杀。

45. 车三进二　士5退6　　**46. 车三平四　将5进1**

47. 车四退一　将5退1　　**48. 炮四平五　马5退4**

如马5进4，马四进五，车3平5，马五进七杀。

49. 马四进五　车3平5　　**50. 车四退二**

红捉车兼伏马五进三杀，黑方认输。

第4局　声东击西

图139是柳大华对王秉国弈至第25回合的形势，轮到红方走。此时红弃马踏象，潜伏杀机。

26. 马三进五　……

弃马踏象，诱象3进5，炮二平五，车8进3，炮五进二，士5进4，炮七进七杀。

26. ……　　士5进4　　**27. 马五退三　士4进5**

防炮二平五叫将抽车。如：（甲）象3进5，炮二平八，车8进3，炮八进四，象5退3，车三平七，以下与实战着法同；（乙）将5平6，炮二平七，车8进3，后炮进七，士4进5，车三进一，将6进1，车三退二，车8退2，车三进一，将6退1，车三进一杀。

28. 炮二平八　车8进3
29. 炮八进四　士5退4

不能象3进5，炮七进七杀。

30. 车三平七　马7退5
31. 车七平六　马5进7
32. 马三退二　马2进1

红多子得势，黑无良策。

33. 车六退一　马7进6
34. 马二进三　车7平3

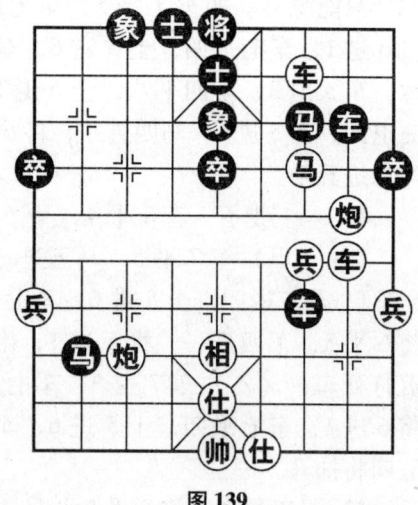

图 139

35. 帅五平六

伏车六进二，将5进1，车六退一杀。黑认输。如车3退5，车六进二，将5进1，车六平五杀。

第5局　炮轰底相

图140是李丛德对柳大华弈至第37回合的形势，轮到黑方走。此时双方子力大体相等，但黑左翼车双炮潜伏攻势，应及时组织进攻，必要时弃炮破相取势。

37. ……　　　炮9平7
38. 相三进一　……

黑伏双炮轰底相造杀。如马五进三，车7退1，车五平三，后炮进4得子。

38. ……　　　卒3平4
39. 马五进三　后炮平8

伏炮8进8，相一退三，车7进3吃相得势。

40. 马三进五　……

如仕五进四，炮8进8，相一退三，车2进2，仕四退五，车7进2，相五退七，车7平5，车五退三，炮7进5杀。

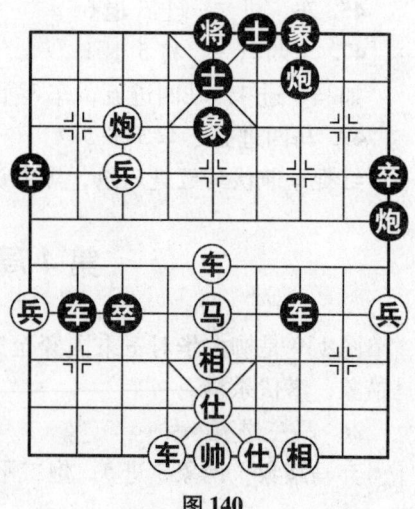

图 140

40. ……　　　炮 8 进 8　　　41. 相五退三　炮 7 进 5
42. 相一退三　车 7 进 3　　　43. 车五平二　卒 4 平 5
44. 车二退三　……

如车六进二，卒 5 进 1，车六平五，车 7 退 2，车二退四，车 7 平 5，帅五平六，车 2 进 3，帅六进一，车 5 退 3，车二进二，车 5 进 2，黑多子得势胜定。

44. ……　　　卒 5 进 1　　　45. 马五退六　车 2 退 2

伏车 2 平 6 叫杀。

46. 马六进四　车 2 平 5

伏卒 5 进 1，车二平五，车 7 退 1 杀。

47. 马四退五　……

如车六进一，卒 5 平 6，车六进一，卒 6 进 1，车二退一，卒 6 平 5，帅五平六，卒 5 进 1，帅六进一，车 7 退 1，仕四进五，车 7 平 5 杀。

47. ……　　　炮 8 平 6

红方认输。因接走：（甲）仕五退四，车 5 进 3，车二平五，车 5 平 6，车五进五，车 6 进 2，帅五进一，车 6 平 4，黑多子胜定；（乙）车六进二，炮 6 退 2，仕五退四，炮 6 平 4，黑多子胜定。

第 6 局　三子联攻

图 141 是于幼华对黄士清弈至第 44 回合的形势，轮到红方走。此时红冲兵破象，以车马炮三子联攻。

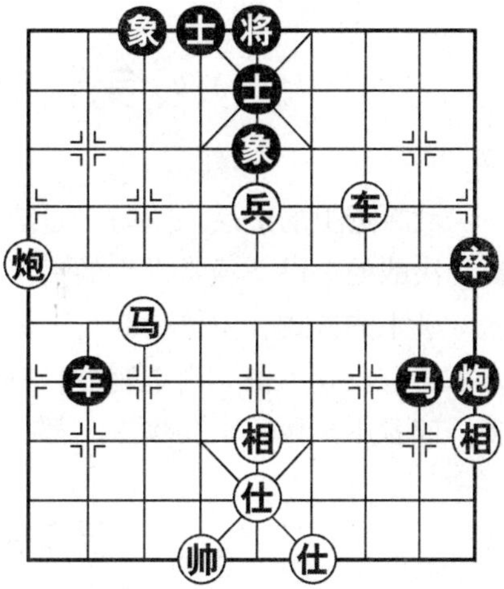

45. 兵五进一　　象 3 进 5

如马 8 退 6，车三进三，士 5 退 6，马七进五，士 4 进 5，兵五进一，将 5 进 1，车三退一，将 5 进 1，车三退四，马 6 进 4，车三平六，车 2 进 3，帅六进一，马 4 进 2，帅六进一，炮 9 平 6，马五退四，车 2 退 1，车六平五，将 5 平 6，马四进五，将 6 退 1，马五进三，将 6 进 1，车五平四杀。

46. 马七进八　车 2 平 4

如：（甲）士 5 进 6，马八进七，将 5 平 6，炮九平四，士 6 退 5，车三平四

图 141

杀；（乙）车 2 平 6，车三进三，士 5 退 6，马八进七，将 5 进 1，炮九进三杀。

47. 帅六平五　士 5 进 6

如将 5 平 6，马八进七，车 4 退 5，炮九进四，将 6 进 1，炮九退一，车 4 平 3，车三平四杀。

48. 炮九平六　车 4 平 7

如：（甲）象 5 进 7，马八进七，将 5 平 6，炮六平四，士 6 退 5，车三平四杀；（乙）将 5 平 6，马八进七，将 6 进 1，车三进二，将 6 退 1，马七退五，将 6 平 5，炮六平五，士 4 进 5，车三进一杀。

49. 马八进七　将 5 进 1　　　　**50.** 马七退六　将 5 退 1

51. 炮六平五　将 5 平 6

如象 5 退 3，车三平五，以下：（甲）象 3 进 5，车五进一，士 4 进 5，车五进一，将 5 平 6，炮五平四，士 6 退 5，马六进四杀；（乙）将 5 平 6，炮五平四，士 6 退 5，车五平四，士 5 进 6，车四平二，将 6 平 5，车二进三杀。

52. 炮五平四　将 6 平 5　　　　**53.** 马六进七　将 5 平 4

54. 相五进三　将 5 平 4

如马 8 进 7，炮四退四，将 5 平 4，车三平六，将 4 平 5，帅五平六，车 7 平 3，车六进一，将 5 退 1，车六进一，将 5 进 1，车六平五杀。

55. 车三平六　将 4 平 5　　　　**56.** 车六进三　象 5 进 3

57. 马七退六　将 5 进 1　　　　**58.** 车六平五

黑方认输。士 6 退 5，车五退一，将 5 平 4，炮四平六杀。

第七节　破士攻杀

敌将近卫的最后一道防线是双士联结，因此我方破士敌方保士，常常成为棋局决战的关键。经常发生的情况是破士之后敌阵式崩溃，己方即传捷报。

破士的方式，主要是弃车、马、炮换取全局胜利，其中以飞炮砸士最为出人意料，攻其不备，出奇制胜。棋谚有"缺士怕车"，破士后用双车错杀法颇多，或者用车兵、车马攻法，都有明显的效果。

第 1 局　车马卒杀

图 142 是阎文清对赵国荣弈至第 46 回合的形势，轮到黑方走。此时黑车低头，未能转移到左翼助战，而红方暗伏车八平三捉马象对攻的棋，形势十分

紧张。在此关键时刻，黑方决定用卒啃仕，打破红帅防线，展开攻杀。

46. ……　　　卒 3 平 4
47. 车八平三　……

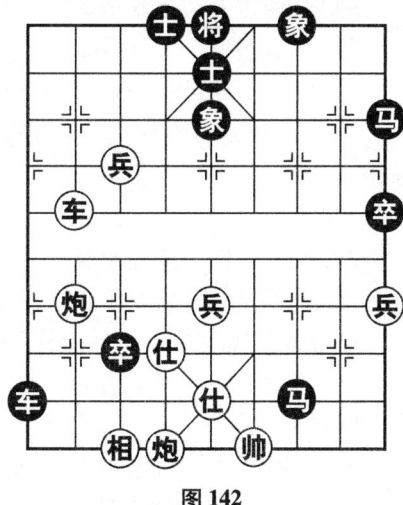

图 142

红车借捉马之机，吃象破士有对攻机会。如仕五进六，车 1 平 4，仕六退五，车 4 平 5，炮六进八，车 5 退 2 叫杀，再跃出边马，黑三子联攻有势。

47. ……　　　车 1 平 5
48. 炮八进六　　象 5 退 3
49. 车三进四　　士 5 退 6
50. 车三平四　　将 5 进 1
51. 车四退一　　将 5 退 1
52. 车四进一　　将 5 进 1
53. 车四退一　　将 5 退 1
54. 车四平六　　……

双方对杀比速度。如兵七进一，马 9 进 8，车四平三，车 5 进 1，帅四进一，马 7 退 9，炮八退六，马 9 进 8，帅四进一，车 5 平 6，黑快胜。

54. ……　　　车 5 进 1
55. 帅四进一　　车 5 平 4

必须吃炮。如马 9 进 8，车六进一，将 5 进 1，车六平五，红先成杀。

56. 车六进一　　将 5 进 1
57. 车六平五　　将 5 平 4
58. 车五平六　　将 4 平 5
59. 车六平五　　将 5 平 4
60. 兵七进一　　车 4 退 1
61. 帅四退一　　车 4 进 1
62. 帅四进一　　马 9 进 8
63. 车五平三　　……

解杀还杀，守住三线，又伏车三退一杀。

63. ……　　　车 4 退 1
64. 帅四退一　　……

如帅四进一，卒 4 平 5 杀。

64. ……　　　马 7 退 5
65. 帅四平五　　车 4 进 1
66. 帅五进一　　卒 4 进 1

红方认输。帅五进一，马 8 进 6，帅五平四，车 4 平 6 杀。

第 2 局　飞炮砸士

图 143 是赵国荣对尚威弈至第 23 回合的形势，轮到红方走。此时黑马咬炮叫杀，而红中炮威力强劲，双车左右呼应，双马待命出击，已具备入局条件。

24. 炮四进七　士5退6
25. 炮五进三　士6进5
26. 车八平二　……

欺车佳着。黑不敢吃车，怕车三进三杀。

26. ……　　　马8进6
27. 马五退四　车8平9
28. 前马进二　将5平4

防红跳卧槽马攻杀。如炮9平8，车三进三，车9平7，马二进四，将5平6，炮五平四杀。

29. 车三平六　士5进4
30. 马二进四　象5退3

如车9进1，车六进一，车9平4，车六进一，将4进1，车二平六杀。

31. 车二进四

伏车二平六杀，黑方认输。车1进1，车二平九，马3退1，炮五平六，象7进5，车六进一杀。

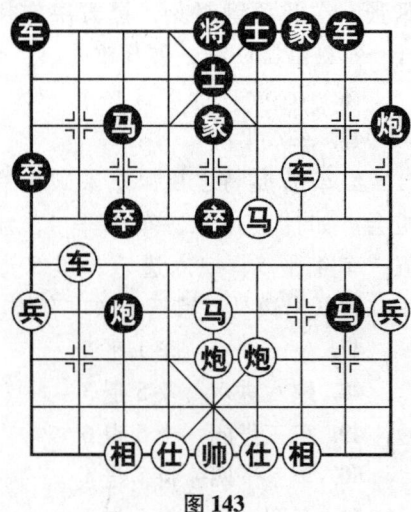

图143

第3局　缺士怕车

图144是赵国荣对袁洪梁弈至第23回合的形势，轮到红方走。此时红少一马，如车五平九，将5平6，车九进一，炮6平5，仕六进五，车7平3，车一平四，将6平5，相七进九，车3退1。红虽吃回一子，但暂时缺乏攻杀手段。临场红决定弃炮破双士，造成黑缺士怕双车的局面。

24. 炮五进六　士4进5
25. 车五进一　将5平6
26. 车一平五　……

重车防车7平5兑车，又伏前车进一，将6进1，后车进六杀。

26. ……　　　马1退3
27. 前车进一　将6进1

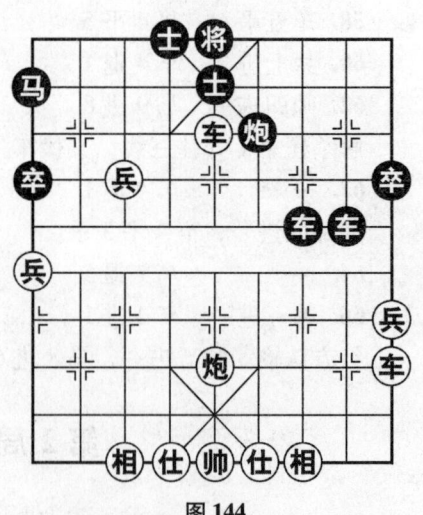

图144

28. 前车平七　车7平5

黑弃马引开红底车，取得兑车缓解局势的机会。

29. 车七退一　将6退1　　**30.** 车七平五　车5进3

31. 车五退六　……

兑车后，红占中线，车兵能胜车炮。

31. ……　　　车8退1　　**32.** 兵七进一　车8平6

33. 车五进七　将6进1　　**34.** 车五退一　将6退1

35. 兵七平六

黑方认输。炮6平9，兵六进一，炮9退2，车五平一，炮9平7，车一平三，红胜定。

第4局　马踏心士

图145是刘殿中对于幼华弈至第25回合的形势，轮到黑方走。此时红左车右炮有一定攻势，而黑只有双车马发挥作用，必须抓紧对攻。临场黑方跃马踏心仕，造成杀势。

25. ……　　　马3进5

26. 车九进三　将4进1

27. 炮三进一　炮6退1

不怕红车吃炮。因车4进5，帅五进一，车2平3，帅五进一，车4退2杀。

28. 仕六进五　车2进1

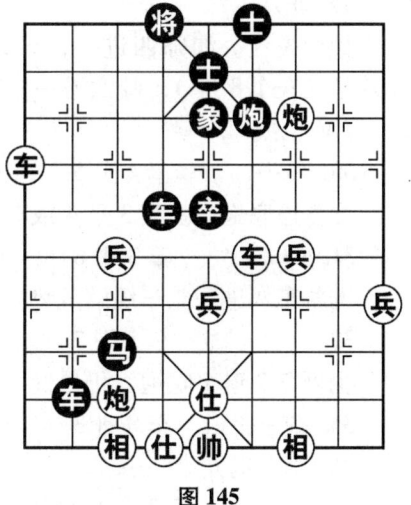

图145

沉车捉相叫杀巧着。如车2平3，车九退九，车4进4，车四进四，车4平5，帅五平四，车3平4，车九进八，将4进1，炮三退一，象5退3，车四退一，象3进5，车四进二，象5退3，车四退二，象3进5，车四退六，象5退3，车四平五，车4平5，兵七进一，红胜定。

29. 仕五进六　……

如相三进五，车4进4，车四进四，车2平3，仕五退六，车3平4杀。

29. ……　　　车2平3　　**30.** 帅五进一　车4进3

红方认输。如车九退八，车4进1，帅五进一，车3平5杀。

第5局 双车攻杀

图146是蔡福如对胡荣华弈至第28回合的形势，轮到黑方走。此时双方子力相等，局势似乎平淡，不料黑突然挥炮砸仕，挑起波澜，演出双车攻杀的场面。

28. ……　　　炮5进2

弃炮暂无杀势，但算准可换双仕，以后用双车攻杀，红防不胜防。

29. 仕六进五　车4进6
30. 车八退六　　……

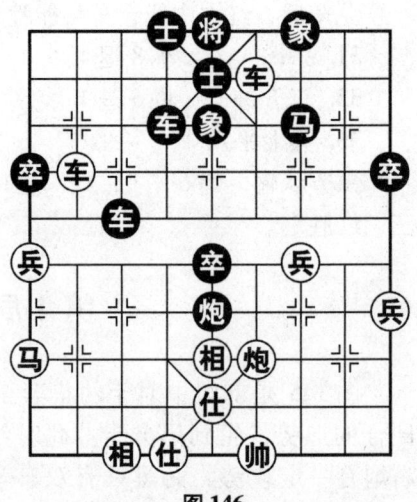

图146

护相失仕。如帅四进一，车3平8，车八平三，车8进4，帅四退一，车8平5，再沉车杀。

30. ……　　　车4平5　　31. 炮四平三　　……

准备退底炮，防车3平4或车3平8叫杀。

31. ……　　　车3平8　　32. 马九进七　　……

准备车八进一兑车缓解危势。如炮三进五，车8平4再沉车杀。

32. ……　　　车5平7　　33. 帅四平五　马7进6

也可车7退1吃炮，仍黑优。

34. 炮三平二　车8进3　　35. 车四退三　车7平3
36. 马七退九　　……

如马七进五，车8进1，马五退四，车3平5，帅五平六，车5平4，帅六平五，车8平5，帅五平四，车4进1杀。

36. ……　　　车3平9　　37. 马九进七　车8退1
38. 马七进五　　……

如车八进三，车9退2捉死红马。

38. ……　　　车8进2　　39. 相五退三　车8平5
40. 帅五平四　车9平7　　41. 相三进一　车7平8

红方认输。相七进五，车5平6，车四退四，车8进1杀。

第八节　牵制窝心马

窝心马堵塞老将及双士的活动空间，是阵形中的弊病。老将如果遇到攻击，无路可逃，就十分危险。

攻击窝心马棋形，需要牵制与攻杀两方面子力的配合。先用炮或车牵制窝心马，使之不能跳开而自造危机，然后用其他攻子叫将。例如用肋车在其他子力支援下吃士杀，或者用马跳卧槽或士角杀，或用炮沉底闷宫杀。

第1局　挂角马杀

图147是孙铁瑞对张元启弈至第15回合的形势，轮到红方走。此时黑炮瞄车，红方依仗当头炮控制中线的威力，盯住黑方窝心马，毅然弃车，展开攻势。

16. 马七进六　炮2平6

17. 马五进四　炮7退1

防红马四进六双叫杀。如升炮到卒林线守住红马进路，演变下去仍属红优。举例如下：炮7进1，兵三进一（炮7进6，仕四进五，车7进1，炮八进六，车7平8，炮八平二，炮6平5，马六进五，马5退7，马五退四，车4平5，后马进六，车5退2，炮二退三，车5进1，马四退五，车5平4，马五退七，车4平5，马六进四，车5退2，炮二进一，车5进1，马四进六得车），车7进1，车二退八，车7平6，兵三进一，炮6进6，车二进四，炮6退3，兵三进一，炮6平5，炮五平四，车6平9，车二平五红优。

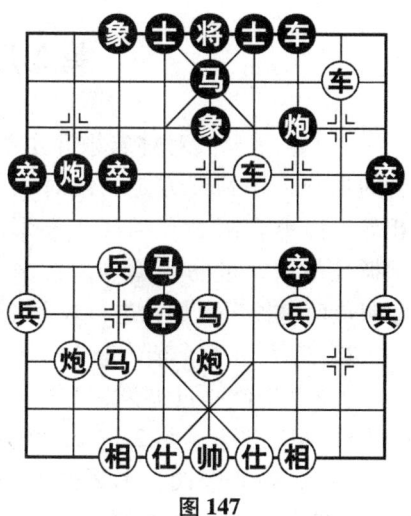

图147

18. 兵三进一　炮7进8

全盘受困，没有什么棋可走，决定轰相亮车，寻求对攻机会。

19. 仕四进五　车7进5　　**20. 马四进六　炮6进6**

21. 帅五平四　车7平6　　**22. 帅四平五　车4退1**

23. 车二退四　……

经过兑子，黑方似乎松了一口气，但红方这步献车十分精彩，使黑方难以应付。至此，如车4退2，车二平四，车4平5，炮五进二，炮7退3，炮八平五，炮7平5，车四退一，红得子优胜。由此可见当头炮威镇中路的巨大力量。

23. ……　　　炮7退8　　　24. 马六进四　　炮7平6
25. 车二平四　车4平6　　　26. 马四退五　　车6平4

红方算定能胜，不怕兑车。如炮6进1守士角，亦无济于事，因红有炮八进五硬打炮的棋。

27. 炮八进一　炮6平7　　　28. 马五进四　　炮7平6
29. 炮八平二　车4平8　　　30. 马四退五

红胜。这盘棋充分利用当头炮对中线的控制权，步步紧逼，最后以无车胜有车，走得很成功。

第2局　两鬼拍门

图148是金波对林宏敏弈至第21回合的形势，轮到红方走。此时双方子力相等，但黑有窝心马的严重弱形。红必须抓住战机，进肋车逼马，再平右车塞象眼成两鬼拍门之势，进行攻杀。

22. 车六进五　车7退2

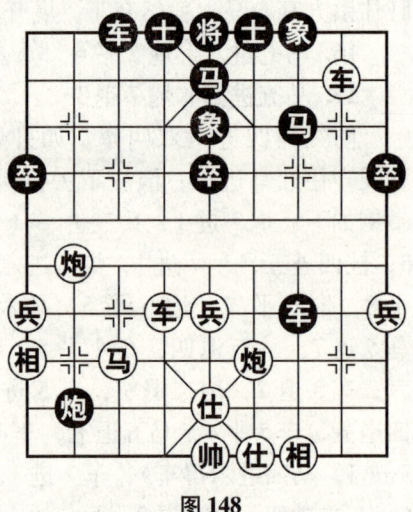

图148

如车7平6，马七进六，以下：（甲）车6平5，相三进五，炮2进1，相九进七，车5平2，炮八退四，车2进3，仕五退六，车3平2，车二平四，后车进1，车六平八，车2退8，马六进四，车2进3，马四进三，绝杀；（乙）车6退3，炮四平七，卒5进1，炮八平七，车3平2，马六进七，象5进3，后炮平五，马7平5，炮五进三，象7进5，马七进八，后马进7，马八退六，士6进5，车六进一，将5平4，炮七平六杀。

23. 马七进六　炮2进1

如马7进6，马六进五，车7退1，车二平四，马6退7，马五进三，车7退1，炮八平四绝杀。

24. 炮四平七　车3平2

如马7进6，马六进七，以下：（甲）车3平1，马七进九，车1平3，马九进七，车3进1，炮八进五，车3退1，车六进一杀；（乙）象5进3，马七进八，象3退5，马八退六，马5进7，车六平五杀。

25. 车二平四　　车7平3　　　　**26.** 炮八平七

黑方认输。车3平7，马六进七，象5进3，马七进八，车7平6，马八退六，车2进2，车六平五杀。

第3局　控制中线

图149是杨德琪对王晓华弈至第28回合的形势，轮到红方走。此时黑窝心马被红双炮夹住很难受，红应进肋车捉炮，及时吃象控制中线，再行攻杀。

29. 车六进五　　炮1退2

如炮1退1，炮六平七，以下：（甲）马5退3，炮四平九，后马进1，炮七退五，红得子；（乙）象5退3，炮七退五，炮1平6，帅五平六，马5进3，车六平七，红得子。

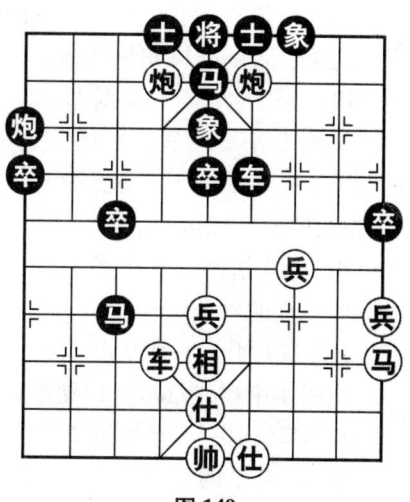

图149

30. 炮六平七　　马3进2

逃马封锁帅门，防红车六进一，炮1平3，帅五平六造杀。如：（甲）象5退3，炮七退五，车6退2，车六进一，象3进1，帅五平六，马5进4，车六平四，红得车；（乙）马5退3，车六平五，士4进5，车五平九，炮1进1，炮七退五，炮1平6，炮七进六，红得子。

31. 车六平五　　炮1平3　　　　**32.** 马一进三　　……

跃马助战，伏马三进五，车6进1，马五进三，象7进9，马三进四，车6退2，车五平四，红得车大优。

32. ……　　　　车6进3　　　　**33.** 车五退一　　车6平7

34. 炮四退一

伏炮四平七，炮3进2，炮七进一杀。黑认输。如象7进5，车五进一，车7平8，炮四平三，车8退6，车五退一，车8平7，炮三平七，炮3进2，炮七进一杀。

第 4 局　弃马取势

图 150 是杨德琪对谢靖弈至第 18 回合的形势，轮到红方走。此时黑马窝心，潜伏隐患，红如及时运用中炮牵制，会取得很大优势，为此需要牺牲子力付出代价。

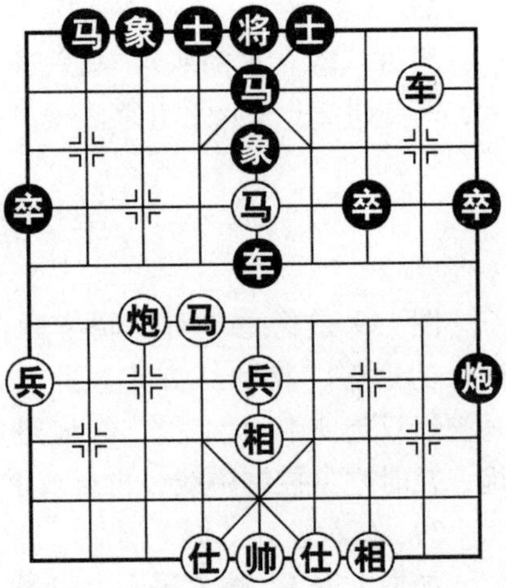

19. 马六进七　……

弃马取势有胆识。趁黑双马位置差，进行攻杀，否则战机稍纵即逝。

19. ……　　车 5 退 1

如车 5 平 2，车二平四，炮 9 平 7，相五进三，马 5 进 3，马五进七，马 2 进 3，炮七进三，红得子。

20. 马七进八　车 5 平 4

如马八退六杀。

21. 炮七平五　炮 9 退 2

企图摆中拦住红炮，以便跳出窝心马解困。

22. 车二退三　车 4 退 2　　23. 仕四进五　车 4 平 2

24. 帅五平四　……

黑方认输。车 2 进 2，车二平四，车 2 平 5，车四进四杀。

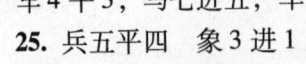

图 150

第 5 局　牵制窝心马

图 151 是陈孝坤对周德刚弈至第 22 回合的形势，轮到红方走。此时红不顾黑左炮沉底叫将的攻着，抓住其窝心马弱形，急冲中兵以发挥中炮牵制窝心马的作用。

23. 兵五进一　炮 8 进 7　　24. 相一退三　车 7 进 5

窝心马不能动，否则兵五平四叫将抽车。如车 7 平 5，炮七退一，炮 8 退 7，炮七平五，车 5 平 4，车七进三，车 4 退 2，马六进七，炮 2 平 3，车七退二，车 4 平 3，马七进五，车 3 平 5，后炮进六杀。

25. 兵五平四　象 3 进 1

如车 7 退 6，仕四进五，车 7 平 3，马六进七，象 3 进 1，马七进五，炮 2

平4,马五进三杀。

26. 车七平二　炮8平9

应车7退4,车二退六,车7平4,车二进六,炮2进4,车二平五,象1退3,车五进一,车4平3,车五退四,仍红优。

27. 马六进七　车7退6
28. 仕四进五　……

弃车妙手。如车7平8吃车,马七进八,车8平4,炮七进七杀。

28. ……　　车7进6
29. 仕五退四　车7退6
30. 仕四进五　车7进6
31. 仕五退四　炮2进4

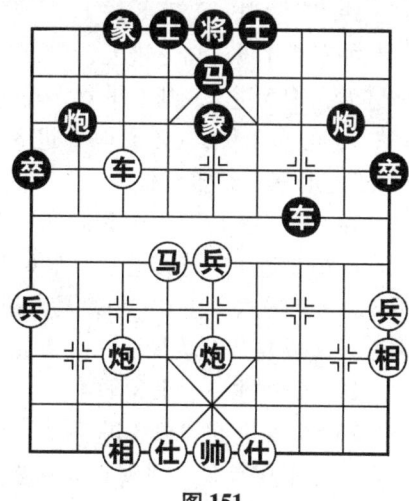

图 151

32. 炮五进三　象1进3
33. 马七进八　车7退4
34. 车二退六

黑方认输。车7平4,车二平一,车4退4,马八退九,炮2退3,炮七平五,车4平1,马九退八,车1进5,马八进七,车1退4,后炮平二,再沉炮杀。

第6局　无车制胜

图 152 是赵国荣对孟立国弈至第17回合的形势,轮到红方走。此时红少一子,但中炮牵住窝心马有势,凭借先行之利平肋车捉马,发挥攻杀力。

18. 车三平六　车6进2

如车6进3,炮五进四,车8进1,炮九进四,象3进1,马七进五,马4进5,马三进五,车6平3,帅五平六,车3退4,马五进七,象1进3,马七进九,车8进2,炮九平八,车8平2,马九进八,车2退2,车六平八,车3平2,马八退六,车2平3,车八进三,车3进2,马六进七,车3退1,车八平六杀。

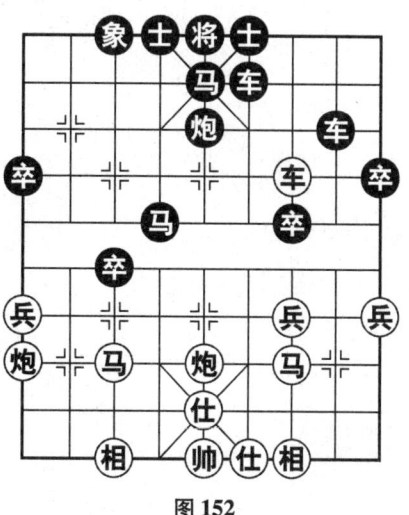

图 152

19. 车六退一　车8进1

如车6平5，马三进五，以下：（甲）车5平3，马五进七，车3平5，前马进五，炮5进2，帅五平六，马5进3，车六平五，车5退2，炮五进六，士6进5，红多子优；（乙）马5进3，车六平七，车5平4，车七进二，士6进5，车七退三，红多子优。

20. 马三进五　车6平4

应卒3进1，马五进七，车6平5，后马进五，马5进3，车六进二，车5平3，马五进六，士6进5，马六进五，象3进5，车六平五，将5平6，马七进五，演成复杂对攻局面，红有先手攻势。

21. 车六进一　车8平4　　**22.** 马五进七　车4平5

23. 炮五进五　象3进5

红无车战有车，黑窝心马问题尚未解除。

24. 后马进六　车5进3

如车5进2，马七进六，车5平4，马六进四杀。

25. 马六进七　车5退3

如车5平3，炮九平五，车3退1，马七退五，车3进6，仕五退六，马5退3，马五进四杀。

26. 炮九平五

黑方认输。马5进3，后马进五，士6进5，炮五进四，马3进5，马七进五，红多子胜定。

第八章　实战杀局

杀局是棋战的最后阶段,,攻击对方主将而杀之。按攻击方向来看,从正面叫将,属于正面攻杀;从侧面叫将,属于侧翼攻杀。在两侧分布子力,从左右同时进行攻击,属于左右夹击。从攻子数目的角度看,有三子联攻,多是车马炮、车双炮、双车炮等。按照攻杀中起关键作用的子力来看,有卧槽马攻杀,钓鱼马攻杀,但还有其他子力配合。

第一节　正面杀局

第1局　小兵奇袭立大功

第十五届象棋电视快棋赛,陶汉明与柳大华两盘快棋打平,加赛第3局超快棋,单方5分钟包干。陶汉明利用对方双车集中一侧,造成左翼薄弱之际,驱边兵过河,像一支小分队插入敌后腹地,最后破士立功。

图153是双方弈至第19回合的形势,轮到红方走。此时黑多一马,但右车炮位置较差,左翼也存在隐患。红如炮一退五以为打死车,黑有车3进1吃相的解着,所以红按原计划冲兵偷袭。

20. 兵二进一　卒3进1

挺卒兑兵为以后撤退右车炮创造条件。如车3进1,兵二进一,炮3平5,车四平五,车3退4,兵二平一,红多子

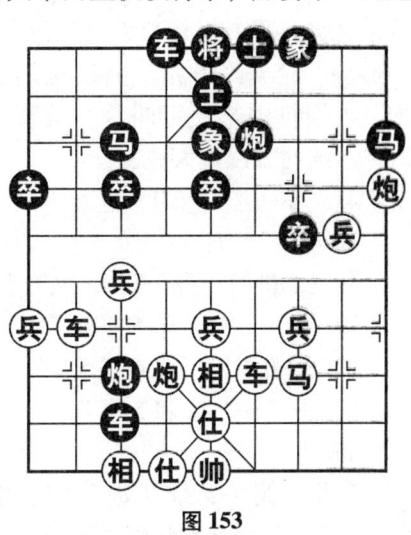

图153

较优。

21. 兵七进一	象5进3	22. 兵二进一	象3退5
23. 兵二平三	……		

黑以为红兵吃边马,但醉翁之意不在酒,红兵伺机换炮破士,对黑威胁更大。

23. ……	炮3退3	24. 兵三平四	士5进6
25. 车四进五	车4平2	26. 车八平六	车2进1
27. 车六进四	……		

在超快棋中,由于时限太紧,情绪紧张,走出失着是难免的。红用时已过4分钟,进车捉马是假棋,因黑有炮打相暗保右马。此时黑应支士捉双车。如车四进一,士5进4,车四平八,兑车后形势缓解了。黑比红富余1分钟,有可能以时间取胜。

27. ……	车2平8	28. 车四退一	马9退7

应卒5进1避一手。

| 29. 炮一平五 | 士6进5 | 30. 车四进二 | |

红出帅及破士有杀势,黑方认输。

第2局　马炮兵制造杀势

翔龙杯女子大师赛,张国凤对黄薇一局,双方演成飞相对右角炮布局,很快兑掉双车斗马炮棋,本来局势平稳,但黄薇麻痹大意,被张国凤马炮兵制造攻杀之势。图154是双方弈至第20回合的形势,轮到红方走。只要跳马过河咬炮,再炮打中卒便可叫杀。虽暂不能取胜,却给对方以重大威胁。

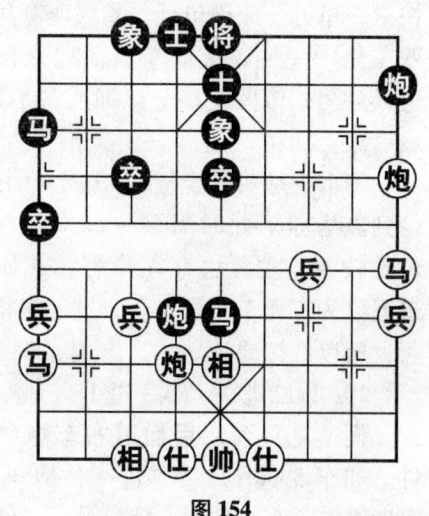

图154

21. 马一进二　炮9进5
22. 炮一平五　……

伏马二进四,将5平6,炮五平四杀。

22. ……　　　将5平6
23. 炮五平四　将6平5
24. 马二进三　将5平6
25. 兵三进一　……

如炮六退一,炮9进3,仕四进五,马5进7,红炮移右计划受阻。

166

25. ……	炮9平7		26. 马三退二	将6平5
27. 炮四平五	将5平6		28. 炮五平四	将6平5
29. 炮四平五	将5平6		30. 炮五退二	……

伏马二退四，炮4平1，马四退三得子。

30. ……	炮4平1		31. 兵三平四	炮7退4
32. 炮六进四	马1进2			

黑子力涣散，既不成攻势，又未能构筑防御体系。

33. 炮六平四　将6进1

防马二进四杀。如炮7进1，兵四平三捉死炮。

34. 兵四平三　马5进7

防炮五平四叫将。如士5进4，马二进四，将6进1，炮五平四，马5退6，前炮平五，马6进4，兵三平四杀。

35. 兵三进一

黑方认输。炮7平9，兵三进一，士5进4，兵三平四杀。

第3局　大胆穿心沉车杀

翔龙杯南北擂台赛，柳大华迎战陶汉明，分先两局弈和，加赛超快棋第1局也弈和，再加赛超快棋第2局。柳大华先行，一路先手，顺利占优，图155是双方弈至第25回合的形势，轮到红方走。此时红炮镇中，双马连环占领中心优势，左车牵制黑车炮，右兵过河逼近九宫，明显占优。

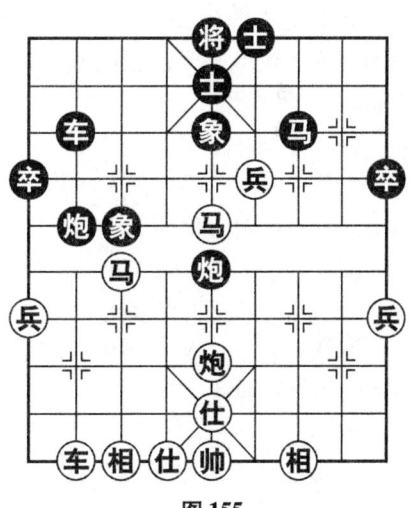

图155

26. 马七退六　炮5平8

如炮5进1，车八进三，马7进6，马六进七，炮5退1，车八平四，马6退8，兵四平三，红先手更大。

27. 车八进四	炮8进4			
28. 相三进一	马7进6			
30. 兵四进一	……		29. 马五退四	炮8退7

用兵攻杀，也是一种下法。

30. ……	炮2退1		31. 车八平四	炮2进1

32. 马四进二　马6退8

如马6进8，车四平二，炮8平9，兵四进一，也伏大胆穿心杀。

33. 兵四进一　炮8进3　　**34. 车四平二　马8退6**

35. 兵四平五

弃兵破士，演成大胆穿心，黑方认输。

第4局　马炮联攻纵横杀

翔龙杯快棋赛第三场，吕钦与卜凤波争夺很激烈。两局快棋打平，加超快棋第1局弈和，加超快棋第2局。吕钦先行，用五七炮稳攻，在混战中劫得一子。图156是双方弈至第29回合时的形势，轮到红方走。此时黑少一子，但防守似乎稳固，不料红有弃马塞象眼的攻法。

30. 马六进四　炮2退2

弃马出人意外，是突破黑防线的关键。如改炮4平6，车二平五，马3退5，后炮进四，炮6平7，后炮进二，再沉底炮杀。

31. 马四进三　车2平6

如将5进1，后炮平二，将5平4，炮三平六，马3进4，车二退三，炮4进2，车二平六，捉死黑马。

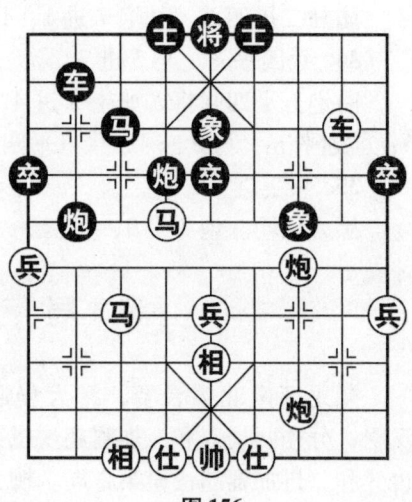

图156

32. 车二平四　将5进1　　**33. 车四进一　将5平6**

34. 后炮平七　马3退2　　**35. 炮七平二　士6进5**

如炮4退2，炮二进七，将6进1，炮三平四，象5进3，马七进六，卒5进1，马三退四杀。

36. 炮三平四

伏炮二平四杀，黑方认输。

第5局　弃车妙杀真精彩

翔龙杯快棋赛第二轮第二场，柳大华战胜刘殿中一局之后，第2局柳大华先行，以稳健的起马开局。刘殿中后补中炮反击，露出破绽，柳大华亦摆中炮

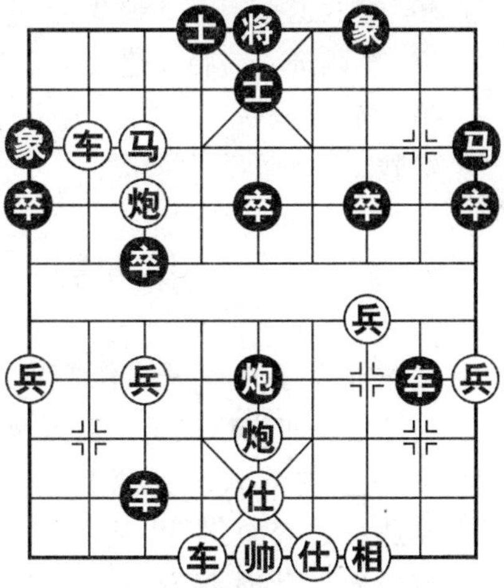

第八章 实战杀局

对攻，并集结主力于左翼，演出了一场精彩绝伦的弃车入局。图157是双方弈至第16回合时的形势，轮到红方走。此时黑伏车8进3，便有大胆穿心杀法，而红借钓鱼马之势，先沉车叫杀。

17. 车八进二 ……

伏车八平六，士5退4，车六进九杀。

17. ……　　　将5平6

18. 车六进九 ……

弃车攻杀，有胆有识，否则车8平6叫杀。

图157

18. ……　　　士5退4

如将6进1，马七退五，将6进1，车六平四，士5退6，车八平四，与实战着法异途同归。

19. 车八平六　将6进1　　20. 马七退五　将6进1

如将6平5，马五进三，将5平6，车六平四。

21. 车六平四　将6平5　　22. 马五退四　炮5平6

如将5平4，车四平六杀。

23. 炮七平五　炮6平5　　24. 马四进六　将5退1

25. 马六进七　将5进1

如将5平4，车四平六杀。

26. 前炮平八　炮5平4　　27. 炮八进一　炮4退4

28. 车四平五　将5平6　　29. 车五平四　将6平5

30. 车四平五　炮5平6　　31. 炮八平六　车8平4

黑平车捉炮，兼伏车3进1，仕五退六，车4进3，帅五进一，车3退1杀。

32. 车五平四　将6平5　　33. 马七进六 ……

应炮六平九，车4退4，车四平五，将5平6，炮九平六多子胜定。在快棋中，忽略了炮打边象的手段，是可以理解的。

33. ……　　　将5退1

如将5平4，马六退四，将4平5，马四退五，车4平5，车四平五，将5平4，马五进四，车5退5，车五平六，将4平5，马四退五，将5平6，车六平四，车5平6，车四退一杀。

34. 车四退一　将5退1　　35. 马六退五　车4平5

36. 炮六退七	车5退3	37. 马五进七	将5平4
38. 车四进一	将4进1	39. 马七退六	车3平4
40. 马六进八			

红胜。

第6局　借杀兑子兵种优

翔龙杯女子快棋赛，伍霞对文静各胜1局打平，加赛超快棋，双方演成中炮七兵对三步虎阵式，兑掉双车斗残棋。图158是双方弈至第38回合时的形势，轮到红方走。此时双方子力相等，但红中兵被捉，需要化解黑方的攻着，便运用双炮叫将。黑随手走软，被红借杀兑掉黑马，取得兵种优势。

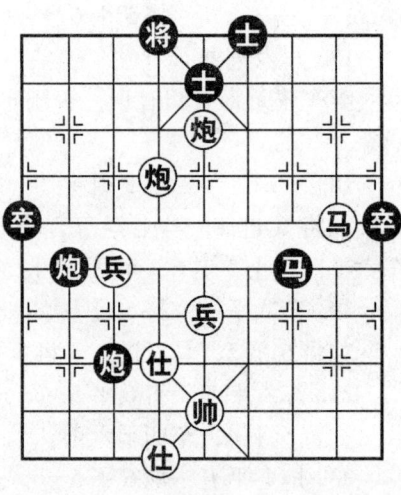

图158

39. 炮五平六　将4平5
40. 前炮平三　士5进6

防沉炮闷宫杀。

41. 炮三进二　士6进5
42. 炮六平五　将5平4

在超快棋中，此种随手棋是常见的，只考虑老将安全，未注意由此引起别的问题。

43. 马二进三　……

伏马三进四杀，虽未能达到目的，却获得兑子机会。

43. ……	将4进1	44. 炮三退五	炮2平7

保存了红中兵，又获得兵种优势，而且红双兵位置亦比黑双卒为佳。

45. 马三退四	炮7退5	46. 兵七进一	士5进4
47. 炮五平六	将4平5	48. 兵七进一	炮7平5

49. 兵七进一　……

直冲兵急攻逼近九宫，已感杀气。

49. ……	将5平6	50. 帅五平四	士6退5

51. 炮六退二　……

既防炮5平6打死马，又伏炮六平四，士5进6，马四退六抽吃炮。

51. ……	炮5平6	52. 炮六平四	士5进6

第八章 实战杀局

53. 马四退二	士6退5	54. 马二进四	士5进6
55. 马四退二	士6退5	56. 马二进四	士5进6
57. 兵七平六	……		

吃士实惠，便于用兵攻杀。如马四退六，士6退5，马六退七，炮6进5兑子。

57. ……　　　将6平5　　　58. 兵六平五　将5退1

如将5平4，马四退六，炮6进5，马六退七，士6退5，马七进六，士5退6，马六进七，将4退1，马七退九，亦红胜势。

59. 马四退六　炮3退7　　　60. 炮四进五　炮3平6
61. 帅四平五　士6退5　　　62. 马六进四　炮6进3
63. 马四进六　士5退6　　　64. 后兵进一　……

改马六进四，将5平4，兵五平六速胜。

64. ……　　　卒1进1　　　65. 后兵进一　卒1平2
66. 马六进四　将5平4　　　67. 前兵平六

再进兵胜，黑方认输。

第7局　双炮马联攻成杀

翔龙杯女子快棋赛，黎德玲对欧阳婵娟第1局，双方演成对兵转兵底炮对飞象阵式。经过中局较量兑掉双车，黎德玲多相少兵，局势相对平稳。而欧阳婵娟麻痹大意，子力涣散，被黎德玲摆中炮取势，三子联攻成杀。图159是双方弈至第43回合时的形势。轮到红方走。

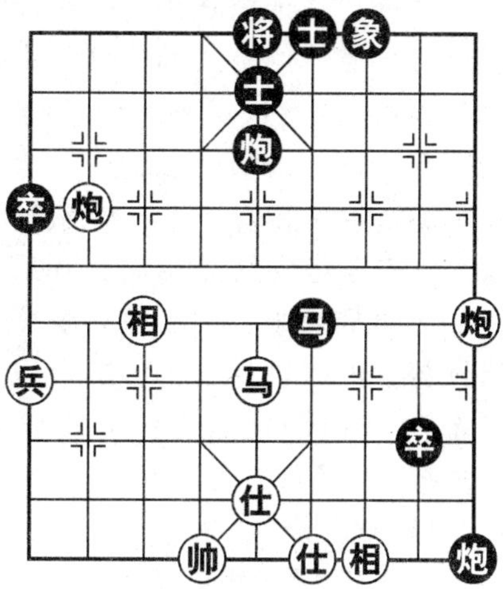

44. 马五进三　马6进4
45. 炮八平五　……

红赶走黑马，摆炮镇当头得势。至此，黑不敢马4进5吃仕，马三进四，马5退3，帅六进一，马3退4，炮五退二捉死马，黑逃马则红跳卧槽马杀。

图159

45. ……　　　将5平4
46. 马三进四　……

伏炮五平六，炮5进1，炮一平六，将4平5，马四进三杀。也可马三退四，炮5平4，炮一平六，炮4平5，马四进六得子，稳操胜券。

46. ……　　　士5进6

劣着。应炮5平6，尚可支撑。

47. 炮五平六　将4平5

防马四进六杀。如将4进1，炮一平六抽吃黑马。

48. 马四进六　将5进1　　49. 马六进七　将5退1

劣着。应将5平6，炮六平四，士6退5，炮一进一，士5退4，红无杀着。

50. 炮一平五　炮5平3

如马4退5，炮六平五，炮5平3，马七退六，将5进1，马六退五得子。

51. 炮六平八　将5平4　　52. 炮五平六　马4退6

防马七退六杀。如炮3进1，炮八进三，将4进1，炮八退四，炮3进1，马七退八，炮3退2，炮八平六，将4平5，前炮退二得子。

53. 马七退六　马6退4　　54. 炮八平六

红胜。

第8局　运子取势终成杀

派威互动排位赛预赛，徐天红对袁洪梁展开了马拉松式的争夺。先是慢棋两局皆和，加赛快棋连续3局亦和，再加赛第4局快棋，由徐天红先行，双方演成中炮巡河炮双横车对三步虎拐脚马阵式。徐天红先运炮到仕角牵制其拐脚马，又平肋车直插象眼，切断黑马炮联系，取得优势，再运双马出击，摆中炮轰象造成杀势。图160是双方弈至第13回合时的形势。轮到红方走。

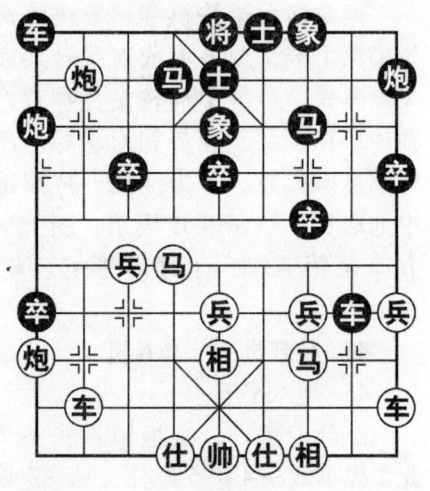

图160

14. 炮九平六　　……

不兑炮而平士角牵制黑马，是明智的。

14. ……　　　卒5进1

15. 车一平四　车8退3　　16. 车四进七　……

黑退车守住卒林，红肋车直插象眼，切断黑炮对拐脚马的保护。

16. ……　　　车1平2　　17. 兵三进一　……

如炮六进六,车8平4捉双必追回一子。

17. ……　　　卒7进1　　　18. 相五进三　卒1平2
19. 车八进二　炮1进7　　　20. 仕六进五　炮9进1
21. 车八平九　车2进1　　　22. 车九退三　车2退1
23. 马六退四　……

中卒浮动是一个弱点,故退马咬卒。如车8进1,炮六平五亦能得卒。

23. ……　　　马4进2　　　24. 马四进五　卒3进1
25. 马三进四　……

双马出动,酝酿攻势。

25. ……　　　卒3进1　　　26. 马五退七　马2进3
27. 炮六平三　……

针对黑左马及底象弱点,红平炮捉马是总攻的开始。

27. ……　　　车8退1　　　28. 马四进六　……

伏马六进四咬车或马六进五踏象的手段。

28. ……　　　炮9进4　　　29. 马六进四　……

如马六进五,马3退4牵制,红马攻势受挫。

29. ……　　　炮9平7

拦炮兼叫闷杀,但对防守已无济于事。如车8平9,马四进三,车9平8,车四平五,将5进1,车九进八杀。

30. 炮三平五　车8进1　　　31. 炮五进五　士5进6

如士5进4,马四进五,将5平4,马五退七,将4平5,车九进八,车8平5,车九平五杀。

32. 车九进八

黑方认输。马3退2,马七进六,车8平6,马六进五,将5平4,马五退七,将4平5,车九平五杀。

第9局　巧运炮轻灵飘逸

派威互动排位赛预赛,赵国荣对苗永鹏慢棋打平,加快棋弈和,再加第2局快棋。赵国荣先行,一路顺风掌握先手。在中局攻击阶段,赵国荣先弃兵摆中炮,不久又卸炮右翼暗伏杀机,一会儿又移炮左翼企图沉底偷袭,最后又回到中路从正面攻杀,运炮轻灵飘逸,令对方捉摸不定。图161是双方弈至第26回合时的形势。轮到红方走。

27. 炮五平三　……

炮镇中路有势，却自动卸开，原来暗伏杀机。如车1退2，炮八平五，准备沉炮送吃，然后进车杀。黑只有车1平3吃马，炮五进三，士5进6，炮三进五杀。

27. ……　　　卒3进1

弃卒拦炮，势在必行。

28. 车六退三　炮2平3
29. 兵五进一　……

不宜车六平五吃炮。炮3进5，相五退七，车1平5，黑反而占优。

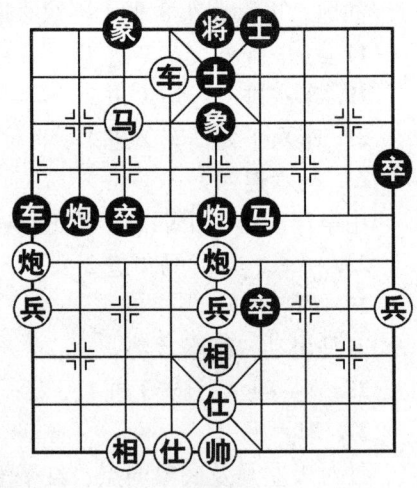

图161

29. ……　　　炮5退1
30. 炮三平七　马6进5
31. 炮七平八　……

红炮又在左翼骚扰，伏炮八进五，象3进1，车六进四杀。

31. ……　　　炮5平2　　　32. 车六进一　炮2退1
33. 兵五进一　……

伏兵五平六，炮3进2，炮八平五叫杀。

33. ……　　　士5进4　　　34. 炮八平五　士6进5
35. 车六平一　……

炮又回到中路攻击，伏兵五平六捉炮兼叫杀。

35. ……　　　炮3进2　　　36. 车一进三　士5退6
37. 兵五平六　象5退7

如士4退5，马七进五，炮3退5，马五退三，将5平4，车一平四，将4进1，炮九平六，炮2平4，车四平七，炮4进3，马三进四，将4进1，兵六进一杀。

38. 车一退三　……

改炮五进一打车，再炮九平五可速胜。在快棋中，注意力在低头车撤回来攻杀，没想到进炮的杀法。

38. ……　　　将5进1

防车一平五，士6进5，车五平九抽车。

39. 车一平八　炮2平1　　　40. 炮九平六　马5进3
41. 车八平五　将5平4

如将5平6，马七进六，将6进1，车五平四杀。

42. 兵六平五　士4退5　　　43. 车五平六　士5进4

44. 车六进一

黑方认输。

第 10 局　马炮联攻奏凯歌

第十三届银荔杯赛，王斌与聂铁文各胜 1 局打平，加赛快棋决胜负，王斌先行。双方演成五七炮对屏风马 7 卒阵式，图 162 是双方兑掉双车弈至第 20 回合时的形势。轮到红方走。

21. 炮六平七　……

红抓住黑马无根平炮攻击十分及时。如象 3 退 5，马九进七，赶退黑马之后，即可炮打中卒得势。

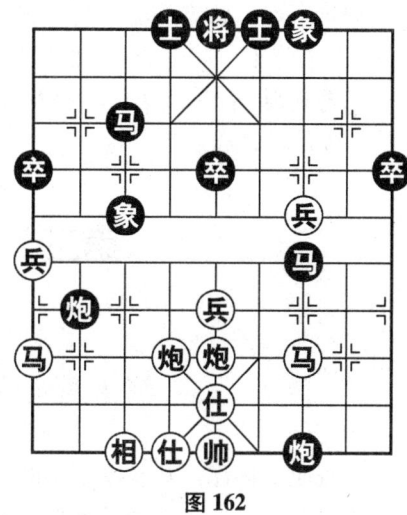

图 162

21. ……　　马 3 进 4

22. 炮五进四　……

黑考虑中卒不保，干脆跃马对攻，但却给红空头炮，有一定风险。

22. ……　　马 7 退 9

防相七进五踏双，又可曲折运马奔卧槽。

23. 马九进八　马 9 进 8

如马 4 进 3，炮七进三，将 5 进 1，帅五平四，马 9 进 8，炮七平五，将 5 平 4，马八进七，将 4 进 1，前炮平九，伏马七进八，将 4 平 5，炮九平五杀。

24. 马八进六　马 8 进 7　　　　**25.** 帅五平四　炮 7 退 2

26. 炮七进二　……

虽属兑子，但红双炮马暗藏许多攻杀手段。

26. ……　　将 5 进 1　　　　**27.** 炮七平五　将 5 平 4

28. 后炮平六　将 4 平 5

如将 5 平 4，炮五平六杀。

30. 马七进六　将 5 退 1

如将 5 平 4，炮五平六杀。

31. 马六退七　将 5 进 1

如将 5 退 1，炮六平五杀。

32. 马七退六　将 5 退 1　　　　**33.** 马六进四　将 5 退 1

应将5进1，炮六平五，将5平6，兵三进一，炮2退4，可多支撑一阵。

34. 炮六平五　将5平4　　　　35. 前炮平六　炮2退5

应将4平5，马四进六，将5进1，马六进七,，将5退1，炮六平八，炮2平4，黑尚可支撑。

36. 炮五平六　将4平5，　　　37. 马四进六

抽吃黑炮，黑方认输。将5进1，马六进入，炮7退2，马八退九，炮7平6，马九进七，将5进1，前炮平八，将5平6，兵三进一，士6进5，兵三进一，将6退1，兵三进一，将6退1，炮八进三，象7进5，马七进五，将6平5，马五进七杀。

第二节　侧翼杀局

第1局　马嘶炮鸣攻王府

中视股份杯赛，万春林对汤卓光一局，双方演成五六炮进七兵对反宫马阵式，很快兑掉双车，较量马炮棋。图163是弈至第35回合时的形势，轮到红方走。此时黑多三个卒，但红沉底炮牵制黑马，又有双马围绕九宫伺机攻击，特别是目前有一个踏士的机会，可突破黑近卫防线。

36. 马六进五　炮1退1

37. 马五退七　炮1平3

38. 马三退一　……

趁闲吃边卒，以便攻力不足时，还有红兵渡河助战。这是残局战略不可忽视的要点。

38. ……　　　将6进1

升将想活跃右马。

39. 马一进三　炮7进1

如将6退1，马三退五，仍红控制局面。

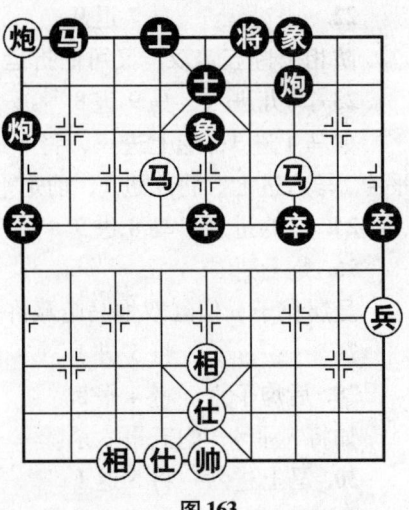

图163

40. 马七退五　炮3进1

马又破一象，黑防线有崩溃之感。

41. ……　　　士4进5　　　42. 前马退三　将6进1

41. 马三进五　……

第八章 实战杀局

43. 炮九平三　　卒 5 进 1

保留中卒作为对攻的力量，但老将升顶士象残缺，已是岌岌可危。

44. 炮三平一　　炮 7 退 1　　　　**45.** 兵一进一　　炮 3 进 4

46. 炮一退二　　炮 3 平 7　　　　**47.** 马三进二　　……

黑将不能后退，后炮被牵制，右马不能动，已陷入败势。

47. ……　　　　前炮平 5　　　　**48.** 马五退三　　将 6 退 1

应将 6 平 5，马三退五，亦红大优。

49. 炮一进一

妙手献炮，黑方认输。

第 2 局　马炮卒组合杀势

中视股份杯总决赛，胡荣华对许银川，双方兑掉双车斗功底。图 164 是弈至第 37 回合时的形势，轮到黑方走。此时红左兵锁卒进路，黑需要赶走红兵，让 3 卒挺起支援前线。

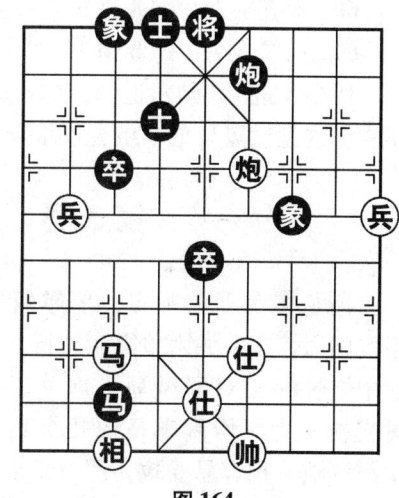

图 164

37. ……　　　　炮 6 平 3

38. 马七进八　　马 3 退 2

39. 相七进九　　马 2 退 4

40. 兵八进一　　卒 3 进 1

41. 兵一平一　　象 7 退 9

42. 马八进七　　炮 3 平 1

实现挺卒计划，又运炮攻击。

43. 马七进八　　士 4 进 5

44. 兵八平七　　炮 1 进 5　　　　**45.** 兵七进二　　炮 1 平 6

46. 帅四平五　　炮 6 平 5　　　　**47.** 帅五平四　　象 3 进 5

48. 兵七平六　　炮 5 平 6　　　　**49.** 帅四平五　　士 5 进 4

50. 马八退六　　将 5 进 1　　　　**51.** 炮四平一　　炮 6 平 5

52. 帅五平四　　马 4 退 5

退马巧着，转移到左翼攻杀，伏马 5 进 6 咬兵。红不能逃兵，因马 6 进 7，帅四进一，炮 5 平 6 杀。

53. 仕五进六　　马 5 进 6　　　　**54.** 兵二进一　　马 6 进 8

跳马咬仕巧着。如仕六退五，炮 5 平 6，帅四平五，马 8 进 7，帅五平六，

177

将 5 平 4，兵二平三，炮 6 退 4 捉死马。

55. 帅四进一 ……

如仕四退五，炮 5 平 6，帅四平五，马 8 进 7，帅五平四，炮 6 退 2，此时红不能走帅四进一，因马 7 退 6，仕五进四，马 6 退 5 抽吃马。

| 55. …… | 炮 5 平 6 | 56. 帅四平五 …… |

如改仕四退五，炮 6 退 2，仕五退六，马 8 进 7，帅四平五，马 7 退 6，帅五退一，马 6 进 4，帅五进一，卒 5 进 1，黑马炮卒有许多组合攻杀手段。

| 56. …… | 马 8 进 6 | 57. 马六退八 马 6 进 7 |

58. 帅五退一 ……

可帅五平六，卒 5 进 1，如红兵二平三，卒 5 进 1，兵三平四，炮 6 进 2，再炮 6 平 8 亦成杀。

58. ……	卒 5 进 1	59. 相九退七 炮 6 平 8
60. 帅五平六	炮 8 进 3	61. 帅六进一 卒 5 进 1
62. 兵二进一	炮 8 退 1	

伏卒 5 进 1，帅六退一，炮 8 进 1 杀。如帅六退一，卒 5 平 4，再炮 8 进 1 亦杀。这盘棋黑马炮卒组合攻杀着法之妙，可谓用兵如神矣。

第 3 局　三子联合侧面攻

翔龙杯女子大师赛，单霞丽首局败于张国凤，第 2 局由单霞丽先行，双方演成中炮过河车对屏风马平炮兑车局。经过交换子力，均剩车马炮几个兵卒，但单霞丽缺一相容易受攻。图 165 是双方弈至第 28 回合时的形势，轮到黑方走。

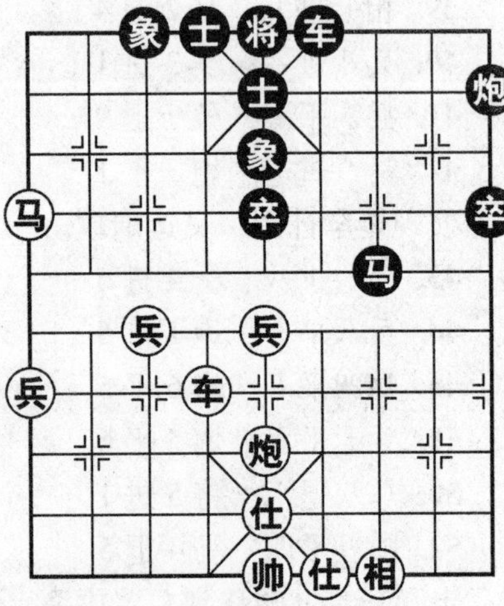

图 165

28. ……	车 6 进 5
29. 车六平五	炮 9 平 7
30. 相三进一	车 6 退 1

退车河界，防兵五进一，卒 5 进 1，炮五进三，马 7 进 6，炮五进一，马 6 进 7，帅五平六，车 6 平 4 杀。

| 31. 马九进七 | 炮 7 平 8 |
| 32. 马七退五 | 马 7 进 6 | 33. 炮五平四 …… |

随手劣着，未料到黑进炮打车的棋。应兵五进一，车 6 进 1，炮五平四，

炮8进8，相一退三，马6进8，车五平三，车6平3，车三退一，马8退9，马五进三，对攻中红势不错。

33. ……　　炮8进5　　　　**34.** 车五退一　……

如炮四进三，炮8平5，帅五平六，炮5退3得子。

34. ……　　炮8进3　　　　**35.** 相一退三　马6进8

黑炮先打车再沉底，此时跳马咬相有威胁力。

36. 帅五平六　马8进7　　　**37.** 帅六进一　……

如炮四平三，车6平4，仕五进六，车4平2，炮三退一，车2进5，帅六进一，车2平6，仕六退五，车6退1，炮三进一，炮8退1，帅六退一，马7退5，黑有许多攻杀手段。

37. ……　　车6平4　　　　**38.** 车五平六　……

速败之着。应仕五进六，车4平2，炮四退一，炮8退1，仕四进五，车2进4，帅六退一，炮8进1，炮四退一，马7退8，炮四进五，车2进1，帅六进一，炮8退1，仕五进四，红可多支撑一阵。

38. ……　　炮8退1　　　　**39.** 炮四退一　……

如帅六退一，马7退6，仕五进四，车4进3得车。

39. ……　　马7退6

红方认输。

第4局　马炮残棋需用兵

翔龙杯南北元老赛，杨官璘对王嘉良。杨官璘先行，王嘉良斗列手炮，很快兑掉双车。在残局互缠中，杨官璘一方面用双炮马控制局势，另一方面小兵含枚疾进，最后进入九宫中心成杀。图166是双方弈至第50回合时的形势，轮到红方走。

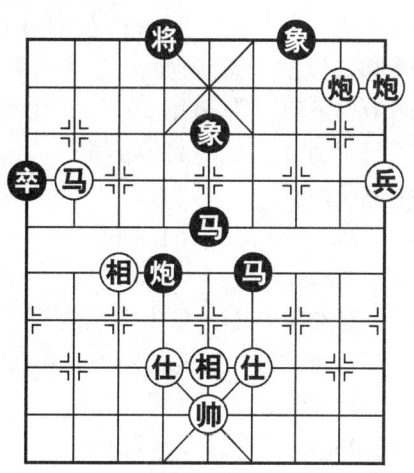

图166

51. 马八进九　……

红方优势在于多双仕且边兵过河。现在跳边马，伏马九退七，将4平5，炮一进一杀。

51. ……　　马6退4

52. 帅五退一　马5进6

| 53. 仕六退五 | 炮 4 平 5 | 54. 帅五平六 | …… |

出帅牵制黑马，仍伏马九退七再进炮的杀着。

| 54. …… | 炮 5 平 4 | 55. 帅六平五 | 炮 4 进 1 |
| 56. 兵一平二 | …… | | |

借帅助攻不成，就运兵助攻。

| 56. …… | 炮 4 平 1 | 57. 炮一进一 | 将 4 进 1 |
| 58. 马九进七 | …… | | |

逃马避兑，仍能控制黑将。

58. ……	炮 1 平 4	59. 兵二平三	炮 4 平 3
60. 马七退八	马 4 退 3	61. 炮一退一	将 4 退 1
62. 兵三进一	象 5 进 7	63. 兵三进一	象 7 进 5
64. 兵三平四	马 6 退 5	65. 炮二进一	马 5 退 7
66. 兵四平五			

红成绝杀之势，黑方认输。

第5局 解杀还杀终擒王

第二届新名人赛，闫文清与庄玉庭争夺半决赛权，两局各胜一局打平。加赛超快棋，闫文清先行，中局弃炮轰士搏杀。但由于对局面分析不透，未能造成杀局。庄玉庭在解杀过程中逐步稳住阵脚，以致扭转局面，还手叫杀获胜。图167是双方弈至第29回合时的形势，轮到黑方走。此时红车捉象叫杀，黑决定弃象护士。

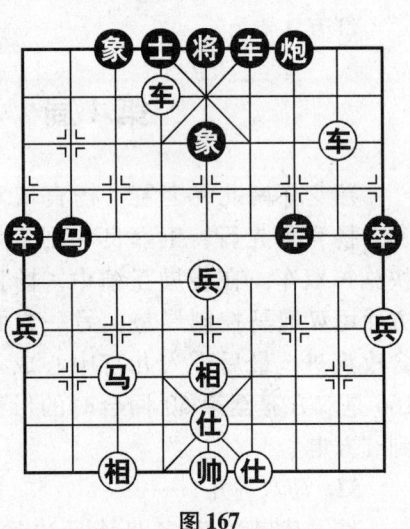

图 167

| 29. …… | 士 4 进 5 | | |
| 30. 车二平五 | 车 6 进 1 | | |

黑车保心士，黑炮在两翼掩护底线，红双车难攻破，还需要出动马兵助战。

| 31. 车五平二 | 马 2 进 3 | 32. 车六退五 | 马 3 退 4 |
| 33. 车二进二 | 炮 7 平 6 | 34. 马七进六 | 车 6 进 2 |

黑双车占领要道，随时阻击红马兵入侵。

| 35. 马六退八 | 车 6 进 2 | 36. 马八退六 | …… |

退角马暗保兵，诱车6平5吃兵，车六进二，车7平4，马六进五得子。

36. ……　　马4退6　　　37. 车六平五　马6退4
38. 马六进七　车7平3　　　39. 兵五进一　……

红竭尽全力，才保住中兵过河。

39. ……　　　车6平4　　　40. 车二退四　将5平4

移将巧着，伏炮6平5捉兵。在解除红方杀势之后，黑酝酿反攻计划。

41. 兵五平四　马4进6

跳马咬车捉兵兼保士，又是一步巧着。

42. 车二进一　炮6平5　　　43. 车五平四　士5退6

落士露炮，伏铁门栓杀势，顷刻间局面改观。

44. 兵四平五　车3进1

不能相五进七吃车，车4进4杀。

45. 相七进九　……

解杀之着。如车四进三，车3进4，仕五退六，车3平4，帅五进一，后车进3杀。

45. ……　　　车3平2　　　46. 车四平七　马6进7

跳马咬车，伏车4进4，仕五退六，马7进6，帅五进一，车2进3杀。红方认输。车二退五，马7退5，车七退三，马5进6，车二平四，马6进4，帅五平六，马4进3，帅六平五，车4进4杀。

第6局　对杀者捷足先登

第十一届银荔杯赛，许银川对吴贵临加赛快棋，许银川先行。双方演成飞相横车拐脚马模仿局型，中局时许银川用双车捉双马，巧得一子。但吴贵临得势控制局面，顽强抗争，最后进入对杀局面。许银川快一步造杀，捷足先登。图168是双方弈至第13回合时的形势，轮到红方走。

14. 车六进四　……

红进肋车捉马，由此得先。如马6进5，马四进五，车3平5，车六进一，车5平3，炮二进四，马3退1，车六平五，红先手扩大。

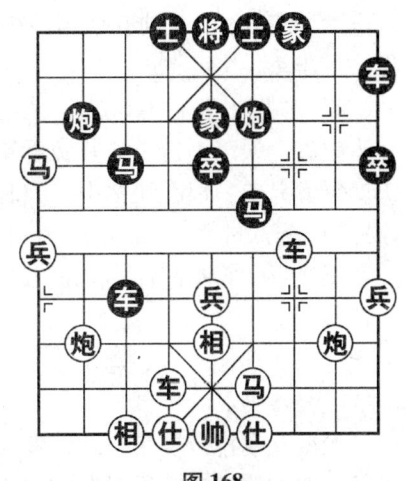

图168

14. ……　　马3进4

进右马连环失算，陷入被动。可马6进4，炮二进四，卒5进1，尚可周旋。

15. 车三平五　炮6进6

兑子必然，别无良策。

16. 车六平四　马4进5

弃马抢先无奈。如炮6平1，车五平六，炮1退5，车六进三，炮2平3，炮二进七，士4进5，车六平五，炮1退3，车五平三，红大优。

17. 相七进五　炮6平1
18. 兵九进一　炮1进1
19. 炮八退二　车9平8
20. 车五平九　车8进6
21. 车九退四　炮2进4
22. 车九进二　炮2平5
23. 仕四进五　车8进2
24. 车四退五　车8退9

红得子黑有势，伏车8平5大胆穿心杀。图169是双方弈至第42回合时的形势，轮到黑方走。

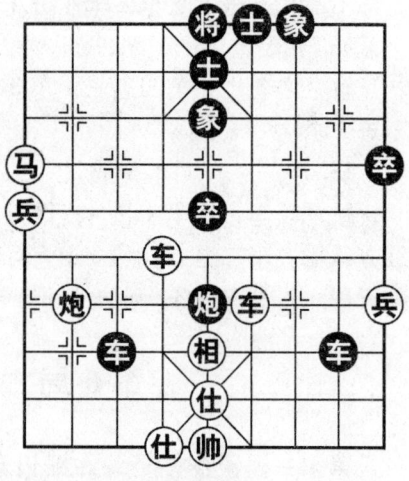

图169

42. ……　　车3平5
43. 车六退一　炮5退1
44. 车四平二　车8平9
45. 帅五平四　炮5进3
46. 马九进七　车5平6

临杀莫急。应车9进2，帅四进一，车9退1，帅四退一，车5平6，帅四平五，车6进1，车二退三，炮5退3，炮八进六，车6平5，帅五平四，车9平6，黑快一步杀。

47. 帅四平五　车6进1　　48. 车二退三　炮5退3

败着。误以为造杀，其实看错了，应车9平3捉马，只要红不构成杀势，仍属黑方易走。但在快棋中，因时限所迫，此种胜负手是常见的。

49. 炮八进六

黑认输。车9平5，仕六进五，车5平3，帅五平六，车3退5，车六进六杀。

第7局　舍马破相有胆识

派威互动排位赛第一站，陶汉明对聂铁文两局皆和。加赛超快棋，陶汉明先行，双方演成过宫炮对左中炮阵式。当陶汉明平炮打马时，聂铁文舍马破相展开攻杀，真有胆识。陶汉明害怕对方中路攻势，送回一子并兑掉对方中炮，但形势已居下风。图 170 是双方弈至第 15 回合时的局面，轮到黑方走。

15. ……　　　马 3 进 5

如马 3 退 2，兵五进一，车 1 进 2，炮七进二，卒 3 进 1，兵五进一对攻，各有千秋。

16. 相三进五　　车 1 进 2
17. 马七进八　　……

跃马会失子。但如炮七进二，炮 2 进 5，兵五进一，炮 2 平 5，仕五退六，卒 3 进 1，兵五进一，卒 3 进 1，马七进五，前炮退 3，仕六进五，马 7 进 6，黑胜势。

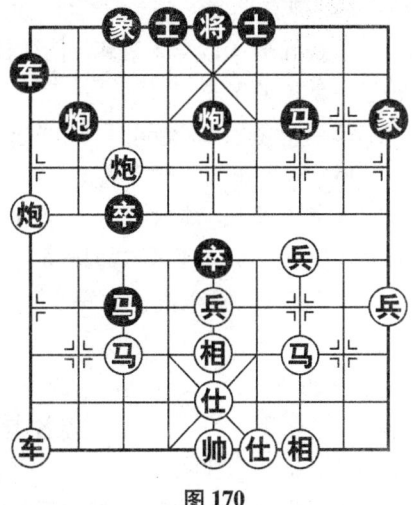

图 170

17. ……　　　车 1 平 2
19. 马六进五　　象 3 进 5

红送回一子，是为了兑掉黑中炮，延缓黑反击速度。

20. 炮九进四　　象 5 退 3　　21. 兵五进一　　炮 2 平 5

黑再摆中炮还击。如相五退三，马 7 进 5，车九进四，卒 3 进 1，中兵保不住，黑优。

22. 兵五进一　　炮 5 进 5　　23. 仕五进六　　卒 3 进 1
24. 车九进七　　马 7 进 8　　25. 兵三进一　　马 8 进 7

避免兑子更易控制局面，如象 9 进 7，马三进四，马 8 进 7，马四退五，马 7 进 5，仕四进五，虽属黑优，但攻击力减弱。

26. 车九退四　　卒 3 进 1　　27. 兵三平四　　炮 5 退 2
28. 帅五进一　　……

18. 马八进六　　车 2 平 3

防马 7 进 5，马三进五，马 5 进 7，马五退四，卒 3 平 2，车九退二，车 3 进 6，帅五进一，车 3 平 6，马四进三，马 7 退 6，帅五平六，车 6 平 7，黑大优。

28. ……　　　象 9 退 7　　29. 兵四进一　　炮 5 平 7
30. 马三进五　　炮 7 退 4　　31. 马五进三　　炮 7 平 5
32. 兵四平五　　……

白送一兵，不如兵五平六。

32. ……　　　车 3 平 5　　33. 帅五平六　　炮 5 平 4

34. 帅六平五 ……

如兵五平六，车5进4，仕四进五，车5进1，帅六退一，马7进6，车九平七，车5平3杀。

34. ……   炮4平5   35. 帅五平六 车5平3
36. 车九进二 卒3进1

伏卒3进1，帅六退一，卒3进1，帅六进一，车3进5杀。红方认输。如仕四进五，卒3平4，帅六进一，马7退5，马三退五，车3进4，帅六退一，车3进1，帅六进一，马5进3，兵五平四，车3平5，车九平五，车5退1杀。

第8局 各攻一翼

对方集中子力攻我一翼，其另一翼往往会出现薄弱局面，我则集结子力攻之。谁的进攻速度快，谁就能占优。

图171是柳大华执红对丁晓峰弈至第12回合时的形势，轮到黑方走。此时红方右车捉马，黑方考虑右翼子力较为集中，又有沉底炮之利，决定弃马抢攻。

12. ……   炮2平1
13. 相七退九 车2进9
14. 车六退一 车2平4

如车2平3，黑并无好处，因车在红方相口，不能成得力局面。

15. 帅五平六 车6进4
16. 车二平三 ……

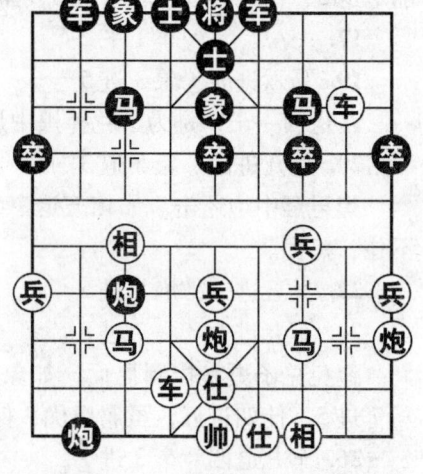

图171

可兵五进一，必要时退车兵林线防守，局面就会变为互缠了。但红方已下定决心，即使冒险也要抢攻。事实上，由于红方右翼攻子调动得慢，在对攻的速度竞赛中是要吃亏的。

16. ……   车6平4   17. 炮五平六 车4平2

暗伏车2进5，帅六进一，炮3平4，炮六平四，车2退1，帅六退一，炮4退4打车再马3进4叫将等攻着。此时黑方已反夺主动权。

18. 马三进四 车2进5   19. 帅六进一 车2退4
20. 炮六平二 ……

如躲马，又怕黑平炮将军。在此种情况下，送回一子，以争取时间，调动兵力，组织侧翼攻势。

20. ……	车2平4	21. 仕五进六	车4平6
22. 炮二进七	炮3平4	23. 仕六退五	……

明知黑方要退炮打车再跳马叫将，为什么还要落仕呢？实在不得已。如帅六平五，将5平6，炮一进四，车6进3，帅五进一，炮4退2，仕六退五，炮1平5，帅五平六（仕五退六，车6平4，兵五进一，马3进2），车6退3，帅六退一，车6平4，仕五进六，车4平7，帅六平五，炮5平7，车三进一，车7进3，帅五进一，炮4平5，黑胜。

23. ……	炮4退4	24. 炮一进四	马3进4
25. 马七进六	将5平6	26. 车三进二	……

只能如此。倘车三进一，马4退6，马六进五，车6平4，仕五进六，车4平2，黑得车。

26. ……	将6进1	27. 车三退一	将6进1
28. 车三退一	将6退1	29. 车三退一	将6进1
30. 炮一进一	车6平4	31. 仕五进六	车4进2
32. 帅六平五	车4平1	33. 帅五退一	车4平1
34. 帅五进一	车4退1	35. 帅五退一	象5进7
36. 车三退一	将6退1	37. 车三退一	将6进1
38. 车三退一	将6退1	39. 炮一进一	象3进5
40. 车三进二	将6退1	41. 车三退二	将6退1
42. 车三进一	将6进1	43. 炮二退一	象5退7

红方不管怎样以车叫杀，仍然未能造成杀势。黑方防守严密，无懈可击。至此，黑胜定。

第9局　以攻为守

在对方攻势下，我方主力在前线，单纯防御行不通，有时可采取以攻为守的策略。

图172是蒋志梁执红棋对蔡伟林弈至第21回合时的形势，轮到黑方走。此时红方正要跳卧槽马将军再平炮当头叫杀，情况危险。如炮4平2顶马，虽能暂解燃眉之急，但车六进三，车7退4，相九进七，以后有平车捉炮，再跳马将军抽车，黑难走。在这种情况下，黑若被动防守已无济于事，不如以攻为守，背水一战。

21. ……	车2进2

捉住红炮使之不能平四瞄住将门，是反攻前的准备手段。

22. 相九退七 ……

似系随手。没有想到黑方反扑的计划。应炮五平七，车7退2（炮4进7，车六退四叫杀），炮七退一，车7平6，仕六进五，成互缠局面，红方稍微有利。

22. ……　　　炮4进7
23. 车七平五　车2平3
24. 车五平三　炮4平6
25. 炮五进五　士5退6
26. 车六平三　……

如马八进六，将5进1，以下有两种变着：（甲）车六平三，车3进2，帅五进一，车3退1，帅五退一，车7平8，后车退五，车3进1，帅五进一，车8退1，后车进一，车3退1，黑得车胜；（乙）相七进五，车7平8，车六平三，车3平1；后车退四，炮6退1，后车退一，车1进2，黑得车胜。

第22回合，黑炮突然轰仕，不顾卧槽马威胁，挑起波澜，使局面更加紧张，体现了以攻为守的方针。红方不敢用车吃炮，怕黑出将抓仕造成杀势。第24回合，红方如改为车五平四也守不住底仕，炮4平6，炮五进五，士5退6，相七进五，炮6退1，帅五进一，车7退1，帅五平六，车3进1，帅六进一，炮6退1，黑胜。

26. ……　　　炮6退5

眼看红方似乎通过逼兑车解围了，不料黑方飞来这一妙着，献车取杀势。至此，红方不敢吃车，因黑有当头炮将军再平车的杀着。

27. 帅五进一　车3进1　　28. 帅五进一　炮6平5
29. 后车平五　车7退6　　30. 马八进六　将5进1

黑胜定。

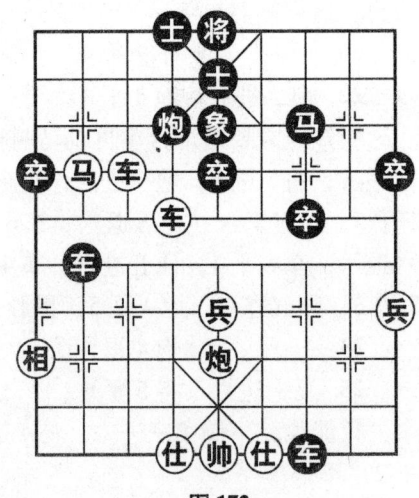

图172

第10局　弃子反击

在防御过程中，对方要夺我子，我若处处保守，更为被动。在一定条件下，如对方前后失调，后防空虚，可考虑弃子反击。这种战术运用得当，可以攻其无备，出奇制胜。当然，掌握不好，也会损兵折将，反而削弱自己的力

第八章 实战杀局

量。关键是要对弃子后形势发展有正确的认识，并适当地选择弃子的时机。

图173是郭长顺执红棋对刘殿中弈至第14回合时的形势，轮到黑方走。此时红方利用黑马失根的弱点，驱七路兵强行渡河，发起攻势。在此情况下，如马3退4，兵七进一，象3进5，马八进九，以后红方亮出左车，扑出左马，仍保持相当攻势。因此，当时黑方不愿处于挨打地位，决定弃子抢先，形成对攻局面。

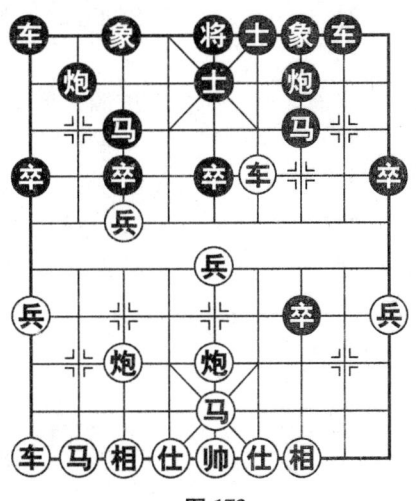

图173

14. ……　　　卒3进1

这步棋看得很深远。不单是弃马后可升车捉炮抢先，并估计到3、7两路卒渡河能制住红双马，尤其是窝心马。而黑方阵势巩固，子力活跃，反击的路子很多。因此，弃马是值得的，而且是精彩的。

15. 炮七进五　　车1进2　　　16. 炮七退一　　卒3进1
17. 炮五进四　　……

想甩掉中炮以联相，再跃出窝心马，便于消除底相被黑炮瞄住的弱点，但已经太晚了。可车四平二，车8进3，炮七平二，车1平4，马八进九，炮2进5，马五进七，炮2平9，车九平八，卒3进1，仍属黑方主动。

17. ……　　　马7进5　　　18. 车四平五　　车8进8
19. 车五平三　　车1平6　　　20. 马五进六　　车8平6
21. 仕四进五　　炮7平8　　　22. 车三平二　　后车进1

黑方一系列着法，攻得很紧，步步进逼，并设法兑去红方防守最得力之车，使其右翼门户大开，车炮卒配合乘虚而入。

23. 炮七平五　　象7进5　　　24. 车二平四　　车6退5
25. 兵五进一　　炮8平8　　　26. 相三进一　　炮2平3
27. 马六进七　　将5平4

飞边相，准备升起左车，调过来支援右翼。黑平炮打闷宫，想逼红方飞中相，打破红升车的计划。红方考虑右翼告急，忍痛牺牲一马，以保证原计划的实行，争取化解黑方侧翼攻势。

28. 车九进二　　象5进3　　　29. 车九平六　　炮3平4
30. 车六平二　　炮8平9　　　31. 相七进五　　……

如马八进七，调动子力谋求对攻，卒7平6仍然制住红马。

| 31. …… | 士5进6 | 32. 相五进七 | 炮4平6 |
| 33. 车二平六 | …… | | |

只能如此。如仕五进四,炮6平5,帅五平四,炮5进3,捉死红炮。

33. ……	将4平5	34. 仕五进四	炮6平8
35. 马八进七	炮8进6	36. 车六进一	车6进4
37. 马七进五	车6平5	38. 帅五平四	卒7平6
39. 车六进六	将5平4	40. 相七退五	卒6进1

黑胜。这盘棋黑方弃子后取得的先手是真先手,而且能扩大为优势,最后获得胜利。

第11局 破士攻杀

将、帅一般有三道防线,一是强子守卫河界以内自己阵地,二是双象守卫九宫周围地域,三是双士守卫九宫以内重地。所以,士常常成为主将的最后一道防线。缺士后,主将暴露受攻,增加了危险性。

破士攻杀的方式较多。对近距离作战来说,有兵破士、马破士等着法;从远距离作战来说,车破士也有,但不太多,因"缺士怕车",要保留车来攻杀;冷不防的是炮破士,像远处飞来的炮弹,使对方措手不及。

中局阶段,兵还未入九宫,所以兵破士的例子较少,多数用强子破士,在实力上便有所牺牲,因而要看准破士是否打在要害上。有时虽破一士,但对主将威胁不大;有时则弃子破士不一定值得,必须慎重考虑。

图174是戴荣光执红棋对李忠雨弈至第13回合时的形势,轮到红方走。此时黑马深入到红阵地后方边线咬相,并集中子力准备向红左翼反击,没有想到红方飞炮破士。

14. 炮六进七　车2进2

如车4退1,车二进五,炮1退1,车二平三,将5进1,车三退四,炮1平3,帅五平四,似属红方易走。

飞炮破士,突如其来。在刚进入中局,双方实力都很强的时候,红方先运双车至右翼,破士搏杀,这么早就投入决战,在对局中是不多见的。现在黑方

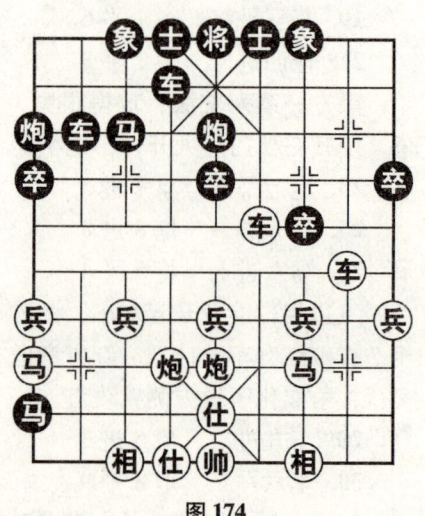

图174

第八章　实战杀局

吃不吃炮都为难。如不吃，红有出帅或炮打士等着，如果吃炮，则有：（甲）将5平4，车四进四，炮5退2，炮五平六，红大优；（乙）马3退4，炮五进四，士6进5，帅五平四，红胜。

15. 车四进二　车4退1　　　　**16.** 车二平四　……

催得紧。如车二进五，马3退5，车四进一，炮1退1，车四退一，车4进4，炮五进四，车4平6。虽属红优，但兑车后，红方攻势缓和多了。

16. ……　　士6进5　　　　　**17.** 前车平三　炮5平6
18. 车三进二　炮6退2

如士5退6，炮五平四，车4进2，兵三进一，卒7进1（马3进4，车四平七捉士、象），车四平三，车2平6，马三进四，车6平2，马四进五，红大优。

19. 炮五平四　马3进4　　　　**20.** 车四进一　炮1平6

不送炮亦无别法。如马4进3，车四进三，炮1退1，车四退五，底炮仍然受攻，难以解围。

21. 车四进二　马4退5　　　　**22.** 车四进一　马1进3

这几个回合，黑方跳马咬车、平炮送吃，都是为了走成象台马以保底士，费了不少劲，才算暂时安稳一点。由此可见，被破士后造成多大的被动与困难，说明士的重要性。

23. 相三进五　马3退1　　　　**24.** 炮四退一　车4进5

红方退炮打马是假，准备平二路再沉底攻杀是真，所以黑方舍马而升车骑河，以便拦炮。红如炮打马，黑即车2进3追回一子。

25. 炮四平一　马1退3　　　　**26.** 马九退七　……

老练，绊马腿守一步。倘粗心大意炮一进五，车2平4，马九退七，将5平4叫杀，双车抢士，黑方快一步胜，红方功败垂成。

26. ……　　车2进5　　　　　**27.** 兵五进一　马5进3

红方挺中兵挡车佳着，黑吃不吃都难办。兹将吃兵变化演弈如下：车4平5，炮一进五，车5平4；炮一进三，将5平4，车三退一，将4进1，车四平五，将4进1，车五平六杀。

28. 炮一平二　将5平4　　　　**29.** 炮二退一　象3进5
30. 车三退一　前马进5　　　　**31.** 帅五进一　车4进3

如车2平4吃仕叫杀，炮二进一守住第二横线，稳如泰山。

32. 帅五退一　车4平3　　　　**33.** 车四平五　车3平4
34. 车三平四

红胜。这盘棋红方攻守有方，该进攻时敢于弃炮，该防守时不急于攻杀，使黑方反击计划落空。

第三节　两翼杀局

第1局　破士象进兵王府

第十届银荔杯赛，许银川对徐天红弈和，加赛快棋，许银川先行。双方部署挺兵对卒底炮阵式，很快兑掉双车。图175是弈至第51回合时的形势，双方都是双炮马双兵，但红缺一相，而双兵处在中心区域位置较好，所以是对攻互有顾忌的局面。此时轮到红方走。为了进行攻杀，须设法破士象。

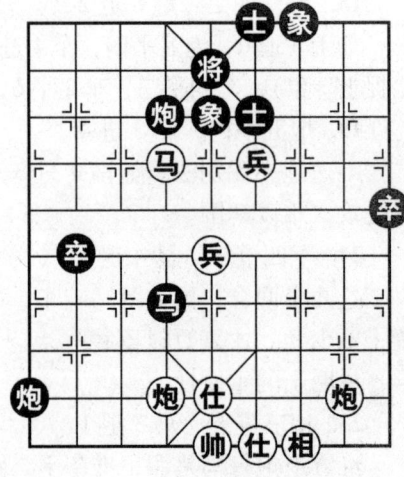

图175

52. 炮二平四　炮1退7
53. 炮四进六　象5退3

先破一个士。

54. 仕五进六　马4进2
55. 炮六平五　将5平4

不能将5平6，炮四平二，士6进5，炮五平四，士5进6，炮二平六得炮。

56. 炮五平八　马2退3

红有把握兑马后能够取胜。

57. 马六退七　卒2平3
58. 兵五进一　将4退1
59. 炮八进八　象3进1

如将4进1，炮八平四吃士。

60. 炮四平九　卒3进1
61. 仕四进五　炮1平8
62. 兵五进一　炮8进8
63. 相三进五　炮4平7
64. 帅五平四　炮7进7
65. 帅四进一　炮8退8
66. 兵四进一　炮8平2
67. 炮九进二　将4进1
68. 炮八平三　……

先前吃得边象，现又再吃底象。

68. ……　　　炮2进4
69. 帅四退一　炮7退3
70. 炮三退一　炮7平6
71. 兵五进一　卒3进1

· 190 ·

72. 兵四进一　将 4 退 1　　　73. 兵五平六　炮 2 平 4
74. 炮三进一
黑方认输。

第 2 局　精兵强将少胜多

第十五届象棋电视快棋赛，柳大华与陶汉明相遇。第一局柳大华先负，第二局对柳大华来说只许胜不许和，又是陶汉明先行，更显不利。但柳大华不愧为大刀阔斧的剽悍棋王，干脆放下思想包袱，弃子攻杀。图 176 是双方弈至第 17 回合时的形势，红多一马但缺双相，而且子力散乱位置欠佳；黑车炮攻杀又有中卒配合，精兵强将可以少胜多。着法黑先。

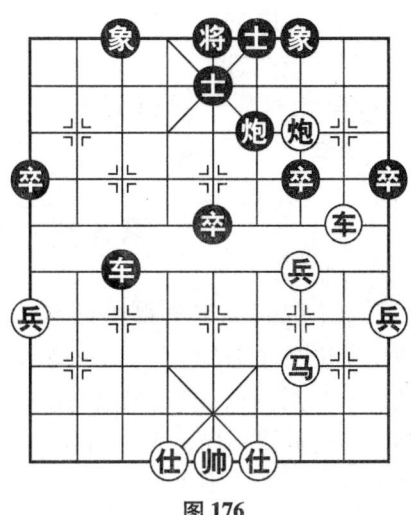

图 176

17. ……　　　炮 6 平 5
18. 仕四进五　炮 5 平 2

炮摆中逼红支仕，再移右叫闷杀，抢得先手。

19. 帅五平四　……

如仕五进四，炮 2 进 7，帅五进一，车 3 进 3，帅五进一，卒 5 进 1，车二平五，车 3 退 1，帅五退一，车 3 平 6，马三进二，车 6 平 8，马二进三，车 8 进 1，帅五进一，车 8 退 6，炮三进一，车 8 平 7 捉双，黑必吃回一子。

19. ……　　　车 3 进 2　　20. 马三进五　……

可马三进四，炮 2 进 7，帅四进一，卒 5 进 1，车二平八，炮 2 平 1，马四进五，卒 5 进 1，黑亦伏强大攻势。

20. ……　　　炮 2 进 7　　21. 帅四进一　车 3 退 5
22. 炮三进一　炮 2 退 1　　23. 仕五进四　卒 5 进 1
24. 车二平八　……

失马劣着。仍应马五退三，车 3 进 6，帅四退一，车 3 平 7，马三进二，炮 2 进 1，仕六进五，车 7 进 1，帅四进一，车 7 平 8，牵住红车马再冲中卒攻杀。

24. ……　　　车 3 进 6　　25. 仕四退五　卒 5 进 1

黑追回一子并占优，大局已定。

26. 帅四退一　炮2平1　　　27. 车八退二　卒5进1
28. 车八平五　车3退1　　　29. 兵三进一　卒7进1
30. 炮三退二　卒7进1　　　31. 炮三平五　象7进5
32. 炮五退四　卒7进1

车牵制红炮，直冲卒如入无人之境。

33. 炮五平六　……

如仕五进四，卒7进1，炮五平三，车3平6抽吃炮。

33. ……　　　卒7进1　　　34. 车五平三　卒7进1
35. 炮六退一　炮1进1

黑胜。

第3局　车马冷着侧面虎

第十五届象棋电视快棋赛，吕钦与赵国荣决战争夺冠军。第一局赵国荣先负，第二局吕钦先行，赵国荣斗顺炮拼搏，希望扳回一局，无奈吕钦坚守阵地，偷闲谋卒，先为不可胜，以待敌之可胜。图177是双方弈至第57回合时的形势，黑虽得仕，但车位低头不利防守，红车双马兵站在高处，黑单炮是难以抵挡的。着法红先。

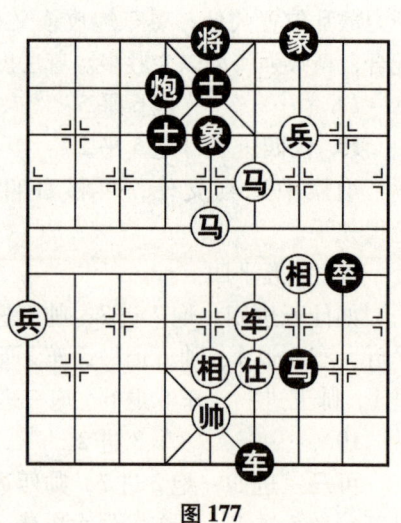

图177

58. 马五进七　炮4平3

如炮4平1，马七进八，士5退6，马四进六，将5进1，车四进六，车6平4，车四平五，将5平4，马八退七，将4进1，车五平六，炮1平4，车六退一杀。

59. 马七进九　炮3平4

应炮3进1，马九进七，将5平4，兵三进一，虽仍红优，但黑可多支撑一阵。

60. 马九进七　卒8进1

冲卒求攻，但也要考虑防守。应车6平2控制通道，必要时退车捉马，不致速败。

61. 马四进三　将5平4　　　62. 车四平八　炮4平7

63. 车八进六　将4进1　　　64. 马七退九　士5退4

车马构成侧面虎杀势，黑落士拦车。如士5退6，车八平五，士4退5，马九退七，将4进1，车五平八，再退车杀。

65. 兵三进一　将4平5　　　66. 车八退一　将5退1
67. 兵三平四

黑方认输。士4进5，车八进一，士5退4，马九进七杀。

第4局　为有牺牲多壮志

中视股份杯总决赛四人战，吕钦对赵国荣第1局。图178是双方弈至第44回合时的形势，此时子力互缠，红中炮有势，过河兵比黑卒对攻速度快，决定冲兵展开攻杀。着法红先。

45. 兵八进一　炮4退2
46. 兵八平七　炮4平1

如炮8退4，炮二进五，炮8平3，车五进一破象，所以红为了加快攻杀，敢于冲兵。

47. 相五退七　卒9进1
48. 炮二平三　……

伏车五进一吃象。

48. ……　　　炮1进6
50. 炮三进八　……

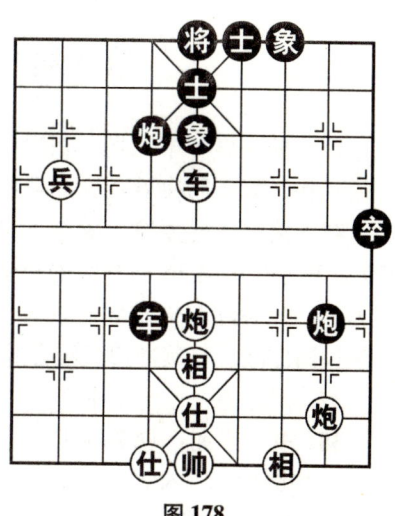

图178

49. 炮五退一　车4平7

谁也没料到吕钦敢舍炮轰象。由此进入拼搏状态，背水一战，体现了敢于牺牲的雄心壮志。

50. ……　　　车7退6

如象5退7，车五平九，士5退4，兵七平六，兵六进一，车4退5，车九退三，炮8退4，黑下风求和。临场黑认为多一炮是可以对攻的。

51. 炮五进五　士5进6　　　52. 兵七进一　车7进9
53. 仕五退四　炮8进3　　　54. 帅五进一　车7退1
55. 帅五进一　车7退1　　　56. 帅五退一　车7进1
57. 帅五进一　车7退2

退车为了争夺中线，加强防守。如急于炮1平9，炮五平八，士6进5，炮八进二，将 5 平 6，车五平二叫杀兼捉炮。

58. 炮五平九　士 6 进 5　　　59. 炮九进二　将 5 平 6
60. 车五平二　车 7 平 5　　　61. 帅五平六　将 5 平 4
62. 帅六平五　车 4 平 5　　　63. 帅五平六　将 6 平 5
64. 车二平六　将 5 平 6

如士 5 进 4，车六进一，炮 8 平 4，车六进二，将 5 进 1，炮九退一，将 5 进 1，车六平五，士 6 退 5，车五退一，将 5 平 6，车五退五抽死车。

65. 车六进三　将 6 进 1　　　66. 车六平二

伏车二退一，将 6 退 1，兵七进一杀着，黑方认输。

第 5 局　左右夹击奏凯歌

翔龙杯快棋赛第八场，刘殿中对金波首局弈和，第 2 局决胜负。刘殿中主动出击，弃子抢攻，把金波士象全部摧毁。图 179 是双方弈至第 36 回合时的形势，轮到红方走。此时红车炮难构成杀势，必须有小兵过河助战，显然冲边兵较合适。

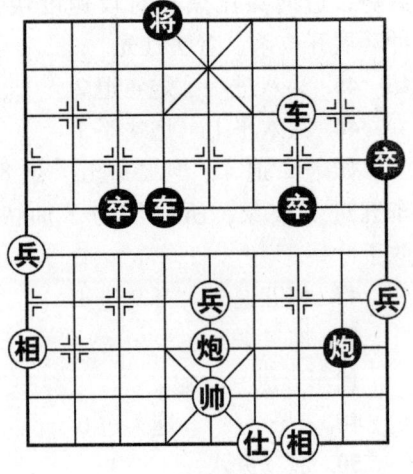

图 179

37. 兵九进一　炮 8 平 7
38. 车三平四　炮 7 平 1

吃相以便冲 3 卒渡河对攻。如卒 3 进 1，相九进七，不能车 4 平 1 吃卒，车四平六杀。

39. 兵九平八　卒 3 进 1
40. 兵八平七　车 4 进 4
41. 帅五退一　车 4 进 1　　　42. 帅五进一　卒 3 进 1

可炮 1 平 3，攻不忘守。

43. 兵七进一　炮 1 退 1　　　44. 兵七进一　……

双方比对杀速度，显然红方较快。

44. ……　　　车 4 退 1　　　45. 帅五退一　炮 1 平 5
46. 炮五平九　……

如仕四进五，车 4 进 1 杀。红卸炮左边，正好配合车兵，成左右夹击之势。

46. ……　　　车 4 退 2
47. 车四进二　将 4 进 1　　　48. 兵七进一　将 4 平 5

如将4进1，车四退二，炮5退4，车四平五杀。

49. 炮九进六　将5进1　　　　**50.** 车四平二

黑方认输。将5平4，车二退二，炮5退4，车二平五杀。

第6局　守株待兔得战机

BGN世界象棋挑战赛，赵国荣与孙勇征两局慢棋皆和，加赛快棋又和两局。再加赛快棋，赵国荣先行。双方演成飞相对挺卒开局，经过兑子大体均势。中局时孙勇征倒退边马，有意从肋线跃出。赵国荣提前平肋车等待，埋下伏兵。孙勇征本来可跳回边马便平安无事，却鬼使神差地仍然从肋线跳出。赵国荣抓住战机，冲七兵过河占优。图180是双方弈至第21回合时的形势，轮到红方走。

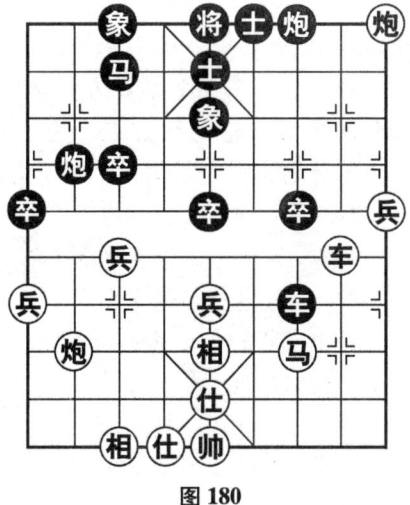

图180

22. 车二平六　……

估计黑企图跃马，红先平车等待。

22. ……　　　　马3进4

勉强跳马陷入劣势。只能马3进1，车六进一，卒7进1，仍有对攻余地。

23. 兵七进一　马4退6　　　　**24.** 兵七进一　……

抓住战机冲兵过河，形势占优。

24. ……　　炮2进1　　　　**25.** 车六进一　炮2进2

26. 兵七进一　卒7进1　　　　**27.** 兵七进一　……

双方对冲兵卒。红兵逼近九宫，威力较大。

27. ……　　卒7平6　　　　**28.** 兵七平六　炮2退3

29. 车六进一　炮2退1

如炮2进1，车六平八，炮2平9，车八平七，象3进1，炮八进七成绝杀之势。

30. 车六平七　象3进1　　　　**31.** 车七进二　士5退4

应车7退5，车七平八，炮2平3，炮八进五，炮3退2，车八平七，炮3平2，炮八进一，炮2平4，炮八进一，象1退3，车七进一，再车吃炮杀。

32. 车七退一

伏车七平五，士4进5，车五进一杀。黑必丢炮，认输。

第7局　兵换双士造杀机

派威互动排位赛预赛，陶汉明对董旭彬加赛快棋。兑掉双车后，陶汉明多双兵已占优势，但由于无炮不易制造攻势，互缠较久。直至双兵渡河逼近九宫，决定一兵换双士，摧毁黑方近卫防线，才呈现杀机。图181是双方弈至第70回合时的形势，轮到红方走。为了实现兵换士的计划，首先须用兵牵制羊角士。

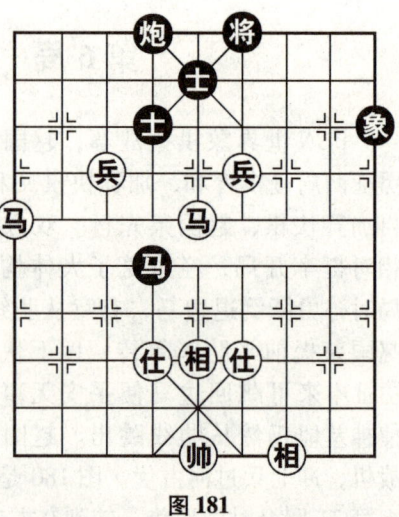

图 181

71. 兵七进一　象 9 退 7
72. 马九退七　炮 4 平 5
73. 马五进三　炮 5 平 3

让出老将归位。否则马三进二，将 6 进 1，危险增加。

74. 马七进八　马 4 退 3

防兵七平六，士 5 进 4，马八进六，象 7 进 5，兵四进一，马 4 退 3，兵四进一杀。

75. 兵四平五　炮 3 平 4

防兵五平六，再兵换双士。

76. 马三进二　将 6 进 1

无奈升将。如将 6 平 5，马八进七，炮 4 进 1，兵五平六，马 3 进 4，兵七平六，士 5 进 4，兵六进一，捉死黑炮。

77. 马八退七　马 3 进 4　　**78.** 兵五平六　马 4 退 6
79. 兵六进一　……

兵临城下，红决定兵换双士，发起总攻。

79. ……　　士 5 进 4　　**80.** 兵七平六　将 6 平 5
81. 马七进五　炮 4 进 7　　**82.** 马二退四　象 7 进 5
83. 马五进七　炮 4 退 4　　**84.** 兵六进一　将 5 平 6
85. 马四进二　马 6 退 7

如马 6 进 8，相五进三，马 8 进 7，马二退三，将 6 进 1，兵六平五，象 5 进 7，马三进二杀。

86. 马七退六　象 5 进 7

如炮4进1，马二退三，象5进7，马六进四咬死马。

87．相五进三　炮4平6

速败之着。但炮4平5，马二退三，将6退1，马六进四，炮5平6，相三退一，将6进1，马四退三，将6进1，后马进一，捉死黑象，亦红优胜。

88．兵六平五

黑方认输。

第8局　一卒冲锋分胜负

派威互动排位赛第一站，吕钦对胡荣华第1局，双方演成中炮巡河炮双横车对屏风马外肋马阵式。这是一种封闭性开局，是典型的阵地战，互相纠缠互相牵制，直至兑马才打开局面。胡荣华右车早已悄悄直插下二路，只要左炮沉底，便有反击机会。图182是双方弈至34回合时的形势，轮到黑方走。

34．……　　　炮8进1

35．相一退三　车8进6

双车肋士，伏车8平5，帅五平六，车5平4，帅六平五，车3进1，马七退六，车3平4杀。

36．车六进二　卒3进1

黑感到攻力不足，需要活通右马出来助战。

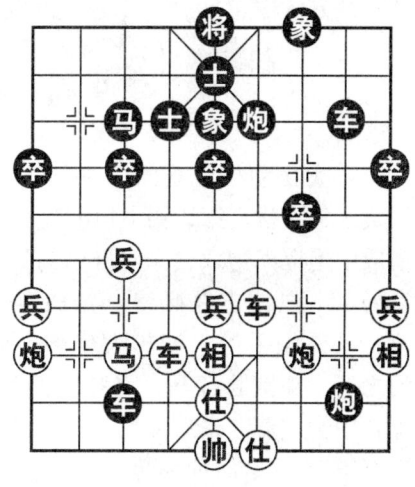

图182

37．兵七进一　炮6平7

献炮巧着。如炮三平一，车8平6叫闷杀吃车。

38．炮三进五　车3退1

只能兑车，如逃炮会丢相。

39．……　　　车3进1

39．车六退二　……

40．仕五退六　车3退4

41．炮九平七　马3进2

跃马奔赴前线，增强攻击力。

42．炮七退二　卒7进1

此卒不可小看。由于它不怕与敌子相碰，过河后横冲直撞，最后主要靠它立功。

43．炮三退一　卒7进1

冲卒欺车。红不敢车四平三吃,因车8平6,仕六进五,车3进4造杀。

44. 车四进三	卒7进1	45. 炮三平五	卒7进1
46. 车四平三	象7进9	47. 相五进七	卒7平6

红不敢炮七进五打车,卒6进1杀。

48. 仕六进五	车3进1	49. 炮七平六	车3进3
50. 炮六进一	车3进1	51. 炮六退一	卒6平5

牺牲小卒成大业,英勇可嘉。

52. 炮五退五	车8平6	53. 炮五进六	将5平6
54. 车六平二	……		

捉炮兼伏双车错杀着,可惜晚一步。

54. ……	车6进1	55. 帅五进一	车6平5

红方认输。

第9局　冲卒破士象入局

派威互动排位赛第一站,卜凤波首局负于林宏敏。第2局卜凤波先行,双方演成中炮巡河炮双横车对屏风马7卒双横车局。卜凤波志在必得,弃马换双象抢攻,虽得先手但未能扩大优势。而卒渡河之后,却威胁红马,又移中路破仕相,配合中炮攻势,最后入局。图183是双方弈至第26回合时的形势,轮到黑方走。

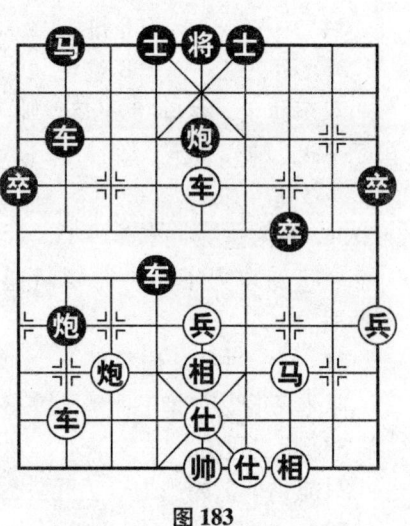

图183

26. ……　　　卒7进1

双方互缠,红子力尚未充分施展攻势,黑卒渡河争取对攻。

27. 车五平三　马2进4
28. 炮七进三　……

红少一子,舍不得车三退二吃卒兑车。

28. ……	车2进2	29. 炮七进四	士4进5
30. 炮七平九	马4进2		

借咬炮之机,跃出拐脚马。

31. 炮九平八	马2进3	32. 炮八平九	马3进4

红不愿兑炮,黑马趁势过河助战。

33. 车三平七 ……

此时车已不能吃卒。因车三退二，车4平7，相五进三，炮2平5叫将抽车。黑卒获得生存机会，以后发挥作用。

33. ……　　将5平4　　34. 车七进三　　将4进1
35. 车七退六　卒7进1　　36. 马三退二　卒7平6
37. 马二进三　卒6平7　　38. 马三退一　卒7平6
39. 车八平六 ……

卒捉兵按闲着处理，双方不变作和。但卜凤波已输第1局，此局不能和，故主动求变。

39. ……　　卒6平5　　40. 马一进三　卒5进1

冲卒破相，入局佳着。如相三进五，马4进6，帅五平六，车4进3杀。

41. 马兰进五　卒5进1　　42. 仕四进五　车2平7
43. 相三进五　炮5进5　　44. 仕五退四 ……

如帅五平四，车4平6，仕五进四，车6进2，帅四平五，车7进5杀。

44. ……　　马4进5

弃马妙手，红方认输。帅五进一，车4进3，帅五进一，炮2平5，再进左车杀。

第10局　曲折运车来攻杀

派威互动排位赛第三站，吕钦对洪智首局弈和。第2局由吕钦先行，双方演成五七炮进三兵对反宫马右炮封车局。兑一个车后，红炮取中卒得势，再设法曲折运出左车攻杀，最后左右夹击入局。图184是双方弈至第11回合时的形势，轮到红方走。

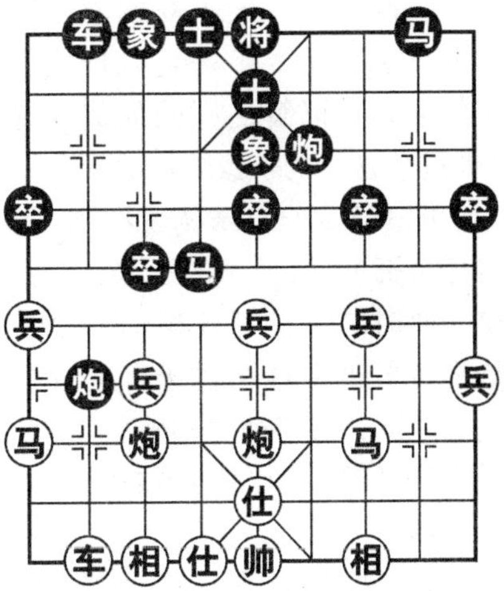

12. 炮五进四　马4退6

红炮镇当头，是以后展开攻杀的基础。黑退马咬双兵，否则兵五进一逼马。

13. 兵五进一　马6进7
14. 马三进四　马7进8
15. 车八进二 ……

图184

车是棋战主力，只有运车到右翼才能制造杀势。

15. ……   马8退6
16. 炮七退一   卒7进1   17. 车八平三   ……
曲折运车，意图吃卒，攻击黑薄弱的左翼。
17. ……   车2进3   18. 兵七进一   炮2退2
19. 兵七进一   炮2平5   20. 车三平五   马6进4
红车捉炮兼叫杀，黑只能挂角马叫将引离红炮。
21. 炮七平六   马4退3   22. 兵七平六   卒7进1
23. 兵六平五   卒7平6   24. 炮六平七   将5平6
25. 兵五平四   马8进7
劣着。马炮拥挤不好。应炮6平9，兵四进一，马8进7，黑可抗衡。
26. 兵四进一   炮6退1   27. 车五平三   马7退9
28. 车三进六   ……
捉死黑马，红优。
28. ……   炮6进1   29. 车三平一   炮6平7
30. 车一进一   将6进1   31. 相三进五   马3退5
32. 炮七进七
黑方认输。士5进4，兵四进一，将6进1，车一平四杀。

第11局 围魏救赵

当自己某一强子受困时，同样发现对方某部有隙，于是趁机攻之，使对方班师回防，以解受困的局势。这都属于"围魏救赵"的积极防御战术。

图185是全国赛杨发星执红棋对张元启弈至第14回合时的形势，轮到黑方走棋。此时红左车逼住黑边马，并退窝心炮准备平边炮打马得子。黑方面临边马危急之际，决定舍之不顾，"置之死地而后生"，转过头来攻红方右翼。

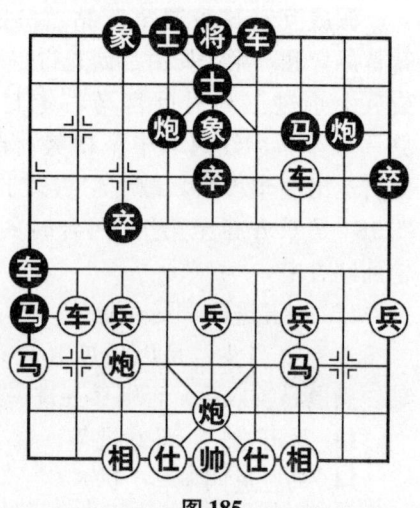

图185

14. ……   车1平4
好！抓住红方窝心炮造成的弱点，准备伸车捉双。

15. 炮五进一   ……

第八章 实战杀局

如按原计划炮五平九，车4进2，炮七平八，炮8退2，仕四进五（车4平7，相三进五打死车），车4平3，相三进五，炮8平7，车三平二，炮4进6（炮八退二，马7进6，车二退四，马6进4），马三退四，炮4平2，车八平九，车3平2，黑反先。

15. ……　　车4进2　　　16. 炮七退一　……

如炮七平八，希望保持阵形工整，黑方亦有反击之法，续着如下：炮8退2，仕四进五，车4平3，炮五平四，炮8平7，车三平二，马7进6，车二退四，马6进4（车八进一，卒3进1，兵七进一，车3进2黑有攻势），黑反先。

16. ……　　车4进1　　　17. 仕六进五　……

防止黑车左移集结子力，亦可改为吃马，将演变成：车八平九，车4平7，车三平二，马7进6，车二退四，炮8平7，马三退五（车7平6，相三进一，炮4进6，炮五平四，马6进5，马五进四，打双车），炮4进6，炮五平三，车7平6，炮三进五，马6退7，马五进四，送回一子使局势平稳。

17. ……　　炮8退2　　　18. 炮五平四　……

防马从6路跃出，并准备飞相巩固阵势。如车八平九，炮8平7，车三平二，马7进6，车二平三，马6进8，车三退二，马8进7，黑象眼车、钓鱼马有很多杀势，红难应付。

18. ……　　炮8平7　　　19. 车三平二　炮4进4
20. 车八进一　炮4平7

至此边马死里逃生，"围魏救赵"战术取得成功。

21. 相三进五　卒3进1　　　22. 兵七进一　……

右翼已经告急，不宜自塞车路。应炮七进三，把左炮调出来，以利防守。如车6进6，炮七平三，前炮平5，炮四退一（车6进2，马三进五），兑子解围。

22. ……　　车6进6　　　23. 车二退三　马7进6
24. 车二进六　……

虚着。应马三退一逃马兼保车，尚可支持一阵。

24. ……　　士5退6　　　25. 炮七进二　……

入套。误以为可兑子减轻压力，没注意黑方有弃车妙杀。此着仍应马三退一。

25. ……　　后炮进7　　　26. 车二平四　将5平6
27. 炮七平四　将6平5　　　28. 前炮平九　前炮平5

再沉炮杀，黑胜。

第12局 乘虚而入

棋战中，双方阵形都会存在不同形式、不同程度的弱点。当对方某一地域子力薄弱，或该地子力与其他子力缺乏联系时，成空虚状态，我方就应组织攻子，乘虚而入。采取这种战术时，要用车、马、炮等强子，以车从直线切入，或以马跳曲线卷入，或以炮隔子打入，总之是几个子配合成势。

图186是刘殿中执红棋对李德汉弈至第12回合时的形势，轮到红方走。此时黑方双车已出，扼守要道，后防巩固，局面平稳，好像没什么问题了，但实际上却有一些潜在的弱点，如及时发现，尚可补救。可是黑方麻痹大意，连走软着，当被红方乘虚而入才清醒过来时，已来不及挽救了。

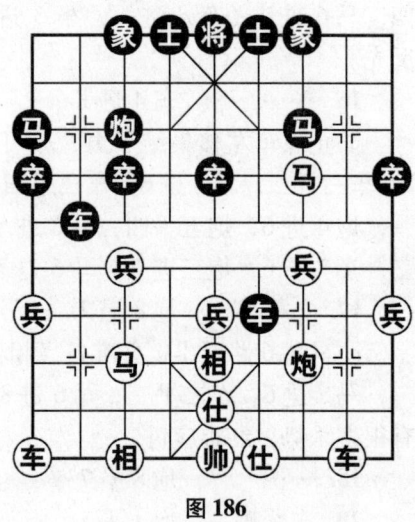

图186

13. 兵七进一 ……

抢先佳着。利用跳马咬双车的威胁，迫使黑车离开2路线，以便亮出左车，直伸黑方空虚的后防。这是红方取得优势的一步关键棋。

13. …… 车2平3

只能吃兵。如走车2进4，马七进六（车6平7，炮三平四，仍然要走马六进四咬双），车6退3，兵七进一，炮3平5，兵七进一，士6进5，车二进三，红优。

14. 车九平八 车6平7

当红方亮出左车时，已暗藏着双车伸入黑后方腹地，左右配合，牵制黑马炮等计划。可是黑方仍然缺乏警惕，竟平车捉炮，把车放到一个不利的位置，以后难于退车支援防守。这步棋应士6进5为好，以下车八进七，炮3平4，还能固守。

15. 炮三平四 士4进5

应补左士巩固右翼，以后调巡河车到左翼支援，阵式好得多。现补右士，使原来空虚的后防更扩大了缺口。

16. 车二进八 卒1进1

黑方双车位置都不好，没有发挥攻与守的作用，双马炮的子力配置亦比较

第八章 实战杀局

呆板，形成后防空虚状态。前两个回合连走软着，现在面临红双车的进攻姿态，应该赶紧调车7平6回肋，还能支撑一阵。可惜黑方仍然麻痹大意，走出挺边卒的闲着。

17. 车八进七　炮3平4　　　18. 车二平四　……

平车占肋很重要，一则塞住象眼，切断双象联系，准备下一步车八平七捉死象；二则控制要津，排除了车7平6再退守的可能性。

18. ……　　炮4退1

劣着。虽然赶退红方恶车，但暴露左马被捉，接着还要应一手。应车3平2，车八平七，车2退4，马七进六，车7平8，把双车调回坚守，虽属下风，不致速败。

19. 车四退四　炮4进1　　　20. 车八平七　象7进5

如马1进2弃象也不行，接着车七进二（士5退4，车四进三捉双），炮4退2，车四进四，车7平8，马三进五，车3平4，马五进三，红方大优。

21. 马三进一　将5平4　　　22. 马一进三　车3平4
23. 马七进八　车4退1　　　24. 马八进九　……

红方一系列着法都体现了"乘虚而入"的战术：第20回合平车捉象，第21回合跳马从边线进入卧槽，第24回合把左马钻入这样好的位置！

24. ……　　马7进8　　　25. 车七平九

妙着，弃车入局。如象3进1吃车，马九进七，将4进1，车四平八，再进车将军成杀，故黑方认输。

第13局　分进合击

当对方中路较为稳固时，就不宜从中线进攻。可采取左右夹击的方法，使对方忙于应付，此乃分进合击战术。采用这种战术时，要善于观察对方在两翼的缺陷，针对其薄弱环节，迅速、灵活地调动子力，以车、炮遥控、出击，配合铁骑驰骋战略要地。有时以左翼进攻为主，有时以右翼进攻为主，有时是声东击西，最后则以两面夹攻，夺得优势。

图187是胡荣华执红棋对戴荣光弈至第11回合时的形势，轮到红方走。在这以前，红方以弃兵手段，活通了左马，并以右马盘踞河口，各子协调很好，积极准备发动攻势。黑方巡河车防守得力，中路亦甚巩固，表面看来，布阵上没有明显的缺陷。此时红方不可能从中线进攻，便考虑由侧翼入侵。

12. 车二进五　……

这是一步具有战略眼光的棋，寓意深远，似欲平车八路捉炮压马得子

（显然不会实现），其实是声东击西，以车牵炮兼塞象眼，徐图运子从右翼进取。

12. ……　　士4进5

从以后演变结果来看，改补左士为宜。看来，黑方似乎没有意识到自己的弱点，也没有注意到红方战略意图是攻黑方左翼，于是按照一般习惯补起右士来。

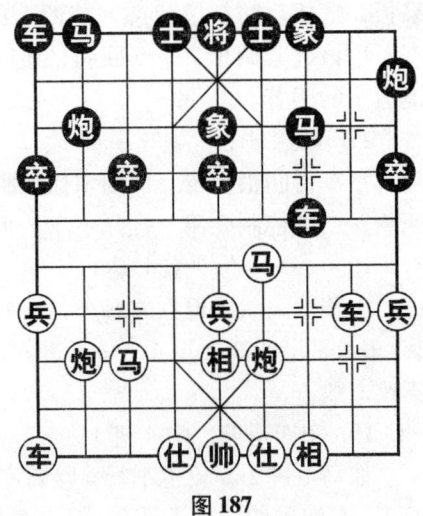

图187

13. 炮八退一　炮9进5

先避开受牵之炮，又准备用炮9平6绊马腿来应付红炮四平三轰车打闷的攻着。但边炮射出后，更削弱了防守力量，似可炮2退1，车二退一，炮9平6，炮四平三，炮6进1，车二退四，车7平6，炮八平三，马7退9互缠，红方略先。

14. 车九进一　炮9平6　　15. 车二退六　……

及时退车。如急于炮八平三，黑方有车7进3捉炮的棋，反而难办。

15. ……　　马2进1　　16. 炮八平三　象7进9

象飞散，毛病更多。不如车7平3先避一手，尚可周旋。由于这步棋欠妥，开始趋于下风。

17. 车九平八　……

前一段运子从右翼进攻，虽已取得一定先手，但未能破其防线。故亮车捉炮，开辟左翼战场，配合右翼攻势，形成两面夹击，黑方更难应付。

17. ……　　车1平2　　18. 炮四平三　车7平3

19. 车二进一　炮6进1　　20. 马七进六　马7进6

已处劣势，没有其他棋好走。如炮2平4，车八进八，马1退2，后炮进六，炮4平7，马四进五，车3平4，车二平四，红方得子。

21. 马六进五　车3平5　　22. 马五进七　车2进1

23. 马四退六　……

妙！如车5平4，兵五进一捉炮，再冲中兵过河。

23. ……　　车5进2　　24. 车二平五　马6进5

25. 前炮进六　……

在左翼，以车牵炮，又跳钓鱼马使黑车失根，已显优势。现在红方考虑时机成熟，决定从右翼伸炮打车，两面配合，发起总攻。

25. ……　　士5退4　　26. 后炮平五　车2平7

27. 车八进六　车7进5　　　28. 车八平九

得子占优，下略。结果红胜。这局棋红方运子进攻的方式机动灵活，左右呼应，走得很出色。

第14局　钳形攻杀

子力分别从两翼进攻，称为左右夹击。子力在对方九宫附近，左右围剿主将，称为钳攻。由于是近距离作战，兵临城下，所以杀力强。又因为钳形攻势，会使对方顾此失彼，难于招架。在钳杀战术中，马的运用比较突出，因为它最适合于近距离攻杀，八面威风，控制范围大。最好是车马配合，加上炮的协助，杀机就多了。

图188是蔡福如执红棋对沈芝松弈至第23回合时的形势，轮到红方走。此时红方车、马、炮集中侧翼，还有一只后备马随时支援前线，子力比较雄厚，已基本构成钳杀条件。黑方如果清醒估计局面，及时化解红方攻势，还能支撑一段时间，否则会加速失败。

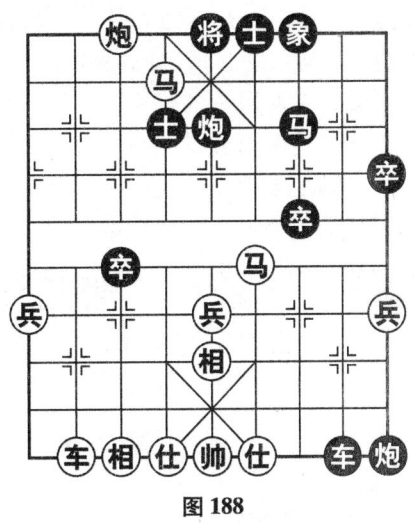

图188

24. 马六退四　将5平4
25. 车八进九　将4进1

此时不能退车抽吃河口马，因红有平炮打士将军抽车的伏着。于是想到升将先避开抽将，但这步棋没有多大意义，反成为本局致败的根源。下面试分析一下黑方落士与跳马两路变化的后果，看看正确的应着是什么。（甲）士4退5，后马进六，车8退6（士5进6，炮七平四，将4进1，车八退一，将4退1，马六进七，将4平5，车八进一杀），仕四进五，车8平4，炮七平四，将4进1，炮四平六，士5进4，马六进八，至此红方续着有炮六退二，再平九、进一等攻势，黑方比较难走。如马7进6，炮六平四，马6进5，车八退一，将4退1，马八进七咬车叫杀。（乙）马7进6，炮七平四，将4进1，炮四退四，车8退7，仕四进五，车8平6，炮四平六，将4平5，马四进三，车6进1，车八平三，炮5平8，仕五进四，卒3平4（车6进4，车三退一，将5退1，马三进五，士4退5，炮六平五，红胜势），车三退一，将5退1，马三进四，车6退1，车三平二，红方略优，黑方是可以走的。由此可见，红方暗藏着车马炮钳杀的机会，关键在士角马的作用，一旦这只马被赶走或消灭，局面就会缓和一点。以上两个变例，黑方都想消灭红士角马，但甲变战术运用不当，没有达到目标；乙变才是正着，用兑子法消除红方杀势。可惜临场的黑方没有走出这步正着，结果难免失败。

26. 后马进六　车8退6　　　27. 仕四进五　车8平4

顶马防止车八退一，将4退1，马六进七，炮5平3，车八平六的杀着。

28. 炮七平三　士4退5

速败之着。但如支士亦输，演弈如下：（甲）士6进5，马四进五，士5退6，马五退七，车4平8（车4进1，马七退八，咬车叫杀），马六进五，车8进6，仕五退四，车8退9，相五退三，车8平7，马七退八，将4平5，马五进三，将5平6，马八进六，将6进1，车八退一，再马六退五杀。（乙）士6进5，马四进五，马7退6，马五退七，炮5平8（车4平8，马七退九，马6进7，马六进五），帅五平四，车4进1，马七退六，马6进7，马六进八杀。

29. 车八退一　将4进1　　　30. 马六进八　车4平3

31. 马四退五

得车，红胜。

第四节　三子杀局

第1局　三子归边一局棋

BGN世界象棋挑战赛庄玉庭对卜凤波两局慢棋弈和，加赛快棋下了100回合，十分激烈。图189是双方弈至第86回合时的形势，轮到红方走。

87. 马三进五　士4退5　　　88. 炮一进二　……

伏炮一平五，象5退3，马五进七，士5进4，马七进五，士4进5，马五进三，将5平4，炮五平六杀。

88. ……　　　卒4平5

卒换双士无意义。应车8退1，炮一退一，马3退1，争取多支撑一阵。

89. 仕四退五　车8进3　　　90. 帅四进一　车8退1

91. 帅四退一　车8平5　　　92. 炮一进五　……

卒换士，帮红露帅，沉炮叫杀。

第八章 实战杀局

92. ……　　士5进6

如士5进4，马五进六，将5进1，车四进二杀。

93. 马五进四　将5进1

如将5平6，马四进三杀。

94. 马四进二　……

伏炮一退一，将5退1，车四进三杀。

94. ……　　车5平9

如将5平4，炮一退一，士4进5，车四平六杀。

95. 马二退一　马3退5
96. 帅四平五　车9平4
97. 马一进三　将5平4

如将5退1，车四进三杀。

98. 车四进二　士4进5

如将4进1，马三进四再平车杀。

99. 车四平五　将4进1　　100. 马三进四

黑无法解救红车五平六杀着，认输。

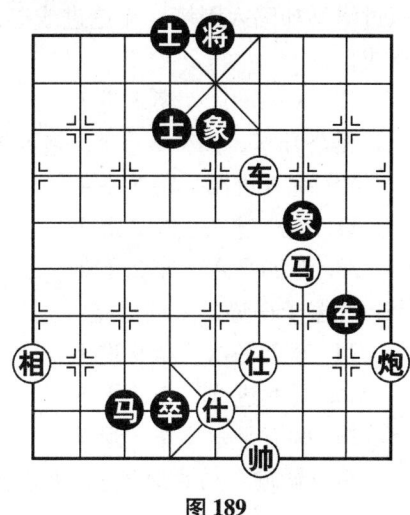

图189

第2局　炮砸士弄巧成拙

翔龙杯女子快棋赛，尤颖钦首局负于伍霞。第2局尤颖钦先行，双方演成中炮两头蛇对单提马横车局。图190是弈至第14回合时的形势，轮到黑方走。本来应卒3进1，车七进四，马3进2，马六退七，双方对峙。但黑错误估计形势，认为飞炮砸士之后，跃马打车可吃回一马占优。

14. ……　　炮6进7
15. 帅五平四　马3进4
16. 车二退四　马4进6
17. 车二平四　……

至此黑方才发现，虽然吃回一子，

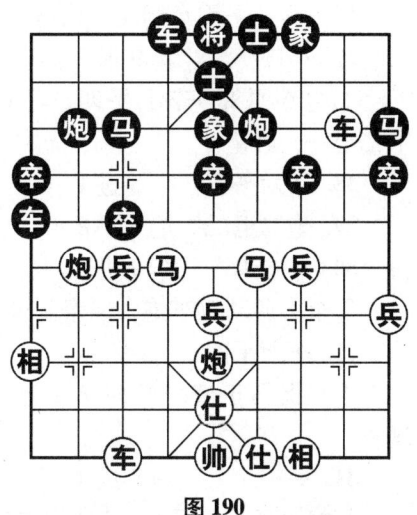

图190

· 207 ·

但过河马却陷入困境，无论进或退，红炮打中卒即成绝杀。可见先前炮砸士弄巧成拙。

17. ……　　　卒3进1　　　18. 车四进一　车4进4

无奈升车。如卒3平4，炮五进四，再车吃士绝杀。

19. 炮五进四　将5平4　　　20. 车七进四　车1平2
21. 炮八进三　车2退2　　　22. 车四进一　车2进2
23. 车四平六　车2平4

红多子得势，大局已定。

24. 车七平八　卒9进1　　　25. 帅四平五　马9进8
26. 马六进八　车4平3　　　27. 车八平六　将4平5
28. 帅五平六　车3退4　　　29. 马八进九

黑方认输。马8退7，马九进七，车3进11，车六进五杀。

第3局　牵制谋子转为攻

派威互动排位赛预赛，庄玉庭对王跃飞慢棋各胜1局打平。加赛快棋庄玉庭先行，双方演成飞相对左角炮局。经过一番纠缠，红双兵渡河联手，黑车牵制红车炮，各有所得。图191是双方弈至第27回合时的形势，轮到黑方走。借红右车无根之际，采用牵制谋子策略。

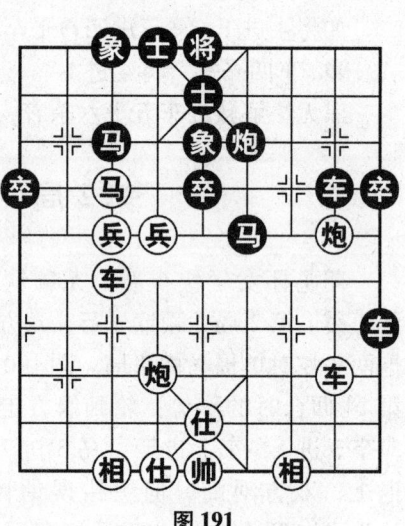

图191

27. ……　　　车9退2

如炮6平8，车七平四，马6退7，炮二退一，红坚守。

28. 兵六平五　卒5进1
29. 炮二退二　炮6平8
30. 车七退一　车9进2

黑全力调动双车炮，以牵制谋子。

31. 车七平四　……

平车捉马正着。黑如车8进1，炮六进三牵制，这就是先前红弃兵的理由。

31. ……　　　炮8进4

只好兑子。如马6退7，炮二进四，车8进4，炮二平五，象3进5，车四平一，红破象优。

32. 车四进二　炮8平5

黑牵制谋子未成，改为中炮进攻。

33. 相七进五　车8进4　　　　34. 炮六平二　卒5进1

35. 炮二进七　……

兑子后红产生错觉，以为平安无事了。沉炮对攻显得急躁，应兵七平六为妥。

35. ……　　　马3进5　　　　36. 车四进一　车9平7

37. 帅五平四　马5进6　　　　38. 炮二平一　……

黑跃马过河，车马炮卒联攻，已潜伏杀势。如炮二退七，马6进7，帅四进一，车7平8，炮二平一，车8进2，帅四进一，炮5平8，伏炮8进1杀。

38. ……　　　车7平6　　　　39. 帅四平五　车6平8

伏车8进3，帅五平四，马6进7，帅四进一，车8退1，帅四进一，卒5平6，马七退五，炮5平8，马五退三，士5进6，红难应付。

红方认输。

第4局　跃马踏象入佳境

派威互动排位赛第二站，赵国荣对庄玉庭首局弈和，第2局赵国荣先行，双方演成对兵转兵底炮对飞象阵式。兑一个车后，赵国荣强渡小兵送吃，换得一象，借此优势跃马过河踏象，配合车炮构成杀势。图192是双方弈至第24回合时的形势，轮到红方走。

25. 马二进四　……

双方子力大体相等，黑唯一弱点是单象，红抓紧进行攻击。如象5退3，车三进四，马8进9，车三退二，马9进8，车三退二，马8退9，车三平七，红有攻势。

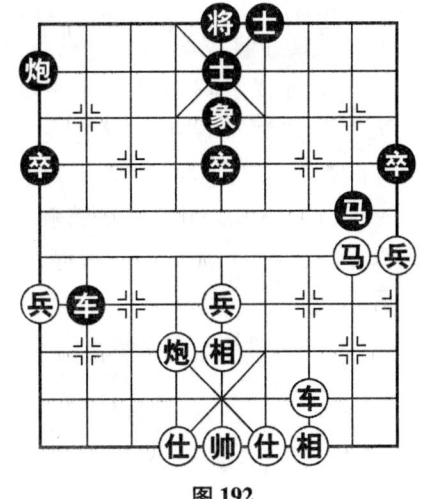

图192

25. ……　　　炮1进5

诱马四进五吃象，炮1平5叫将抽马。

26. 仕四进五　车2平3　　　　27. 炮六平九　车3退2

无奈失象。如炮1平5，车三平二，马8进6，车二进三，车3退1，马四进五,红亦得象。不能炮5退4吃马,相五进七踏车。

28. 马四进五　士5进6　　　29. 车三进五　马8进6
30. 车三平四　马6进4　　　31. 车四进一　……

进车吃士佳着。不怕马4进3,帅五平四,马3退1,马五进七,车3退3,车四进二,将5进1,车四退一,将5退1,车四平七,红优胜。

31. ……　　　将5进1　　　32. 帅五平四　炮1平3
33. 炮九平七　车3平7　　　34. 马五进七　将5平4

防车四进一杀。

35. 车四进一　将4退1

如士6进5,炮七平六,马4退3,马七退六,马3退4,马六进八杀。

36. 车四进一　将4进1　　　37. 车四退一　将4退1
38. 炮七平六　马4退3

黑方认输。马七退六,马3进4,车四进一,将4进1,马六进八,将4平5,马八进七,将5进1,车四退二杀。

第5局　对杀先下手为强

派威互动排位赛第二站,陶汉明对宗永生先各胜1局打平。加赛超快棋陶汉明先行,双方演成屏风马过河炮对屏风马右横车阵式。陶汉明左车平肋拦马,宗永生升巡河车保护,由此展开对攻。双方都有沉底炮抽将之势,刀光剑影杀气腾腾,结果陶汉明快一步成杀。图193是双方弈至第11回合时的形势,轮到红方走。

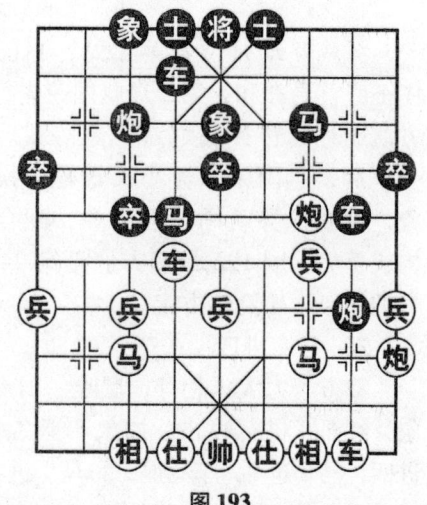

图193

12. 马三进四　炮3进4

炮打兵谋求对攻。如象5进7,车六进一,车4进3,马四进六,炮3进4,马六退七,炮8平3,车二进五,炮3进3,仕六进五,马7进8,兵三进一,马8进9,相三进五,炮3平1,炮一进四,双方大体均势。

13. 车六进一　炮3进3　　　14. 仕六进五　车4进3
15. 马四进六　象5进7　　　16. 马六进四　……

由于黑贪打兵轰相，兑车后红马奔卧槽咬车抢先。

16. ……　　车8退3　　　**17.** 兵三进一　卒3进1

双方互渡兵卒对攻，看谁的攻击速度快，杀力大。

18. 马四退二　炮8平6　　**19.** 炮一平二　车8平2

应炮6平8，炮二平三，马7进8，车二进三，卒3进1，马七退九，炮3平1，兵三平二，车8平2，可争取吃回一子。

20. 马二进三　炮3平1　　**21.** 炮二进七　士6进5

22. 兵三进一　……

进兵保马，避免黑沉车退车抽吃马。

22. ……　　车2进8　　　**23.** 仕五退六　车2退2

24. 仕六进五　炮6平1　　**25.** 炮二平一　……

红有钓鱼马助战，黑车双炮暂未成势，显然红方攻杀速度快。

25. ……　　士5进6　　　**26.** 车二进九　将5进1

27. 车二退一

黑方认输。将5进1，马三进四，将5平4，车二平六杀。

第6局　车马炮联合攻杀

派威互动排位赛第二站，徐天红对卜凤波首局弈和，第2局徐天红先行，双方演成顺炮两头蛇对双横车阵式。徐天红卸炮牵马，布下陷阱得子。图194是双方弈至第31回合时的形势，轮到红方走。此时红多一子，但主帅升顶亦有危险，需要加快对杀速度。

32. 马七退九　……

伏车七进三，将4进1，马九退七，将4进1，车七退二，将4退1，车七平九，将4退1，车九进二杀。但马退边线会被黑退车困逼，红方要冒一定风险。

32. ……　　车2退6

33. 车七进三　将4进1

不能车2退1，炮一进二叫将抽车。

35. 车七退一　将4退1

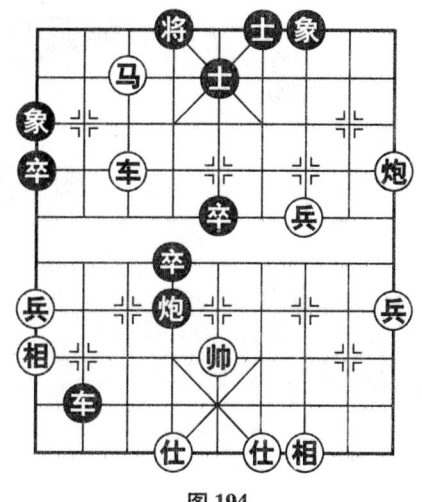

图194

34. 马九进八　炮4平2

如将4进1，车七退一，车2平3，马八退七，红优胜残局。

36. 马八退七　卒5进1　　　37. 帅五退一　……

攻不忘守，主帅退下来安全些。

37. ……　　　士5进4
38. 车七进一　将4进1　　　39. 车七平六　将4平5
40. 车六退二　……

黑士象破碎，红有许多攻杀手段。

40. ……　　　炮2进3　　　41. 车六平四　将5平4

如将5退1，帅五平四，卒5平6，炮一进三，再进车吃士杀。

42. 帅五平四　士6进5　　　43. 车四平二　车2进6
44. 仕四进五　车2退5　　　45. 炮一进二　士5退6
46. 车二平四　车2平8　　　47. 车四进二　……

伏车四平六杀。

47. ……　　　将4进1　　　48. 马七退六　将4退1
49. 车四退一

黑方认输。将4进1，马六进四，将4平5，马四进三，车8进5，帅四进一，车8退7，车四平八，车8平7，车八退一杀。

第五节　用马杀局

第1局　双车胁士造杀势

伍霞对阵尤颖钦，双方演成中炮直横车对屏风马两头蛇阵式。伍霞主动走出四兵相见变例，出现激烈对攻局面，并利用空头炮的威力，双车胁士攻杀。图195是双方弈至第19回合时的形势，轮到红方走。此时不能车七进二吃卒，黑有炮3进6轰相抽车，于是移车捉士。

20. 车七平四　炮3进6　　　21. 仕六进五　车8进3

黑攻力不足，红只要车吃士即成势。如车3进1，车三平四，车3平6，车四进六，红多子优。

22. 车三平四　车8平5　　　23. 前车进二　将5进1
24. 后车进七　将5进1　　　25. 前车平五　……

如后车平七，炮3退8，车四平五，炮3平5，红欲取势尚费周折。

25. ……　　将 5 平 4
26. 车四平七　车 5 退 3
27. 车七退五　炮 3 平 1

如车 5 平 2，车七退三，车 2 进 5，车七进二，亦属红优胜残局。

28. 炮八退五　……

如炮八退七，车 5 平 2，车七平六，将 4 平 5，炮八平五，将 5 平 6，红还要应付黑抽将的攻势。

28. ……　　车 5 平 2
29. 车七进一　将 4 退 1
30. 马三进四　炮 8 退 6
31. 马四进五　象 7 进 5
32. 车七平六　将 4 平 5

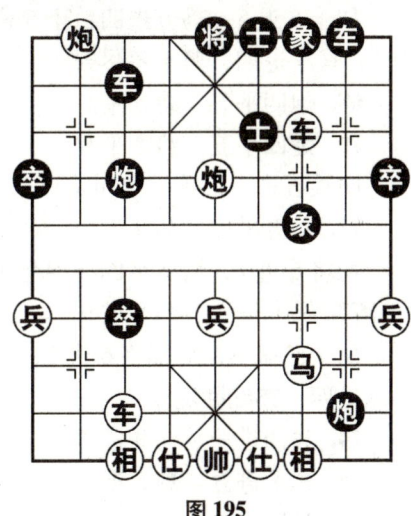

图 195

33. 马五进三　将 5 退 1

34. 车六平四

伏车四进五杀，黑方认输。将 5 平 4，车四进五，将 4 进 1，车四平八得车胜定。

第 2 局　马炮兵配合成势

陈富杰对阵黄海林，双方兑掉双车斗残棋。马炮三兵仕相全对马炮卒士象全，已属优胜残局。图 196 是双方弈至第 62 回合时的形势，轮到红方走。此时黑马咬双，红方本可炮四平二保兵，续战下去是肯定能赢的，但临场陈富杰决定弃兵换卒，又弃兵破士象，最后马炮兵配合成势，亦能取胜。

63. 炮四平五　马 8 退 9
64. 兵五进一　士 6 进 5
65. 兵五进一　将 5 进 1
66. 炮五退二　将 5 平 6

如象 7 进 5，马五退七抽吃炮。

67. 炮五平四　将 6 平 5

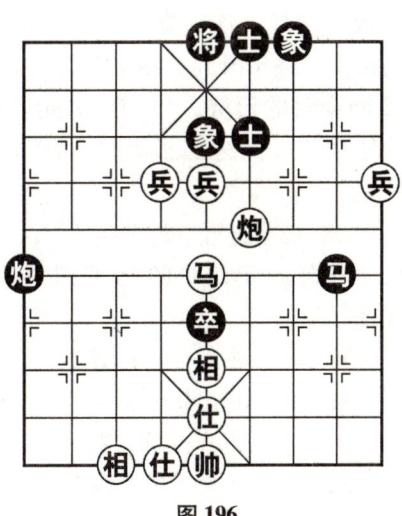

图 196

如士6退5，马五进四，士5进6，马四进二，将6平5，马二进三，将5退1，马三退四，黑士象尽毁。

68. 炮四平五　将5平6　　　**69.** 炮五平四　将6平5
70. 炮四平五　将5平6　　　**71.** 兵六平五　将6退1

防兵五进一，再平炮叫将攻杀。

72. 兵五平四　马9退8

如将6进1，炮五平四亦捉死士，黑退马保士已处劣势。

73. 马五进六　马8进9

黑士已保不住。如将6进1，炮五平四，炮1平6，兵四进一，马8进6，马六进四，亦红胜定。

74. 兵四进一　马9进7　　　**75.** 相五进三　炮1平5
76. 相七进五　炮5退2　　　**77.** 炮五平四　将6平5
78. 兵四进一　炮5进3　　　**79.** 炮四进二　炮5退2
80. 兵四平五　将5平4　　　**81.** 马六退八

再马八进七杀，红胜。

第3局　踏遍沙场马蹄疾

BGN世界象棋挑战赛，吕钦对孙勇征。开局虽丢仕相，但取势较佳，尤其是跃马助战，铁骑纵横盘旋，踏遍沙场马蹄疾，终于凯旋。图197是双方弈至第28回合时的形势，轮到红方走。此时红缺仕残相，但全部子力投入战斗，形势壮观。

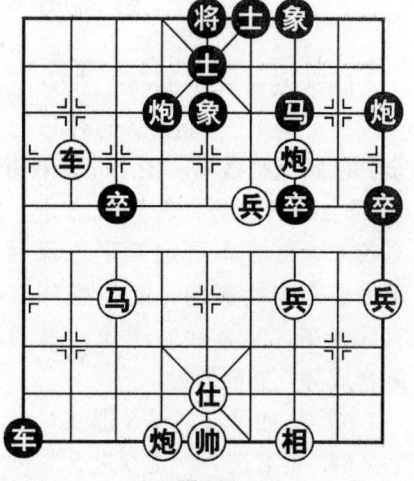

图197

29. 马七进五　炮9进1

升炮逐车，并防马五进四奔卧槽攻杀。

30. 车八进三　炮4退2
31. 相三进五　卒3进1

送卒便于退车巡河，打通车路。

32. 相五进七　车1退5　　　**33.** 炮六进二　车1进5

红弃兵诱敌。如车1平6，炮六平五，马7退9，炮三平九，车6平1，马五进六，车1平4，马六进四杀。

34. 仕五退六　车1退3　　　　35. 炮六平五　车1平5
36. 马五进三　炮9退1

防炮三进三，象5退7，马三进四杀。

37. 兵四进一　马7退8　　　　38. 炮三平二　……

伏炮二退三，车5退2，车八退四，炮4进4，马三退四，车5平6，炮五平四，车6平8，炮二进六，炮9进4，马四进六，红得子较优。

38. ……　　炮4平3　　　　39. 仕六进五　将5平4
40. 马三进二　马8进7　　　　41. 炮二平三　……

伏炮三进三，象5退7，车八平七，将4进1，马二进三破黑双象。

41. ……　　马7退8　　　　42. 马二进四　……

马过河，在右翼盘旋骚扰。

42. ……　　车5平7　　　　43. 马四进二　炮9进4
44. 马二退三　象7进9　　　　45. 马三退五　……

马吃子后迅速撤退，以后又到左翼骚扰。

45. ……　　车7进3　　　　46. 仕五退四　炮9平5
47. 炮五平九　车7退2

伏车7平5，仕四进五，车5平2抽车。

48. 帅五进一　车7进1　　　　49. 帅五进一　炮5平1
50. 马五进七　将4平5　　　　51. 马七退六　象9退7
52. 马六进八　车7退2　　　　53. 帅五退一　……

帅在顶线有风险，攻不忘守，退帅稳妥。

53. ……　　车7平5　　　　54. 炮九平五　将5平4
55. 马八退六　车5退2　　　　56. 马六进七　将4平5
57. 兵四进一　炮3平4

如士5进6，车八平七杀。

58. 兵四平五

伏兵五进一，士6进5，车八平六杀。黑方认输。象7进5，炮三进三，象5退7，车八平六杀。

第4局　左右夹击奏凯歌

柳大华对阵赵国荣，演成五九炮对屏风马平炮兑车阵式。柳大华双车过河，赵国荣冲卒挥炮，对攻激烈，变化复杂。当柳大华运车捉马时，赵国荣移炮弃马准备从左翼反击。柳大华不敢吃马，又移车返回右翼拦炮。赵国荣又运

炮转到右翼打兵轰相,最后驱卒入宫,右车左马构成杀势。图198是双方弈至第20回合时的形势,轮到黑方走:

20. ……　　炮1平8

黑弃马抢攻,诱红接走车八进四,马6进7,马七退五,炮8进7,马六退七,马7进6,前炮进四,马6退5,相三进五,炮7进3杀。

21. 车八平二　　炮8平3
22. 炮九进四　　炮3进3
23. 前炮进三　　……

如相七进九,炮3进1,马六进七,马2进1,马七进九,象3进1,红炮失去沉底对攻的机会。

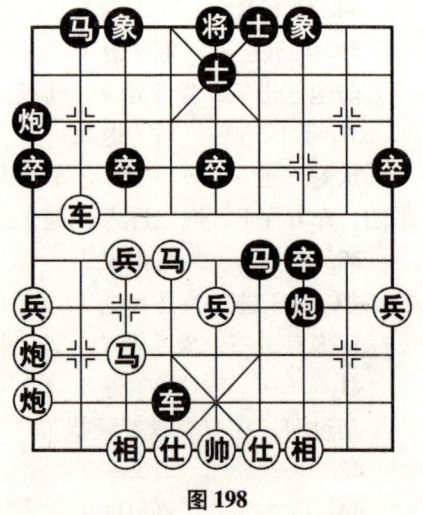

图198

23. ……　　炮3进4

既拦住车,又伏渡卒捉马的威胁。

25. 车二进三　　车4平2
26. 后炮退一　　……

防炮3平1成抽将之势

26. ……　　卒3进1
27. 车二平七　　象7进5
28. 马六进四　　士5退4
29. 车七进一　　卒3进1

图199,红方攻势在表面上,并不能构成对黑方致命威胁。而冲卒吃马,却有实质性的收获。

30. 车七平六　　卒3进1
31. 马四进五　　士6进5
32. 马五进七　　……

伏前炮平七杀。

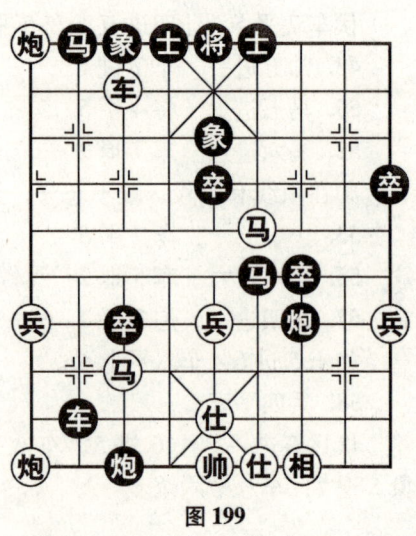

图199

32. ……　　将5平6

24. 仕六进五　　卒3进1

33. 前炮平七　　将6进1
34. 兵九进一　　……

红前线车马炮均动弹不得,只好寄希望于驱兵过河,把边炮调运出来。

34. ……　　卒3进1　　35. 兵九进一　　炮3退8

36. 车六平七　车 2 进 1　　　37. 仕五退六　卒 3 平 4
38. 仕四进五　马 6 进 7

车马左右夹击，伏卒 4 平 5 杀，红方认输。

第 5 局　大胆穿心定乾坤

翔龙杯女子快棋赛，胡明首局负于郭莉萍。第 2 局胡明先行，双方演成两头蛇对正马卒底炮阵式。郭莉萍起左横车移右肋，胡明通过破象兑子，沉炮攻击对方空虚之左翼，棋战形势顿见紧张。郭莉萍沉着应战，用转角马护象，同时确立中炮攻势，展开对攻。郭莉萍以大胆穿心杀势威胁，迫使胡明用车啃炮而落入下风。图 200 是双方弈至第 16 回合时的形势，轮到黑方走。

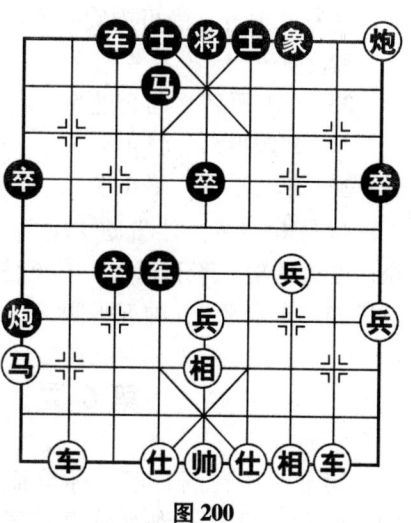

图 200

16. ……　　　　卒 3 进 1
17. 车二进九　炮 1 平 5
18. 仕四进五　马 4 进 6

冲卒为炮打兵确立中路攻势，同时又以转角马保护底象，攻守兼顾，对形势有正确的判断。

19. 车八进六　车 4 平 5　　　20. 马九进八　车 3 进 4
21. 马八进九　车 3 平 6　　　22. 马九进八　士 4 进 5

伏车 5 平 6 制造铁门栓杀势。

23. 车二退六　卒 3 平 4　　　24. 相三进一　……

准备退底车防守。

24. ……　　　　车 6 进 4　　　25. 车八平九　车 5 平 4

守住肋线，防红边车沉底叫将。

26. 车九平五　……

忽略了左翼底线会被偷袭，此车吃卒就不能退回防守。

26. ……　　　　车 4 平 2

图 201，黑车明为捉马，实际暗伏车 6 平 5，仕六进五，车 2 进 4 大胆穿心杀。红难防范，无奈只有用车啃炮。

27. 马八退六　将 5 平 4　　　28. 车二平五　卒 4 平 5

29. 车五进二　卒5进1

也可马6退4，车五退五，车6退6，黑多子优。

30. 马六进八　车2退4
31. 车五平八　马6进5
32. 车八进一　……

应车八退五，尚可周旋一阵。

32. ……　　　将4进1
33. 车八平四　马5进6
34. 车四平六　将4平5
35. 车六平五　将5平6

伏马6进4，仕五进六，车6进1杀。红方认输。车五退七，马6进7，仕五进四，车6平4，帅五平四，马7退5得车胜定。

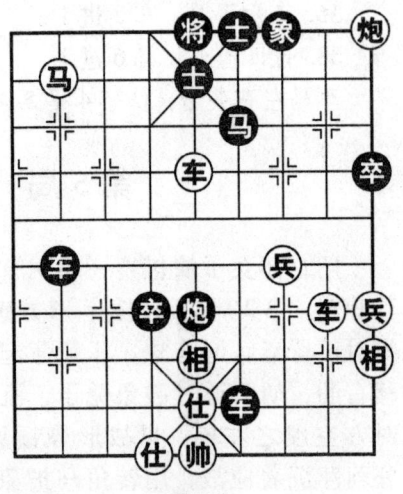

图201

第6局　兵封将门卧槽马

第十三届银荔杯赛，孙勇征对陶汉明，双方演成五七炮对单提马局，很快兑掉双车斗马炮棋。图202是双方弈至第28回合时的形势，轮到红方走。此时黑挺中卒邀兑，但防守潜伏不明显的弱点，红抓住战机，展开攻势。

29. 炮三进一　士5进6

如炮4进5，炮六平九，士5进6，炮九进五，马7进6，马二进四，将5进1，马四退五，亦红优。

30. 炮六平九　炮4进3

如马1退3，炮九进五，马7进6，马二进四，将5进1，炮三平六，将5平4，马四退五，马6进8，兵七平六，亦红优。

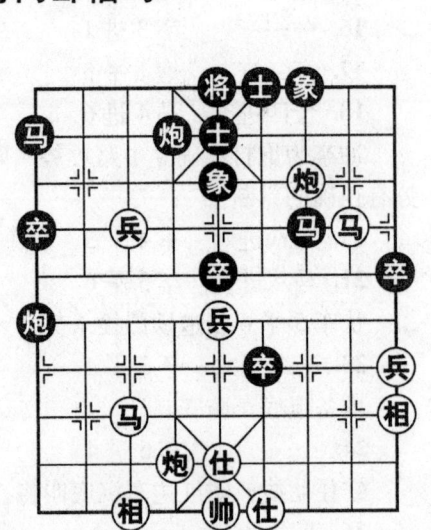

图202

31. 炮九进五　马7进6	32. 兵五进一　炮4退2
33. 兵七平六　炮4平2	34. 兵六进一　马1进2
35. 兵六进一　炮1进4	36. 仕五退六　马2进3

失算。应士6进5多支撑一阵。

37. 炮三退一

黑只能接走士6进5，马二进三，将5平6，炮九平四杀。黑方认输。

第7局　借困马之势造杀

许银川对阵洪智，双方演成顺炮直车对缓开车。许银川用七炮瞄马，洪智伸过河炮取兵。由于洪智急开车而放红兵过河，一度形成紧张对攻局势，直至兑掉双车才缓和下来。许银川的马炮棋功夫出色，巧妙困住敌马，同时借势要谋马而又造杀。图203是双方弈至第22回合时的局面，轮到红方走。

23. 炮五平三　　马6进7

红巧移炮兑子。如炮7退3，马三进四，炮7进1，前马进六，炮7退3，炮六平七，象3进1，炮七平一，红控制局面且多兵。

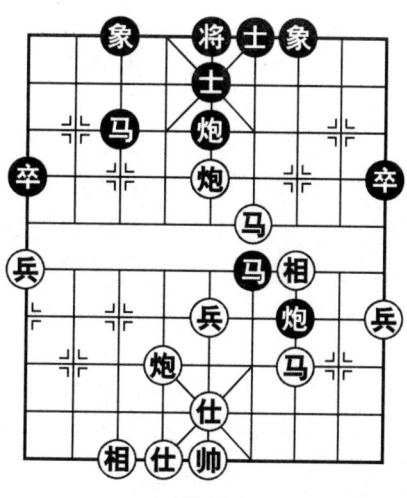

图203

24. 炮三退三　　象7进9　　25. 兵一进一　　马3进5
26. 仕五进四　　马7退9　　27. 相七进五　　马5进3

如马9进8，炮三平二，马5进7，炮二进二，黑马仍受困。

28. 仕六进五　　炮5平1　　29. 相三退一　　……

巧运仕相困马，黑陷入被动。

29. ……　　　象9进7　　30. 炮三平二　　象3进5
31. 马四进六　　士5进4

必须支士顶马。如炮1进3，马六进七，将5平4，兵五进一，马3进5，炮六进二，马5进7，马七退八，炮1退1，炮二进三，马7退6，炮二平六，马6进4，马八进六杀。

32. 马六进四　　将5进1　　33. 马四退二　　……

伏马二退三捉死马，又可马二进三叫杀。一着两用，声东击西，黑顾此失彼。

33. ……　　　马3退5

防马二退三，马5进6救马。

34. 马二进三　将5平6　　　35. 炮二进五　将6进1
36. 相五进三　马5退7

准备必要时马7进8连环。如士6进5，炮二退八，将6退1，炮二平一捉死马。

37. 兵五进一　士6进5　　　38. 兵五进一

黑方认输。炮1退1，兵五进一，炮1平7，兵五平四杀。

第8局　三面围攻奏凯歌

刘殿中对阵洪智，双方斗顺炮被洪反先。刘殿中使尽浑身解数，兑车缓解了局势。但在残棋中洪智用炮镇中路，双马分在左右，形成三面围攻之杀势。图204是双方弈至第24回合时的形势，轮到黑方走：

24. ……　　　卒6平5

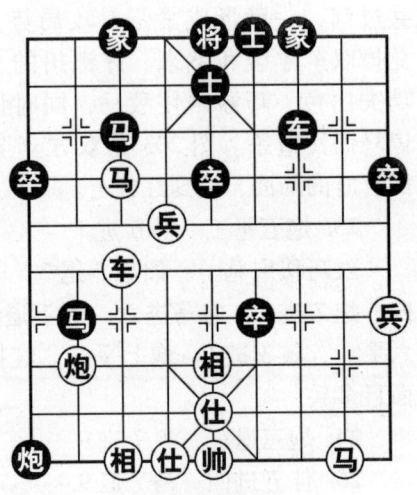

图204

平卒捉相，以便移右支援过河马。此时不怕车七退一，因卒5进1，车七平八车7进7抽吃红马追回一子。

25. 相五进三　车7平8
26. 马二进三　卒5平4
27. 兵六平五　车8进4
28. 马七退八　车8平7

伏卒4进1，马三退四，卒4平5的凶着。

30. 车七平三　车7退1　　　31. 相五进三　卒5进1
32. 马八退六　卒5进1

红主动邀兑车使局面有所缓解，但黑多卒潜伏优势。

33. 马三进二　炮1退4　　　34. 马六进五　马1进3
35. 马二进一　马3进5　　　36. 相三退五　象3进5
37. 马一进二　……

左炮中马均不便移动，所以跳开边马，却给黑盘头马以出路。

37. ……　　　马5进7　　　38. 相五进三　炮1进1
39. 兵一进一　马2退3　　　40. 兵一进一　……

希望保留边兵增强对攻力。如马五退七，炮1平3，兵一进一，卒5平4，亦黑优。

40. ……　　炮1平5

如马3进4，炮八平五，马4进3，帅五平四，炮1平3，亦黑优，但平中炮更有力量。

41. 炮八平五　马7进9　　　42. 马二退三　马9进7

43. 马三退二　……

劣着。形势危急，退马并不能解救。应帅五平四，马7进8，帅四进一，暂解燃眉之急。

43. ……　　马7进8　　　44. 相三退一　……

防马8退6，帅五平四，炮5平6杀。

44. ……　　马3进4

黑炮镇中路，左马封帅门，右马奔卧槽叫杀。红无法解救，红方认输。

第9局　弃子攻杀

弃子攻杀是一种精彩的战术，实战中经常出现，历来在棋谱研究中受到重视。一般来说，存在下列情况时需要弃子：①弃子突破对方防线，打开缺口；②弃子引开其要塞守卫子力，即调虎离山；③弃子引出将（帅）暴露，便于攻杀。弃子一般都是弃强子，甚至有弃车的，这是精彩之处，也是较难办到的。实战中都希望弃子能最后成杀，但临场局面复杂多变，有时算度不可能那么精确。所以，只要弃子后有许多攻杀机会，对方应付不好便能入局，对方应付得好也能占优，这样弃子就算成功了。

图205是李忠雨执红棋对刘殿中弈至第14回合时的形势，轮到黑方走。此时黑方大部攻子已经活跃，显然处在反攻的前奏。但过河马暂无进路，它又挡住4路车发挥作用，看来应从左翼首先发起攻势。考虑到红马雄踞河口，控制着一些重要位置，黑方经过一番思索，大胆弃子。

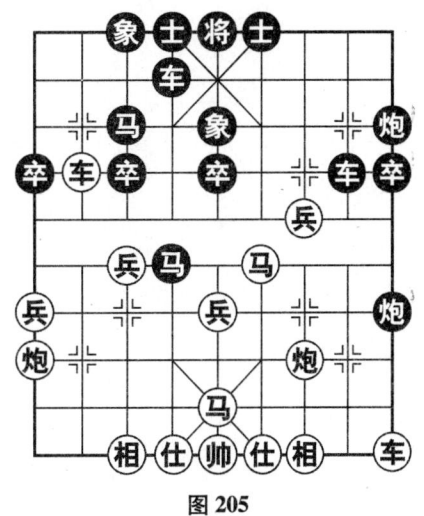

图205

14. ……　　车8进3

投入马口，弃车当炮架，强攻中兵，勇猛、精彩！如兵五进一，车8退1捉马兼伏平炮抽车将军，马四退五，前炮平

5，车一进六，车8平6，车八退三，马4进3，炮三平七，车4平6，绝杀。

15. 马四退二　前炮平5　　　　16. 马五进六　……

顶马是正着。马五进四，马4进5（炮9进7，车八退三，马4进3，炮三平六，炮5平8，马四退五，炮8进1，车八平一，炮9平8，车一退三，前炮退1，车一进一，车4平8，车一平二，炮8平5，相三进五，车8进7，马五进七，黑稍优），仕四进五，马5进3，帅五平四，炮9进7，相三进五，炮5平8，黑得子。

16. ……　　　炮9进7　　　　17. 炮三平六　……

劣着速败。误以为牵住黑车马能缓其攻势，不料黑方棋高一着，有弃车入局之妙。如用左炮牵制也不行，只能退马士角结成连环，暂居守势。演变如下：（甲）炮九平六，炮9退4，炮三进二，车4平8，马二退四，车8平6，马四退二（马四进二，车6进5，马二退一，车6进1），马4进6，炮六平四，马6进8，炮三平二，炮9进1，炮二退一，炮5退1，马六退八，车6进5，炮二进六，士6进5，红方难走。（乙）马二退四，马4进6，马六退八，虽属黑优，但红方尚可周旋。

17. ……　　　马4进6　　　　18. 炮六进六　炮9退4

走出弃车入局的妙着。只能马二进四挡炮，则马入卧槽再马后炮杀。

这盘棋，黑马第14回合首次弃车抢先，然后再吃回一车，取得优势。第17回合再次弃车攻杀，十分成功。红方如不吃车而马二退四连环顶马的话，即可车4进5硬吃马（马四进六，马6进7，帅五进一，炮9退1杀），无论怎么走都是黑方胜。